令和元年度

全国知的障害児者施設・事業
実 態 調 査 報 告 書

Annual Nationwide Report on the Facilities for Persons with Intellectual Disabilities

JN095280

公益財団法人日本知的障害者福祉協会

目　　次

令和元年度

全国知的障害児・者施設・事業
実態調査報告

公益財団法人日本知的障害者福祉協会
調査・研究委員会

目　　次（令和元年度）

I　調査経過

　2019年度も日本知的障害者福祉協会会員事業所の悉皆調査として本調査を実施した。会員事業所4,498か所に調査票を送付し，事業所単位の【調査票Ａ】は3,315か所（回収率73.7％），事業利用単位の【調査票Ｂ】は3,320か所（回収率73.5％）から回答を頂くことができた。今年度の調査では，当協会の「社会福祉法人経営の在り方検討委員会」からの要望もあり，新たに，成年後見制度の利用状況や法人後見（成年後見）の実施状況について設問を設けた。平成28年５月に「成年後見制度の利用の促進に関する法律」が施行されたこともあり，今後も引き続き，その動向を追っていきたいと考えている。本調査から見えてきた最近の傾向としては，利用期間に定めがある事業（就労移行支援事業・自立訓練事業）の減少が目立っている。障害者自立支援法が施行された平成18年以降，就労移行支援事業所については，平成24年の865か所（単独型46か所，多機能型819か所）をピークに減少を続け，今年度は526か所（単独型18か所，多機能型508か所）となっている。事業の特性上，有期限であること，加えて自治体によって対応に格差があることから継続的に利用者を確保しにくい状況があると推察される。

　この全国調査は知的障害福祉における動向・傾向を把握する上で有用なデータを経年的に積み重ねているものであり，ご協力いただいている会員の皆様には深く感謝をしている。今後も本調査が日本のよりよい障害福祉施策の一助となるため，引き続き皆様のご理解とご協力をお願いしたい。

調査・研究委員会　委員長　梶　浦　英　与

調査票提出状況

【事業所単位Ａ】

施設・事業所の種類	送付数	提出数	回収率（％）
障害児入所施設	231	185	80.1
児童発達支援センター	187	135	72.2
日中活動事業所	2,467	1,741	70.6
障害者支援施設	1,613	1,254	77.7
計	4,498	3,315	73.7

＊日中活動事業所とは，療養介護・生活介護・自立訓練（生活訓練・機能訓練）・自立訓練（宿泊型）・就労移行支援・就労継続支援Ａ型・就労継続支援Ｂ型を日中に実施する事業所。（多機能型も含む）

＊障害者支援施設は上記事業に併せて施設入所支援を実施する事業所。ただし自立訓練（宿泊型）を除く。

【事業単位Ｂ】　　　　　　　　　　　　　　　　　　　左記事業に付帯して行っている事業

施設・事業種別			施設数	提出数	回収率（％）	自立生活援助	就労定着支援	居宅訪問型児童発達支援
児童福祉法及び障害者総合支援法	児童	障害児入所施設	231	180	77.9	－	－	－
		児童発達支援センター	187	134	71.7	－	－	2
	単独型	療養介護	0	0		－	－	－
		生活介護	2,149	1,655	77.0	3	7	－
		自立訓練	18	12	66.7	－	9	－
		就労移行支援	18	10	55.6	－	55	－
		就労継続支援Ａ型	37	18	48.6	－	5	－
		就労継続支援Ｂ型	418	315	75.4	－	31	－
	多機能型事業所		1,459	996	68.3	－	－	－
	計		4,517	3,320	73.5	3	107	2
	（うち施設入所支援）		1,613	1,251	77.6	3	－	
事業数			4,517	3,320	73.5	3	107	2

多機能型事業所の内訳	生活介護	1,115	767	68.8
	自立訓練	201	118	58.7
	就労移行支援	508	294	57.9
	就労継続支援Ａ型	93	58	62.4
	就労継続支援Ｂ型	1,302	874	67.1

＊障害児入所並びに障害者支援施設の中には，併設型施設を含む。
＊自立訓練の中には機能訓練・生活訓練・生活訓練（宿泊型）を含む。　＊財団法人運営施設を含む。

Ⅱ　調査結果Ａ（令和元年度）

［1］定員

　表1は，定員規模別事業所数を示したものである。

　定員規模別事業所数を見ると，定員30人未満の事業所は633か所（19.1％），30〜49人の事業所は1,331か所（40.2％），50〜99人の事業所は1,216か所（36.7％），100〜199人の事業所は125か所（3.8％）であった。19人以下の事業所は2％未満，150人以上の事業所は1％未満と少なかった。

　また，障害児入所施設では，30〜39人の事業所が55か所（29.7％）と最も多く，児童発達支援センターでも，30〜39人の事業所が69か所（51.1％）と最も多かった。日中活動事業所では，20〜29人，30〜39人，40〜49人の事業所が20〜29％と比較的高かった。障害者支援施設（日中）では，60〜99人の事業所が517か所（41.2％）と最も多く，次いで50〜59人の事業所が288か所（23.0％）であった。障害者支援施設（夜間）では，50〜59人の事業所が356か所（28.4％）と最も多く，次に60〜99人の事業所が323か所（25.8％），40〜49人の事業所が318か所（25.4％）と多かった。

　定員規模別事業所数に関して，以上の数値は前年度と大きな変動はなかった。

表1　定員規模別事業所数　　　　　　　　　　　　　　　　　　　　　　　　　（事業所数・下段は％）

	〜9人	10〜19人	20〜29人	30〜39人	40〜49人	50〜59人	60〜99人	100〜149人	150〜199人	200人〜	計
障害児入所施設	2	20	35	55	33	16	18	4	2		185
	1.1	10.8	18.9	29.7	17.8	8.6	9.7	2.2	1.1		100
児童発達支援センター	1	9	13	69	23	14	5	1			135
	0.7	6.7	9.6	51.1	17.0	10.4	3.7	0.7			100
日中活動事業所	2	16	521	353	479	152	206	9	2	1	1,741
	0.1	0.9	29.9	20.3	27.5	8.7	11.8	0.5	0.1	0.1	100
障害者支援施設（日中）		3	11	92	227	288	517	95	12	9	1,254
		0.2	0.9	7.3	18.1	23.0	41.2	7.6	1.0	0.7	100
障害者支援施設（夜間）		5	12	171	318	356	323	57	5	7	1,254
		0.4	1.0	13.6	25.4	28.4	25.8	4.5	0.4	0.6	100
事業所数（※1）	5	48	580	569	762	470	746	109	16	10	3,315
	0.2	1.4	17.5	17.2	23.0	14.2	22.5	3.3	0.5	0.3	100

（※1）事業所数は障害児入所施設と児童発達支援センターと日中活動支援事業所と障害者支援施設（日中）の合計

［2］現員

　表2は，現員規模別事業所数を示したものである。

　現員規模別事業所数を見ると，現員30人未満の事業所は747か所（22.5％），30〜49人の事業所は1,223か所（36.9％），50〜99人の事業所は1,159か所（35.0％），100〜199人の事業所は91か所（2.7％）であった。現員19人以下の事業所は248か所（7.5％）と定員規模別事業所数（53か所1.6％）に比べて多かった。しかし，150人以上の事業所は21か所（0.6％）と定員規模別事業所数（26か所，0.8％）と同様に少なかった。

　障害児入所施設では20〜29人の事業所が52か所（28.1％），児童発達支援センターでは30〜39人の事

業所が46か所（34.1％）で最も多かった。日中活動事業所では20〜29人，30〜39人，40〜49人の事業所が354〜391か所（20〜22％）と多かった。

　障害者支援施設（日中）では，60〜99人の事業所が446か所（35.6％）と最も多く，次いで50〜59人の事業所が278か所（22.2％）と多かった。障害者支援施設（夜間）では，40〜49人，50〜59人，60〜99人の事業所が276〜345か所（22〜27％）と多かった。

　さらに，定員と現員の分布を比較してみると，障害児入所施設では現員30〜39人の階層から上のほぼすべての階層で定員に比べ現員が減っており，障害者支援施設（夜間）においても現員50〜59人の階層以上で同じ傾向が見られている。換言すると，障害児入所施設の定員30人以上の事業所は128か所に対し現員分布では70か所に減っており，障害者支援施設（夜間）でも定員50人以上が748か所に対して現員では598か所に減っていた。これらのことから多くの入所系の施設が定員割れを起こしながら運営していることがわかる。なお，このような傾向は，前年度においても同様であった。

表2　現員規模別事業所数　　　　　　　　　　　　　　　　　　　　　（事業所数・下段は％）

	〜9人	10〜19人	20〜29人	30〜39人	40〜49人	50〜59人	60〜99人	100〜149人	150〜199人	200人〜	無回答	計
障害児入所施設	16	40	52	33	18	10	6	2	1		7	185
	8.6	21.6	28.1	17.8	9.7	5.4	3.2	1.1	0.5		3.8	100
児童発達支援センター	1	6	23	46	24	17	12	2	1		3	135
	0.7	4.4	17.0	34.1	17.8	12.6	8.9	1.5	0.7		2.2	100
日中活動事業所	14	162	391	360	354	201	189	5	3		62	1,741
	0.8	9.3	22.5	20.7	20.3	11.5	10.9	0.3	0.2		3.6	100
障害者支援施設（日中）	1	8	33	140	248	278	446	69	8	8	15	1,254
	0.1	0.6	2.6	11.2	19.8	22.2	35.6	5.5	0.6	0.6	1.2	100
障害者支援施設（夜間）		8	57	234	345	276	279	35	2	6	12	1,254
		0.6	4.5	18.7	27.5	22.0	22.2	2.8	0.2	0.5	1.0	100
事業所数	32	216	499	579	644	506	653	78	13	8	87	3,315
	1.0	6.5	15.1	17.5	19.4	15.3	19.7	2.4	0.4	0.2	2.6	100

［3］事業所設置年

　表3は，設置年代別事業所数を示したものである。

　障害児入所施設は，1961年〜1970年に84か所（45.4％）と最も多く設置され，次いで，1951年〜1960年に36か所（19.5％）設置されている。児童発達支援センターは，1971年〜1980年に45か所（33.3％）と最も多く設置されている。そして，1961年〜1970年，2001年〜2010年，2011年以降に18〜24所（13〜17％）と比較的多く設置されている。日中活動事業所は，2001年〜2010年に635か所（36.5％）設置され，次いで，2011年以降に382か所（21.9％）設置されている。1991年〜2000年も379か所（21.8％）設置されている。障害者支援施設は，1971年〜1980年に283か所（22.6％），1981年〜1990年に322か所（25.7％），1991年〜2000年に334か所（26.6％）と比較的多く設置されている。

　以上より，障害児入所施設についてはその多く（71.4％）が1970年以前に設置されていることがわかる。他方，障害者支援施設は1971年から2000年の間に74.9％が設置されている。

表3　設置年代別事業所数

（事業所数・下段は％）

	～1950年	1951～1960年	1961～1970年	1971～1980年	1981～1990年	1991～2000年	2001～2010年	2011年～	計
障害児入所施設	12	36	84	25	1	9	5	13	185
	6.5	19.5	45.4	13.5	0.5	4.9	2.7	7.0	100
児童発達支援センター		7	21	45	6	14	18	24	135
		5.2	15.6	33.3	4.4	10.4	13.3	17.8	100
日中活動事業所		1	19	78	247	379	635	382	1,741
		0.1	1.1	4.5	14.2	21.8	36.5	21.9	100
障害者支援施設	6	19	122	283	322	334	135	33	1,254
	0.5	1.5	9.7	22.6	25.7	26.6	10.8	2.6	100
計	18	63	246	431	576	736	793	452	3,315
	0.5	1.9	7.4	13.0	17.4	22.2	23.9	13.6	100

［4］利用率

　表4は，平成30年度1年間の利用率を示したものである。

　全体的にみると，利用率90％以上の事業所が49.9％と約半数を占めていた。

　事業所種別毎の利用率を見ると，障害児入所施設では利用率90％以上が28.1％と低かったのに対して，利用率50％未満が13.0％と他の事業所種別と比べると高かった。児童発達支援センターの利用率は，80～90％未満と90％～100％未満が同率で19.3％と比較的高かった。また，100％超が20.0％とおおよそ5か所に1か所は年間利用率が100％を超えていた。日中活動事業所では，80～90％未満の事業所が23.7％，90～100％未満の事業所が26.0％と高かった。利用率100％超の事業所も16.1％と比較的高かった。障害者支援施設（日中）の利用率は，90～100％未満の事業所が50.2％と約半数を占めていた。利用率100％超の事業所も12.8％と比較的高かった。障害者支援施設（夜間）の利用率は，90～100％未満が70.8％と高く，利用率80％未満の事業所は5.0％と低かった。

　利用率が90％未満の事業所の割合を見ると，障害児入所施設が52.4％，児童発達支援センターが45.9％，日中活動事業所が46.6％，障害者支援施設（日中）が30.1％，障害者支援施設（夜間）が16.8％であった。

表4　利用率（平成30年度）

（事業所数・下段は％）

	～50％未満	50～60％未満	60～70％未満	70～80％未満	80～90％未満	90～100％未満	100％	100％超	無回答	計
障害児入所施設	24	7	14	17	35	41	6	5	36	185
	13.0	3.8	7.6	9.2	18.9	22.2	3.2	2.7	19.5	100
児童発達支援センター	6	7	9	14	26	26	1	27	19	135
	4.4	5.2	6.7	10.4	19.3	19.3	0.7	20.0	14.1	100
日中活動事業所	48	32	100	218	413	453	12	280	185	1,741
	2.8	1.8	5.7	12.5	23.7	26.0	0.7	16.1	10.6	100
障害者支援施設（日中）	11	11	45	92	219	629	15	160	72	1,254
	0.9	0.9	3.6	7.3	17.5	50.2	1.2	12.8	5.7	100
障害者支援施設（夜間）	13	4	11	35	148	888	19	69	67	1,254
	1.0	0.3	0.9	2.8	11.8	70.8	1.5	5.5	5.3	100
事業所数	89	57	168	341	693	1,149	34	472	312	3,315
	2.7	1.7	5.1	10.3	20.9	34.7	1.0	14.2	9.4	100

［5］ 年間総開所日数と1日あたりの開所時間

　表5は，平成30年度の児童発達支援センターと日中活動事業所の総開所日数を示したものである。

　全体をみると，251〜275日開所している事業所が53.5％と，約半数を占め，226〜250日開所している事業所が29.7％であった。226日〜275日開所している事業所が全体の8割を超えている。

　児童発達支援センターは，226〜250日開所している事業所が51.9％と最も多く，次いで，251〜275日が23.7％であった。日中活動事業所では，251〜275日開所している事業所が55.8％と最も多く，次いで，226〜250日が28.0％であった。

　表6は，平成30年度の1日あたりの平均開所時間を示したものである。

　全体的には，平均開所時間6〜7時間未満が43.5％と多く，次いで，7〜8時間未満が34.5％であった。開所時間が4時間未満の事業所は0.2％，10時間以上は0.8％とそれぞれ少なかった。

　児童発達支援センターでは，6〜7時間未満が36.3％と多く，4〜5時間未満が22.2％，5〜6時間未満が17.0％で比較的多かった。開所時間が4時間未満の事業所は0.7％，8時間以上の事業所は11.1％であった。

　日中活動事業所では，6〜7時間未満が44.1％と最も多く，次いで，7〜8時間未満が36.5％であった。開所時間が4時間未満の事業所は0.1％，8時間以上の事業所は8.2％であった。

　児童発達支援センターに比べて，日中活動事業所の方が1日あたりの平均開所時間が長いことがわかる。

表5　平成30年度の総開所日数　　　　　　　　　　　　　　　　　　　　　　（事業所数・下段は％）

	〜200日	201〜225日	226〜250日	251〜275日	276〜300日	301〜325日	326日以上	無回答	計
児童発達支援センター	2	13	70	32	14			4	135
	1.5	9.6	51.9	23.7	10.4			3.0	100
日中活動事業所	9	5	488	972	109	61	49	48	1,741
	0.5	0.3	28.0	55.8	6.3	3.5	2.8	2.8	100
計	11	18	558	1,004	123	61	49	52	1,876
	0.6	1.0	29.7	53.5	6.6	3.3	2.6	2.8	100

表6　平成30年度の1日あたりの平均開所時間　　　　　　　　　　　　　　　　（事業所数・下段は％）

	〜2時間未満	2〜4時間未満	4〜5時間未満	5〜6時間未満	6〜7時間未満	7〜8時間未満	8〜10時間未満	10〜12時間未満	12時間超	無回答	計
児童発達支援センター		1	30	23	49	12	13	2		5	135
		0.7	22.2	17.0	36.3	8.9	9.6	1.5		3.7	100
日中活動事業所		2	15	130	767	635	130	4	9	49	1,741
		0.1	0.9	7.5	44.1	36.5	7.5	0.2	0.5	2.8	100
計		3	45	153	816	647	143	6	9	54	1,876
		0.2	2.4	8.2	43.5	34.5	7.6	0.3	0.5	2.9	100

［6］ 職員の数と構成

　表7−1は，障害児入所施設の職種と常勤人数・非常勤人数を示したものである。

障害児入所施設の直接支援職員について，各職種別に常勤専従・非常勤の割合を見ると，保育士では，常勤専従が1,036人83.1％（前年度82.9％），非常勤が88人7.1％（前年度7.0％）であった。生活支援員・児童指導員では，常勤専従が1,574人77.1％（前年度74.7％），非常勤が272人13.3％（前年度10.7％）であった。看護師は，常勤専従が325人67.7％（前年度65.0％），非常勤が69人14.4％（前年度15.0％）であり，他の職種に比べて看護師の常勤専従の割合がやや低いことがわかる。また，直接支援職員に関して，常勤専従における各職種の割合を見ると，保育士が33.2％（前年度32.4％），生活支援員・児童指導員が50.4％（前年度50.6％），看護師が10.4％（前年度10.4％）であった。

　次に，常勤兼務について見ると，換算数を実人数で割り戻した一人当たりの平均は，保育士0.84人，生活支援員・児童指導員0.91人であるのに対し，看護師0.33人，その他専門職0.25人と低くなっており，法人内で他の事業所と兼務をしている状況があると推測される。

表7－1　障害児入所施設

職種名		常勤専従	常勤兼務	常勤兼務の換算数	非常勤	非常勤兼務の換算数	計
①施設長・管理者		90	101	51.7	0	0.0	191
②サービス管理責任者・児童発達支援管理責任者		200	25	22.4	1	1.0	226
③保育士	直接支援職員	1,036	122	102.5	88	44.0	1,246
④生活支援員・児童指導員		1,574	195	178.3	272	125.7	2,041
⑤職業指導員・就労支援員		68	9	8.1	1	0.8	78
⑥看護師（准看護師を含む）・保健師		325	86	28.0	69	40.6	480
⑦その他（OT（作業療法士），ST（言語聴覚士），PT（理学療法士），心理担当職員等）		118	53	13.5	24	11.3	195
直接支援職員小計		3,121	465	330.4	454	222.4	4,040
⑧医師		20	18	5.6	46	5.4	84
⑨管理栄養士		50	24	9.6	0	0.0	74
⑩栄養士		46	29	14.4	5	3.1	80
⑪調理員		171	77	38.3	150	74.7	398
⑫送迎運転手		12	8	2.5	27	8.6	47
⑬事務員		236	96	48.3	62	32.4	394
⑭その他職種		116	30	16.9	185	84.5	331
合　計		4,062	873	540.1	930	432.1	5,865

　表7－2は，児童発達支援センターの職種と常勤人数・非常勤人数を示したものである。

　児童発達支援センターの直接支援職員について，各職種別に常勤専従・非常勤の割合を見ると，保育士では，常勤専従が853人64.6％（前年度68.2％），非常勤が388人29.4％（前年度28.4％）であった。生活支援員・児童指導員では，常勤専従が374人63.9％（前年度68.8％），非常勤が156人26.7％（前年度23.5％）であった。看護師は，常勤専従が23人29.5％（前年度31.8％），非常勤が47人60.3％（前年度60.0％）であった。前年度に引き続き，他の職種に比べて看護師の常勤専従の割合が目立って低くなっており，障害児入所施設に比べると40ポイント程度少ないことがわかる。また，直接支援職員に関して，常勤専従における各職種の割合を見ると，保育士が65.0％（前年度65.3％），生活支援員・児童指導員が28.5％（前年度27.2％），看護師が1.8％（前年度2.0％）であった。

表7－2　児童発達支援センター

職種名	常勤専従	常勤兼務	常勤兼務の換算数	非常勤	非常勤兼務の換算数	計
①施設長・管理者	78	65	27.2	0	0.0	143
②サービス管理責任者・児童発達支援管理責任者	138	23	9.6	1	0.8	162
③保育士	853	80	39.5	388	220.3	1,321
④生活支援員・児童指導員	374	55	24.0	156	94.6	585
⑤職業指導員・就労支援員	1	0	0.0	0	0.0	1
⑥看護師（准看護師を含む）・保健師	23	8	3.5	47	20.9	78
⑦その他（OT（作業療法士），ST（言語聴覚士），PT（理学療法士），心理担当職員等）	61	65	22.7	87	18.6	213
直接支援職員小計	1,312	208	89.7	678	354.4	2,198
⑧医師	0	8	1.7	20	2.1	28
⑨管理栄養士	24	8	2.7	2	0.5	34
⑩栄養士	35	12	3.0	12	6.9	59
⑪調理員	65	19	5.1	130	65.9	214
⑫送迎運転手	31	9	3.8	99	48.2	139
⑬事務員	76	32	12.3	37	25.7	145
⑭その他職種	40	15	7.5	82	38.3	137
合　計	1,799	399	162.6	1,061	542.8	3,259

（③～⑦は直接支援職員）

表7－3は，日中活動事業所の職種と常勤人数・非常勤人数を示したものである。

日中活動事業所の直接支援職員について，各職種別に常勤専従・非常勤の割合を見ると，生活支援員・児童指導員では，常勤専従が9,235人52.7％（前年度52.3％），非常勤が5,965人34.1％（前年度33.5％）であった。職業指導員・就労支援員では，常勤専従が2,528人54.7％（前年度57.1％），非常勤が1,544人33.4％（前年度31.0％）であった。看護師は，常勤専従が409人26.4％（前年度25.5％），非常勤が924人59.6％（前年度61.3％）であった。日中活動事業所では，看護師の常勤専従の割合は年々微増傾向にあるも，児童発達支援センターよりも，さらに低いことがわかる。また，直接支援職員に関して，常勤専従における各職種の割合を見ると，生活支援員・児童指導員が74.5％（前年度73.0％），職業指導員・就労支援員が20.4％（前年度22.6％），看護師が3.3％（前年度3.0％）であった。

表7－3　日中活動事業所

職種名	常勤専従	常勤兼務	常勤兼務の換算数	非常勤	非常勤兼務の換算数	計
①施設長・管理者	637	1,079	522.7	23	14.4	1,739
②サービス管理責任者・児童発達支援管理責任者	1,271	678	409.9	14	8.0	1,963
③保育士	77	37	30.9	33	19.6	147
④生活支援員・児童指導員	9,235	2,313	1,921.2	5,965	3,347.3	17,513
⑤職業指導員・就労支援員	2,528	551	458.7	1,544	900.5	4,623
⑥看護師（准看護師を含む）・保健師	409	217	86.1	924	245.6	1,550
⑦その他（OT（作業療法士），ST（言語聴覚士），PT（理学療法士），心理担当職員等）	150	40	21.7	154	43.2	344
直接支援職員小計	12,399	3,158	2,518.6	8,620	4,556.2	24,177
⑧医師	5	8	0.9	119	10.1	132
⑨管理栄養士	49	61	23.0	24	8.1	134
⑩栄養士	76	98	38.5	69	37.6	243
⑪調理員	164	202	80.0	790	334.1	1,156
⑫送迎運転手	49	32	16.3	834	293.0	915
⑬事務員	608	479	240.8	312	171.3	1,399
⑭その他職種	381	58	47.6	364	170.6	803
合　計	15,639	5,853	3,898.3	11,169	5,603.4	32,661

表7－4は，障害者支援施設の職種と常勤人数・非常勤人数を示したものである。

障害者支援施設の直接支援職員に関して，各職種別に常勤専従・非常勤の割合を見ると，生活支援員・児童指導員では，常勤専従が27,090人68.2％（前年度69.4％），非常勤が7,557人19.0％（前年度18.0％）であった。職業指導員・就労支援員では，常勤専従が456人60.6％（前年度61.6％），非常勤が214人28.5％（前年度20.6％）であった。看護師は，常勤専従が1,518人61.2％（前年度62.0％），非常勤が553人22.3％（前年度21.5％）であった。障害者支援施設では，看護師の常勤専従の割合が障害児入所施設と同程度で，児童発達支援センターや日中活動事業所に比べて高いことがわかる。また，直接支援職員に関して，常勤専従における各職種の割合を見ると，生活支援員・児童指導員が92.4％（前年度92.3％），職業指導員・就労支援員が1.6％（前年度2.0％），看護師が5.2％（前年度5.0％）であり，生活支援員・児童指導員の常勤専従者に占める割合が突出して高いことがわかる。

また別の角度から，直接支援職員における看護師の割合について見た場合，前々年度5.1％，前年度5.6％，今年度5.7％となっており，加えて，一事業所当たりの看護師の平均人数も前々年度1.7人，前年度1.9人，今年度2.0人と増加していることから，医療的ケアの必要な利用者が増えてきている状況にあると推測される。

以上，表7－1から表7－4の直接支援職員小計より，常勤専従者の割合を事業所種別にみると，障害児入所施設が77.3％（前年度75.4％），児童発達支援センターが59.7％（前年度63.7％），日中活動事業所が51.3％（前年度51.4％），障害者支援施設が67.4％（前年度68.5％）であり，入所系の事業所の方が通所系のそれよりも常勤専従者の割合が高いことがわかる。

また，直接支援職員における非常勤の割合は，児童発達支援センターが30.8％（前年度30.1％，前々年度29.5％），日中活動事業所が35.7％（前年度34.9％，前々年度34.8％），障害者支援施設が19.5％（前年度18.4％，前々年度17.6％）であり，障害児入所施設を除き，増加傾向を示している。加えて，直接支援職員を含む事業所全体の職員数においても同様の傾向が伺える。

表7－4　障害者支援施設

職種名	常勤専従	常勤兼務	常勤兼務の換算数	非常勤	非常勤兼務の換算数	計
①施設長・管理者	700	596	335.6	14	8.8	1,310
②サービス管理責任者・児童発達支援管理責任者	1,501	541	320.9	13	8.3	2,055
③保育士	191	54	31.1	22	16.6	267
④生活支援員・児童指導員	27,090	5,099	4,396.7	7,557	4,317.4	39,746
⑤職業指導員・就労支援員	456	82	54.8	214	130.6	752
⑥看護師（准看護師を含む）・保健師	1,518	410	308.1	553	245.6	2,481
⑦その他（OT（作業療法士），ST（言語聴覚士），PT（理学療法士），心理担当職員等）	61	53	19.3	113	25.7	227
直接支援職員小計	29,316	5,698	4,810.0	8,459	4,735.9	43,473
⑧医師	6	13	2.2	220	24.3	239
⑨管理栄養士	533	92	83.0	12	6.5	637
⑩栄養士	522	137	92.6	55	21.3	714
⑪調理員	1,863	336	290.9	873	448.0	3,072
⑫送迎運転手	51	32	15.7	193	86.5	276
⑬事務員	1,938	684	431.0	379	198.3	3,001
⑭その他職種	329	110	56.6	885	423.6	1,324
合　計	36,759	8,239	6,438.5	11,103	5,961.5	56,101

（④〜⑦に「直接支援職員」の注記あり）

表7－5は，事業所種別毎に直接支援職員の配置義務員数と実際の配置状況を示したものである。

まず，常勤専従者に注目してみると，障害児入所施設が140％（前年度123％），児童発達支援センターが100％（前年度106％），障害者支援施設が103％（前年度104％）で，常勤専従者のみでその配置義務員数を満たしている。しかし，日中活動事業所は83％（前年度84％）であり，常勤兼務職員や非常勤職員を加えて必要な配置義務員数を満たしていることがわかる。

　次に，事業所種別毎に常勤換算後の計と配置義務員数とを比較してみると，障害児入所施設は164％（前年度156％），児童発達支援センターは132％（前年度142％），日中活動事業所は131％（前年度132％），障害者支援施設は138％（前年度139％）となっており，どの事業所種別も配置義務員数を大きく超えて運営されていることがわかる。

表7－5　直接支援職員の状況（配置義務員数に回答のあった施設のみ集計）

直接支援職員	有効回答事業所実数（A）	指定基準上の配置義務員数（B）	1施設あたりの配置義務員数（B）/（A）	常勤専従（C）	常勤専従の配置率（C）/（B）	常勤兼務	常勤兼務の換算数	非常勤	非常勤兼務の換算数	常勤換算後の計（D）	常勤換算後の配置率（D）/（B）
障害児入所施設	96	1,011	10.5	1,419	140％	177	151.2	164	87.7	1,657.9	164％
児童発達支援センター	89	890	10.0	892	100％	117	54.3	454	232.0	1,178.3	132％
日中活動事業所	1,048	8,955	8.5	7,442	83％	2,022	1,546.6	5,035	2,741.3	11,729.9	131％
障害者支援施設	741	16,430	22.2	17,003	103％	3,407	2,911.8	4,853	2,728.9	22,643.7	138％

［7］職員の年齢・性別並びに勤務年数

　表8は，職員の年齢と性別毎に正規・非正規の割合を示したものである。

　正規職員の割合は，男性が75.7％（前年度74.4％）に対して，女性は58.1％（前年度56.5％）と開きはあるものの，男女合計では65.3％（前年度63.8％）で，全体的に微増していた。「［6］職員の数と構成」で前述したように，職員全体では非常勤の割合が微増傾向にあるものの，常勤職員においては正規化が進んでいる。

　階層別にみると，非正規化が進んだのは男性，女性ともに20歳未満の階層で，それぞれ38.8％，29.4％（前年度34.6％，25.0％）であり，それ以外の階層は全て正規職員の割合がアップしていた。年代

表8　年齢と性別　　　　　　　　　　　　　　　　　　　　　　　　　　　　　（人・下段は％）

		20歳未満	20歳代	30歳代	40歳代	50歳代	65歳未満	65歳以上	計
男性	正規	71	5,806	8,418	7,922	5,092	1,424	708	29,441
		61.2	88.8	92.3	89.9	78.7	40.4	16.4	75.7
	非正規	45	732	701	887	1,378	2,103	3,601	9,447
		38.8	11.2	7.7	10.1	21.3	59.6	83.6	24.3
女性	正規	161	8,059	6,834	8,553	7,430	1,506	425	32,968
		70.6	86.3	68.8	57.8	55.1	29.3	11.1	58.1
	非正規	67	1,279	3,097	6,240	6,066	3,637	3,394	23,780
		29.4	13.7	31.2	42.2	44.9	70.7	88.9	41.9
計	正規	232	13,865	15,252	16,475	12,522	2,930	1,133	62,409
		67.4	87.3	80.1	69.8	62.7	33.8	13.9	65.3
	非正規	112	2,011	3,798	7,127	7,444	5,740	6,995	33,227
		32.6	12.7	19.9	30.2	37.3	66.2	86.1	34.7

別では，男性は正規の割合が20歳代から40歳代までは90％前後，50歳代でも78.7％が正規職員であるのに対し，女性は20代の86.3％をピークに30代で68.8％，40代50代では60％弱にまで正規職員の割合は落ちている。また，65歳未満を境に男女とも正規と非正規の割合が逆転しているのは，やはり60歳で定年退職し期限付き再任用という非正規化によるものと推察できる。

表9は，同一法人内での勤務年数毎に正規職員・非正規職員の割合を示したものである。

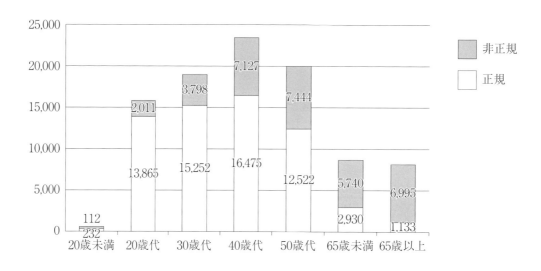

表9　同一法人内での勤務年数

（人・下段は％）

		1年未満	3年未満	5年未満	10年未満	20年未満	20年以上	計
男性	正規	2,133	4,114	3,823	7,337	6,477	5,252	29,136
		56.5	64.4	70.1	76.3	86.8	90.2	75.7
	非正規	1,639	2,273	1,628	2,276	985	570	9,371
		43.5	35.6	29.9	23.7	13.2	9.8	24.3
女性	正規	3,049	5,412	4,821	7,865	6,787	4,563	32,497
		45.3	49.7	53.7	58.0	64.8	83.2	57.9
	非正規	3,686	5,472	4,150	5,705	3,679	920	23,612
		54.7	50.3	46.3	42.0	35.2	16.8	42.1
計	正規	5,182	9,526	8,644	15,202	13,264	9,815	61,633
		49.3	55.2	59.9	65.6	74.0	86.8	65.1
	非正規	5,325	7,745	5,778	7,981	4,664	1,490	32,983
		50.7	44.8	40.1	34.4	26.0	13.2	34.9

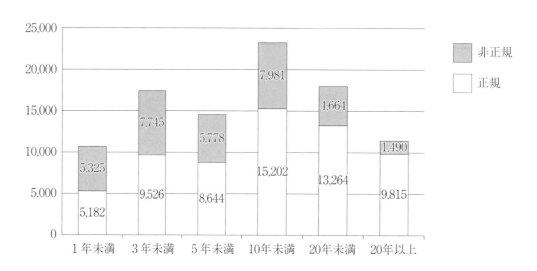

男女ともに勤務年数が短いほど非正規職員の割合が多く，全体では1年以内に雇われた職員の約半数（50.7％）が非正規職員であった。その傾向は女性に顕著で1年未満，3年未満ともに5割強（54.7％，50.3％）が非正規職員となっている。

［8］ 夜間職員の勤務状況

　表10は，障害児入所施設及び障害者支援施設の夜間職員の勤務形態を示したものである。

　夜間職員の勤務形態についてみると，「夜勤体制のみ」は障害児入所施設が97か所54.2％（前年度52.1％），障害者支援施設が963か所77.0％（前年度76.6％）と，障害児入所施設の方がその割合は低かった。一方，「夜勤体制と宿直体制併用」では障害児入所施設で82か所45.8％（前年度47.9％），障害者支援施設は287か所23.0％（前年度23.4％）となっており，両施設とも「夜勤体制のみ」が前年度に比べわずかではあるが増えている。1夜あたりの1事業所における平均職員数は，障害児入所施設で2.7人（前年度2.7人），障害者支援施設では3.0人（前年度3.0人）となっており，1人の夜間勤務職員がみる利用者の平均人数は，障害児入所施設で10.6人（前年度10.3人），障害者支援施設で17.6人（前年度17.5人）と，両施設とも夜勤者のみるべき人数は微増している。

表10　夜間職員の勤務形態

		障害児入所施設	障害者支援施設	計
夜勤体制のみ	事業所数	97	963	1,060
	割合	54.2%	77.0%	74.2%
	夜間職員総数（※1）	222	2,760	2,982
	1事業所平均職員数（※2）	2.3	2.9	2.8
	1人の夜間職員がみる利用者の平均人数（※3）	11.6	18.2	17.7
夜勤体制と宿直体制併用	事業所数	82	287	369
	割合	45.8%	23.0%	25.8%
	夜間職員総数	257	1,005	1,262
	うち夜勤	135	635	770
	うち宿直	122	370	492
	不明・無回答	0	0	0
	1事業所平均職員数	3.1	3.5	3.4
	1人の夜間職員がみる利用者の平均人数	9.6	15.8	16.5
全体（無回答除く）	事業所数	179	1,250	1,429
	割合	100%	100%	100%
	夜間職員総数	479	3,765	4,244
	1事業所平均職員数	2.7	3.0	3.0
	1人の夜間職員がみる利用者の平均人数	10.6	17.6	16.8

（※1）夜間職員総数は，各事業所の1日あたりの勤務人数の合計
（※2）1事業所平均職員数は，夜間職員総数を事業所数で割り返したもの
（※3）1人の夜間職員がみる利用者の平均人数は，夜間の現員÷夜間職員総数

［9］施設・事業所の建物の状況

　表11は，施設・事業所の建物の老朽化等による建て替えの必要性を示したものであり3,315事業所から回答を得た。

　「建替えの必要あり」は，全体で613か所18.5％（前年度20.2％）と，およそ5か所中1か所が建て替えの必要ありと答えた。事業所種別では，障害児入所施設で42か所22.7％（前年度25.0％），児童発達支援センターは28か所20.7％（前年度21.2％），日中活動事業所は213か所12.2％（前年度13.8％），障害者支援施設は330か所26.3％（前年度28.4％）と，児童・成人とも入所系の方が建て替えの必要度は高かった。なお，「現在建て替え中」は全体で36か所（前年度41か所）あった。

　表12は障害児入所施設及び障害者支援施設の居室の利用状況を示したものである。「個室利用」は全体で56.8％（前年度57.2％，前々年度56.3％）と近年は横ばいの状況であるが，障害児入所施設に注目すると60.8％（前年度59.8％，前々年度56.6％）と増加傾向にあることがわかる。「2人部屋利用」は全体で35.0％（障害児入所施設24.8％，障害者支援施設35.8％）となっており，「個室利用」と「2人部屋利用」を合わせた割合は90％を超えている。一方，「4人部屋利用」以上は1,902部屋3.7％（前年度4.5％，前々年度4.7％）であり，微減しつつも，およそ8千人弱の利用者がそこで暮らしていることになる。

表11　施設・事業所の建物の状況

（事業所数・下段は％）

	障害児入所施設	児童発達支援センター	日中活動事業所	障害者支援施設	計
老朽化等による 建替えの必要あり	42	28	213	330	613
	22.7	20.7	12.2	26.3	18.5
建替えの必要なし	135	73	1,248	860	2,316
	73.0	54.1	71.7	68.6	69.9
現在建て替え中	6	1	10	19	36
	3.2	0.7	0.6	1.5	1.1
無回答	2	33	270	45	350
	1.1	24.4	15.5	3.6	10.6
計	185	135	1,741	1,254	3,315
	100	100	100	100	100

※建替えの必要ありと回答した613施設のうち，築年数30年以上が437施設，そのうち50年以上が38施設

表12　入所型施設の居室の状況

（部屋数・下段は％）

	障害児入所施設	障害者支援施設	計
個室利用	2,294	26,563	28,857
	60.8	56.5	56.8
2人部屋利用	935	16,834	17,769
	24.8	35.8	35.0
3人部屋利用	230	2,011	2,241
	6.1	4.3	4.4
4人部屋利用	279	1,569	1,848
	7.4	3.3	3.6
5人以上利用	35	19	54
	0.9	0.0	0.1
計	3,773	46,996	50,769
	100	100	100

[10] 主な加算・減算の状況

1. 主な加算の取得状況

　表13は施設・事業所種別毎に主な加算・減算の状況を示したものである。事業所種別によって取得できる加算は異なるものの，概ね取得できている加算は福祉・介護職員処遇改善加算（Ⅰ～Ⅴ・特別）3,006か所90.7％（前年度90.7％），福祉専門職員配置等加算（Ⅰ～Ⅲ）2,749か所82.9％（前年度87.2％），送迎加算1,439か所82.7％（前年度80.1％），食事提供体制加算1,426か所76.0％（前年度76.4％）となっている。

　また，入所系事業所が取得できる重度障害者支援加算（Ⅱ）は732か所50.9％である一方，平成30年度より新設された生活介護事業（障害者支援施設が行う生活介護を除く）にて取得可能な重度障害者支援加算については，273か所15.7％に留まっている。

表13　主な加算・減算の状況　　　　　　　　　　　　　　　　　　　　（事業所数・下段は％）

	障害児入所施設	児童発達支援センター	日中活動事業所	障害者支援施設	計
福祉・介護職員処遇改善加算（Ⅰ）	119	65	1,206	844	2,234
	64.3	48.1	69.3	67.3	67.4
福祉・介護職員処遇改善加算（Ⅱ）	15	11	174	142	342
	8.1	8.1	10.0	11.3	10.3
福祉・介護職員処遇改善加算（Ⅲ）	9	9	153	134	305
	4.9	6.7	8.8	10.7	9.2
福祉・介護職員処遇改善加算（Ⅳ）	1	1	4	7	13
	0.5	0.7	0.2	0.6	0.4
福祉・介護職員処遇改善加算（Ⅴ）			24	13	37
			1.4	1.0	1.1
福祉・介護職員処遇改善特別加算	2	3	38	32	75
	1.1	2.2	2.2	2.6	2.3
福祉専門職員配置等加算（Ⅰ）	55	33	599	490	1,177
	29.7	24.4	34.4	39.1	35.5
福祉専門職員配置等加算（Ⅱ）	21	8	254	167	450
	11.4	5.9	14.6	13.3	13.6
福祉専門職員配置等加算（Ⅲ）	76	61	604	381	1,122
	41.1	45.2	34.7	30.4	33.8
社会生活支援特別加算			9	4	13
			0.5	0.3	0.4
夜勤職員配置体制加算				803	803
				64.0	64.0
重度障害者支援加算（Ⅰ）	80			125	205
	43.2			10.0	14.2
重度障害者支援加算（Ⅱ）	37			695	732
	20.0			55.4	50.9
人員配置体制加算			521	911	1,432
			29.9	72.6	47.8
1対1.7			200	431	631
1対2.0			136	257	393
1対2.5			168	206	374
重度障害者支援加算			273		273
			15.7		15.7
食事提供体制加算		119	1,307		1,426
		88.1	75.1		76.0
送迎加算			1,439		1,439
			82.7		82.7
延長支援加算		13	85		98
		9.6	4.9		5.2
開所時間減算		13	71		84
		9.6	4.1		4.5
事業所実数	185	135	1,741	1,254	3,315
	100	100	100	100	100

[11] 自法人での法人後見の実施状況

　表14は事業所種別毎に自法人における法人後見（成年後見）の実施状況を示したものである。（本調査は事業所単位で回答を求めているものであるが，本設問では自法人での実施状況を問うているため，同一法人の複数事業所が重複して回答している場合がある。）

　「実施している」と回答したのは132か所で，全体の4.0％であった。

表14　自法人での法人後見の実施状況　　　　　　　　　　　　　　　　　　（事業所数・下段は％）

	障害児入所施設	児童発達支援センター	日中活動事業所	障害者支援施設	計
実施している	9	8	62	53	132
	4.9	5.9	3.6	4.2	4.0
実施していない	171	107	1,624	1,181	3,083
	92.4	79.3	93.3	94.2	93.0
無回答	5	20	55	20	100
	2.7	14.8	3.2	1.6	3.0
計	185	135	1,741	1,254	3,315
	100	100	100	100	100

[12] 短期入所の状況

1．短期入所の実施状況

　表15は障害児入所施設と障害者支援施設における短期入所事業（併設型・空床型）の実施状況である。回答のあった1,439か所（障害児入所施設185か所，障害者支援施設1,254か所）のうち，1,349か所93.7％（障害児入所施設88.6％，障害者支援施設94.5％）が短期入所事業を実施しており，入所系に対する短期入所のニーズの高さが窺える。

表15　短期入所の実施状況　　　　　　　　　　　　　　　　　　　　　　　（事業所数・下段は％）

	実施している			実施していない	無回答	計
	併設型	空床利用型	無回答			
障害児入所施設	164	90	78	8	17	4	185
	88.6	54.9	47.6	4.9	9.2	2.2	100
障害者支援施設	1,185	966	295	27	48	21	1,254
	94.5	81.5	24.9	2.3	3.8	1.7	100
計	1,349	1,056	373	35	65	25	1,439
	93.7	78.3	27.7	2.6	4.5	1.7	100

　表16は，障害児入所施設と障害者支援施設における短期入所事業の「併設型」を定員規模別に表したものである。

　併設型は児・者合計で1,056か所と，短期入所を実施している1,349か所（表15）の78.3％にあたる。定員規模は，4人が320か所30.3％（前年度303か所30.5％）と最も多く，児・者別にみても4人を含む上位3項目は定員5人以下の規模であった。一方，定員10人以上は，児童入所で9か所（10.0％），障害者支援施設においては73か所（7.6％）となっていた。

表16　定員規模別併設型事業所数

（事業所数・下段は%）

	1人	2人	3人	4人	5人	6人	7人	8人	9人	10人	11〜15人	16人以上	無回答	計
障害児入所施設	2	16	10	22	11	9	2	7		6		3	2	90
	2.2	17.8	11.1	24.4	12.2	10.0	2.2	7.8		6.7		3.3	2.2	100
障害者支援施設	22	199	84	298	114	90	33	39	11	45	15	13	3	966
	2.3	20.6	8.7	30.8	11.8	9.3	3.4	4.0	1.1	4.7	1.6	1.3	0.3	100
事業所数	24	215	94	320	125	99	35	46	11	51	15	16	5	1,056
	2.3	20.4	8.9	30.3	11.8	9.4	3.3	4.4	1.0	4.8	1.4	1.5	0.5	100

　表17は平成31年４月〜令和元年６月までの３か月間における短期入所の利用実績（利用実人数と利用延べ件数及び利用延べ泊数から，１人あたりの平均利用件数と１事業所あたりの利用実人数）を児・者施設毎に整理したものである。全体では，３か月間に20,704人が64,098回（件）短期入所を利用していた。その内の利用実人数では88.0％，利用延べ件数でも89.5％を障害者支援施設が占めている。

　利用延べ件数を利用実人数で割り返し１人あたりの平均利用回（件）数をみると，全体では3.1回（件），障害者支援施設3.1回（件），障害児入所施設2.7回（件）であった。また，利用実人数20,704人を表15の短期入所実施事業数1,349か所で割り返し，１事業所あたりの短期入所利用実人数の平均を出すと，全体では15.3人で，障害者支援施設15.4人，障害児入所施設15.1人となっていた。

表17　利用実績（平成31年４月〜令和元年６月までの３か月間）

	利用実人数	利用件数（延べ）	利用泊数（延べ）	1人当たりの平均利用件数	1事業所当たりの利用実人数
障害児入所施設	2,480	6,727	16,760	2.7	15.1
	12.0	10.5	7.7		
障害者支援施設	18,224	57,371	200,739	3.1	15.4
	88.0	89.5	92.3		
計	20,704	64,098	217,499	3.1	15.3
	100	100	100		

表17−２　表17の利用件数（延べ）内訳

（利用件数・下段は%）

	1泊	2泊	3泊	4〜6泊	7〜13泊	14〜28泊	29泊以上	不明	計
障害児入所施設	3,672	1,230	434	459	143	35	38	716	6,727
	54.6	18.3	6.5	6.8	2.1	0.5	0.6	10.6	100
障害者支援施設	29,474	13,023	5,399	5,746	1,532	750	1,201	246	57,371
	51.4	22.7	9.4	10.0	2.7	1.3	2.1	0.4	100
計	33,146	14,253	5,833	6,205	1,675	785	1,239	962	64,098
	51.7	22.2	9.1	9.7	2.6	1.2	1.9	1.5	100

　表17−２は上記３か月間における利用件数（延べ）の内訳（１回あたりの期間）を児・者施設毎に整理したものである。全体では，１位１泊51.7％，２位２泊22.2％となっており，１〜２泊で全体の73.9％，６泊以内で全体の92.7％を占めた。

　表18は調査基準日現在（令和元年６月１日）利用中の児者の最長利用泊数を児・者施設毎に整理したものである。調査基準日現在，利用中の児者は866人であったが，短期入所サービスの利用期間上限である30泊以上の利用は262人（30.3％），更に30年度から規制がかかった年間利用日数180日を超える180泊以上の利用も62人（7.2％）であった。今回の調査結果に合わせる形で前年度の数字を再集計する

と，30泊以上が294人（33.8％），180泊以上が79人（9.0％）であった。30年度の法改正後，共に減少している傾向はうかがえるが，短期入所に頼らざるを得ない児者がまだまだ多数存在している事も分かる。

表18　現在利用中（滞在中）の児者の最長泊数　　　　　　　　　　　　　　　　　　（利用件数・下段は％）

	〜7泊	8〜14泊	15〜19泊	20〜29泊	30〜59泊	60〜89泊	90〜179泊	180泊以上	計
障害児入所施設	65	10	3	7	7	4	1	2	99
	65.7	10.1	3.0	7.1	7.1	4.0	1.0	2.0	100
障害者支援施設	339	94	24	62	95	30	63	60	767
	44.2	12.3	3.1	8.1	12.4	3.9	8.2	7.8	100
計	404	104	27	69	102	34	64	62	866
	46.7	12.0	3.1	8.0	11.8	3.9	7.4	7.2	100

　表19は，3ヶ月間で最長支給期間の180泊以上連続で利用した児者の理由（複数選択有り）をまとめたものである。630事業所から1,071件の回答を得たが，理由の1位は「障害者支援施設への入所待機のため」で261事業所552件（51.5％），2位が「家族の病気等のため」で118事業所151件（14.1％）であった。障害者支援施設，グループホーム，その他の福祉施設等への「入所入居待機」が理由の利用は，359事業所676件（63.1％）となっており，おそらくこの5割を超える入所・入居待機群の中には，1年を超えて利用している人達も多くいると推察される。

表19　年間180日以上利用した方の理由

(下段は％)

			障害児入所施設	障害者支援施設	計
入所入居待機	障害者支援施設への入所待機のため	事業所数	13 33.3	248 42.0	261 41.4
		人数	23 39.7	529 52.2	552 51.5
	グループホームへの入居待機のため	事業所数	6 15.4	63 10.7	69 11.0
		人数	7 12.1	82 8.1	89 8.3
	その他福祉施設等への入所待機のため	事業所数	3 7.7	26 4.4	29 4.6
		人数	5 8.6	30 3.0	35 3.3
本人・家族等	本人の健康状態の維持管理のため	事業所数	2 5.1	50 8.5	52 8.3
		人数	2 3.4	66 6.5	68 6.3
	家族の病気等のため	事業所数	5 12.8	113 19.1	118 18.7
		人数	5 8.6	146 14.4	151 14.1
地域での自立した生活をするための事前準備のため		事業所数	3 7.7	22 3.7	25 4.0
		人数	3 5.2	36 3.6	39 3.6
その他		事業所数	7 17.9	69 11.7	76 12.1
		人数	13 22.4	124 12.2	137 12.8
計		事業所数	39	591	630
		人数	58	1,013	1,071

[13] 職員の資格取得・処遇の状況

1．資格取得・処遇の状況

[職員の資格取得状況]

　表20は，職員の資格取得（所持）状況（重複計上）を施設・事業所種別毎に表したものである。施設・事業所種別によってその取得数の順位は異なるが，全体では1位介護福祉士23.4％（前年度22.3％，前々年度21.9％），2位保育士12.6％（前年度13.0％，前々年度13.2％），3位介護職員初任者研修修了10.6％（前年度11.5％，前々年度11.8％）で，4位に社会福祉士8.3％（前年度8.1％，前々年度8.0％）であった。保育士と介護職員初任者研修修了については年々微減しているものの，介護福祉士と社会福祉士は年々微増している。

　障害児入所施設，児童発達支援センターで見ると，1位保育士43.2％（前年度46.0％），2位介護福祉士11.6％（前年度10.2％），3位社会福祉士9.5％（前年度9.4％）となっており，障害者支援施設，日中活動事業所では，1位介護福祉士24.5％（前年度23.3％），2位介護職員初任者研修修了11.2％（前年度

12.1%），３位保育士9.7％（前年度10.1％）の順となっている。

表20　職員の資格取得状況

	障害児入所施設	児童発達支援センター	日中活動事業所	障害者支援施設	計	％
介護福祉士	595	129	4,786	11,759	17,269	23.4
社会福祉士	400	194	2,189	3,374	6,157	8.3
精神保健福祉士	76	24	480	758	1,338	1.8
保育士	1,315	1,382	1,731	4,857	9,285	12.6
知的障害援助専門員	49	8	413	858	1,328	1.8
知的障害福祉士	9	4	51	128	192	0.3
介護職員初任者研修修了	158	61	3,103	4,506	7,828	10.6
その他	99	132	641	1,237	2,109	2.9
直接支援職員実数	4,040	2,198	24,177	43,473	73,888	100

　表21は，施設・事業所で取得を促進している資格について示したものであるが，全体では，いわゆる三福祉士といわれる社会福祉士2,394か所72.2％（前年度71.8％，前々年度71.2％），介護福祉士2,362か所71.3％（前年度69.9％，前々年度68.8％），精神保健福祉士1,325か所40.0％（前年度38.3％，前々年度36.3％）が上位３位である。これらは年々増加傾向にあり，福祉専門職員配置等加算の要件に該当する資格であることが影響している推測される。

　障害児入所施設と児童発達支援センターにおいては，精神保健福祉士ではなく保育士がそれぞれ３位と２位に入っていた。

表21　取得を促進している資格

	障害児入所施設	児童発達支援センター	日中活動事業所	障害者支援施設	計	％
介護福祉士	100	39	1,187	1,036	2,362	71.3
社会福祉士	119	69	1,240	966	2,394	72.2
精神保健福祉士	66	25	689	545	1,325	40.0
保育士	73	55	141	128	397	12.0
知的障害援助専門員	18	11	219	204	452	13.6
知的障害福祉士	7	5	88	94	194	5.9
介護職員初任者研修修了	14	8	247	165	434	13.1
その他	14	16	131	103	264	8.0
事業所実数	185	135	1,741	1,254	3,315	100

［資格取得への支援及び資格取得者への処遇］

　表22・表23は資格取得への支援及び取得後の処遇の内容について表したものである（重複計上）。3,315事業所のうち最も多かったのは「給与手当への反映」1,980か所59.7％（前年度58.6％）で，全体の６割弱となっている。次いで，「受講料・交通費等受講に係る費用の補助」1,110か所33.5％（前年度33.4％），「資格取得一時金として１回のみ支給」721か所21.7％（前年度19.3％），「昇進昇格等処遇への反映」573か所17.3％（前年度17.1％）の順であり，全ての処遇内容において増加している。

　表23は「受講料・交通費等受講に係る費用の補助」を実施している1,110か所の補助内容を表しており，「全額補助」は201か所18.1％（前年度17.1％），「一部補助」は774か所69.7％（前年度67.8％）であった。

表22　資格取得への支援・処遇の内容

（重複回答）

	障害児入所施設	児童発達支援センター	日中活動事業所	障害者支援施設	計	％
受講料・交通費等受講に係る費用の補助	51	39	613	407	1,110	33.5
資格取得一時金として1回のみ支給	50	26	356	289	721	21.7
昇進昇格等処遇への反映	29	13	274	257	573	17.3
給与手当への反映	83	48	1,069	780	1,980	59.7
その他	19	7	160	140	326	9.8
事業所実数	185	135	1,741	1,254	3,315	100

表23　受講料・交通費等受講に係る費用の補助

	障害児入所施設	児童発達支援センター	日中活動事業所	障害者支援施設	計	％
全額補助	9	13	105	74	201	18.1
一部補助	41	18	431	284	774	69.7
その他	2	6	76	52	136	12.3
補助ありの事業所実数	51	39	613	407	1,110	100

　表24は表22で「資格取得後に給与手当への反映」と回答した1,980事業所が，その対象としている資格について事業所種別毎に整理したものである。全体では圧倒的に三福祉士が多く，社会福祉士1,812か所91.5％（前年度90.6％），介護福祉士1,795か所90.7％（前年度90.6％），精神保健福祉士1,421か所71.8％（前年度68.6％）の順で，次いで保育士616か所31.1％（前年度29.1％）となっており，すべての事業種別においても同順となっている。

表24　資格取得後手当等を支給された資格

	障害児入所施設	児童発達支援センター	日中活動事業所	障害者支援施設	計
介護福祉士	66	33	966	730	1,795
	79.5	68.8	90.4	93.6	90.7
社会福祉士	68	41	972	731	1,812
	81.9	85.4	90.9	93.7	91.5
精神保健福祉士	53	23	785	560	1,421
	63.9	47.9	73.4	71.8	71.8
保育士	46	22	319	229	616
	55.4	45.8	29.8	29.4	31.1
知的障害援助専門員	11	2	91	81	185
	13.3	4.2	8.5	10.4	9.3
知的障害福祉士	4	1	42	31	78
	4.8	2.1	3.9	4.0	3.9
介護職員初任者研修修了	12	1	138	79	230
	14.5	2.1	12.9	10.1	11.6
その他	17	22	229	190	458
	20.5	45.8	21.4	24.4	23.1
給与手当への反映事業所数	83	48	1,069	780	1,980

表25は表22で「資格取得後に給与手当への反映」と回答した1,980事業所が，毎月定額で給与に支給される金額を資格毎に整理したものである。

給与手当への反映事業所数が最も多いのは社会福祉士87.2％（前年度86.5％）で，次いで，介護福祉士86.9％（前年度86.6％），精神保健福祉士69.1％（前年度65.5％），保育士30.4％（前年度28.8％）となっている。

資格毎にみると，社会福祉士と精神保健福祉士では「3,001～5,000円」が最も多く，次いで「5,001～10,000円」，「1～3,000円」の順となっているが，どの金額帯も大差はなく30％前後を示している。また，介護福祉士と保育士においては「1～3,000円」が最も多く，次いで「3,001～5,000円」，「5,001～10,000円」の順となっており，どちらの資格も「1～3,000円」と「3,001～5,000円」の金額帯を合わせると80％弱となっている。

表25　定額で給与に毎月支給される場合の金額と資格

	0円	1～3,000円	3,001～5,000円	5,001～10,000円	10,001～20,000円	20,001円以上	計	給与手当への反映事業所数（％）	有効回答事業所数（％）
介護福祉士		674 39.2	642 37.3	341 19.8	49 2.8	15 0.9	1,721 100	86.9	51.9
社会福祉士		468 27.1	553 32.0	546 31.6	127 7.4	32 1.9	1,726 100	87.2	52.1
精神保健福祉士		399 29.1	456 33.3	417 30.5	77 5.6	20 1.5	1,369 100	69.1	41.3
保育士	5 0.8	242 40.2	215 35.7	116 19.3	20 3.3	4 0.7	602 100	30.4	18.2
知的障害援助専門員	15 7.8	109 56.5	51 26.4	10 5.2	2 1.0	6 3.1	193 100	9.7	5.8
知的障害福祉士	22 22.7	25 25.8	21 21.6	22 22.7	1 1.0	6 6.2	97 100	4.9	2.9
介護職員初任者研修修了	22 9.0	166 68.0	38 15.6	14 5.7	2 0.8	2 0.8	244 100	12.3	7.4
その他	7 1.7	179 43.4	117 28.4	71 17.2	27 6.6	11 2.7	412 100	20.8	12.4
事業所実数								1,980	3,315

表26は表22で「資格取得後に給与手当への反映」と回答した1,980事業所に対し，複数の資格を取得した場合，支給される金額に上限設定が有るか無いかを尋ね整理したものである。支給に「上限がある」は1,178か所59.5％（前年度60.6％），「上限はない」は232か所11.7％（前年度11.6％）であった。

表26　複数資格取得の場合の支給金額の上限の有無

	障害児入所施設	児童発達支援センター	日中活動事業所	障害者支援施設	計	％
上限がある	43	23	627	485	1,178	59.5
上限はない	7	8	126	91	232	11.7
無回答	33	17	316	204	570	28.8
計	83	48	1,069	780	1,980	100

Ⅲ　調査結果Ｂ

1．定員と現在員

表27　定員規模別施設数とその構成比　　　　　　　　　　　　　　（施設数・下段は％）

			~20人	21~30人	31~40人	41~50人	51~60人	61~100人	101~150人	151~200人	201人~	計
児童福祉法	障害児入所施設		49	53	37	16	9	14	1	1		180
			27.2	29.4	20.6	8.9	5.0	7.8	0.6	0.6		100
	児童発達支援センター		18	70	24	14	3	4	1			134
			13.4	52.2	17.9	10.4	2.2	3.0	0.7			100
	計（Ⅰ）		67	123	61	30	12	18	2	1		314
			21.3	39.2	19.4	9.6	3.8	5.7	0.6	0.3		100
障害者総合支援法	日中系 単独型	療養介護										
		生活介護	210	142	425	245	334	246	42	5	6	1,655
			12.7	8.6	25.7	14.8	20.2	14.9	2.5	0.3	0.4	100
		自立訓練	7	3	1		1					12
			58.3	25.0	8.3		8.3					100
		就労移行支援	9				1					10
			90.0				10.0					100
		就労継続支援A型	12	2	3		1					18
			66.7	11.1	16.7		5.6					100
		就労継続支援B型	148	44	91	14	14	4				315
			47.0	14.0	28.9	4.4	4.4	1.3				100
		計	386	191	520	259	351	250	42	5	6	2,010
			19.2	9.5	25.9	12.9	17.5	12.4	2.1	0.2	0.3	100
	多機能型事業所		102	94	366	87	190	119	27	7	4	996
			10.2	9.4	36.7	8.7	19.1	11.9	2.7	0.7	0.4	100
	計（Ⅱ）		488	285	886	346	541	369	69	12	10	3,006
			16.2	9.5	29.5	11.5	18.0	12.3	2.3	0.4	0.3	100
	うち施設入所支援		11	138	320	341	176	222	35	1	7	1,251
			0.9	11.0	25.6	27.3	14.1	17.7	2.8	0.1	0.6	100
合計（Ⅰ+Ⅱ）			555	408	947	376	553	387	71	13	10	3,320
			16.7	12.3	28.5	11.3	16.7	11.7	2.1	0.4	0.3	100

　表27は，定員規模別事業所数と，その構成比を示したものである。

　前年度と比較すると，定員30人未満の事業所は963か所（29.0％）となり0.3ポイント増加した。一方，31~50人の事業所は0.2ポイント減少し1,323か所（39.8％），51~100人の事業所も0.1ポイント減少し940か所（28.3％），101~200人の事業所も0.2ポイント減少し84か所（2.5％）であった。

　日中系事業（単独・多機能型及び施設入所支援を実施する事業所を含む）では31~40人の階層の構成比が最も高く886か所（29.5％），次いで51~60人の階層541か所（18.0％），20人以下の階層488か所（16.2％），61~100人の階層369か所（12.3％），41~50人の階層346か所（11.5％）の順であった。

　日中系事業の単独型事業所を種別毎にみると，生活介護は31~40人が25.7％と最も多いが41~100人までの階層で49.8％と約半数を占めていた。一方，就労移行支援や就労継続支援A型では20人以下の階層が大半（90.0％，66.7％）を占めていた。

　なお，居住の場である施設入所支援においては31~50人の構成比が高く52.8％（661か所），次いで51~100人の31.8％（398か所）となっており，101人以上も3.4％（43か所）であった。

表28　定員と現在員

施設種別		定員	現在員（措置・契約）			令和元年度充足率（A）	平成30年度充足率（B）	（A）－（B）充足率増減
			男	女	計			
児童福祉法	障害児入所施設	6,475	3,455	1,562	5,017	77.5	78.3	▲ 0.9
	児童発達支援センター	4,581	4,263	1,509	5,772	126.0	138.4	▲ 12.4
	計（Ⅰ）	11,056	7,718	3,071	10,789	97.6	104.0	▲ 6.4
障害者総合支援法	日中系（単独・多機能含む）療養介護	0	0	0	0			
	生活介護	108,247	67,516	43,730	111,246	102.8	103.2	▲ 0.4
	自立訓練	1,541	730	421	1,151	74.7	68.4	6.3
	就労移行支援	2,818	1,360	656	2,016	71.5	67.5	4.0
	就労継続支援A型	1,272	808	356	1,164	91.5	91.2	0.3
	就労継続支援B型	29,551	19,369	11,484	30,853	104.4	105.2	▲ 0.8
	計（Ⅱ）	143,429	89,783	56,647	146,430	102.1	102.2	▲ 0.1
	うち施設入所支援	68,756	39,747	26,550	66,297	96.4	96.8	▲ 0.4
合計（Ⅰ＋Ⅱ）		154,485	97,501	59,718	157,219	101.8	102.3	▲ 0.5

　表28は定員に対する現在員の割合（充足率）を示したものである。全体でみると，前年度（102.3％）より0.5ポイント減少し101.8％であった。

　児童福祉法の事業については，障害児入所施設は77.5％と対前年比0.9ポイント減少し，児童発達支援センターについては126.0％と前年度（138.4％）から12.4ポイント減少した。

　成人の日中系事業全体でみると，充足率は102.1％であった。事業種別毎にみると，生活介護102.8％，自立訓練74.7％，就労移行支援71.5％，就労継続支援A型91.5％，就労継続支援B型104.4％と事業によって充足率にばらつきがあることがわかる。特に，利用期限に定めのある自立訓練，就労移行支援事業は低率であった。

　なお，施設入所支援の充足率は96.4％であった。

2．年齢別施設利用者数

　表29は，年齢別利用者数を事業種別毎に示したものであり，その概況は次のとおりである。

　まず，全体でみると，利用者の最も多い年齢階層は，40〜49歳の階層で，次いで多いのは30〜39歳の階層であり，この両階層だけで40.4％を占める。

　知的障害関係事業所の利用者のなかに，60歳以上の占める率は，毎年僅かずつ増加しており，今年は17.8％と前年度（17.3％）に比して0.5ポイント増加していた。利用者の年齢構成においても，徐々に高齢化が広がってきているといえる。なお，今年の65歳以上の高齢利用者は，全体で前年度（17,410人）より694人多い18,104人であるが，そのうち74.8％（13,536人）は施設入所支援に在籍している。

　全体の男女差をみると，男性が62.0％を占め，例年通りの比率であった。これを年齢階層別にみると，60歳以上で男女がほぼ半々であるのに，18〜60歳未満では男性が63.6％で，18歳未満の児童期では男児が71.5％となり，年齢が下がるほど男性の占める率が上がっている。このような男女の構成比は，知的障害事業所特有の特徴といえるであろう。

表29　年齢別施設利用者数　　　（人）

		年齢	0~2	3~5	6~11	12~14	15~17	18~19	20~29	30~39	40~49	50~59	60~64	65~69	70~74	75~79	80以上	不明	計
児童福祉法	障害児入所施設	男	1	76	771	785	1,285	248	172	77	34	5					1		3,455
		女		31	320	362	635	109	79	16	8	1	1						1,562
		計	1	107	1,091	1,147	1,920	357	251	93	42	6	1	0	0	0	1	0	5,017
		うち措置児者	1	86	770	773	1,144	186	2										–	2,962
	児童発達支援センター	男	236	3,825	183	0	19											0	4,263
		女	109	1,342	56	1	1											0	1,509
		計	345	5,167	239	1	20	0	0	0	0	0	0	0	0	0	0	0	5,772
		うち措置児者		10	1		2												–	13
	計（Ⅰ）	男	237	3,901	954	785	1,304	248	172	77	34	5	0				1	0	7,718
		女	109	1,373	376	363	636	109	79	16	8	1	1	0				0	3,071
		計	346	5,274	1,330	1,148	1,940	357	251	93	42	6	1	0	0	0	1	0	10,789
		うち措置児者	1	96	771	773	1,146	186	2	0	0	0	0	0	0	0	0		–	2,975
障害者総合支援法	日中系（単独・多機能含む）　療養介護	男																	0
		女																	0
		計	0	0	0	0	0	0	0	0	0	0	0	0	0	0	0	0	0
	生活介護	男				1	17	1,461	11,610	12,913	18,005	11,391	4,215	3,692	2,296	1,202	713	0	67,516
		女					10	699	5,525	7,041	10,032	8,332	3,791	3,602	2,374	1,391	933	0	43,730
		計	0	0	0	1	27	2,160	17,135	19,954	28,037	19,723	8,006	7,294	4,670	2,593	1,646	0	111,246
	自立訓練	男					49	262	198	62	69	63	18	4	4	1		0	730
		女					20	144	113	34	50	38	11	6	4	1		0	421
		計	0	0	0	0	69	406	311	96	119	101	29	10	8	2	0	0	1,151
	就労移行	男					68	417	511	162	133	60	8	1				0	1,360
		女					26	195	251	91	71	20	1	1				0	656
		計	0	0	0	0	94	612	762	253	204	80	9	2	0	0	0	0	2,016
	就労継続A型	男					15	182	203	199	145	46	13	5				0	808
		女					3	79	92	97	60	17	7	1				0	356
		計	0	0	0	0	18	261	295	296	205	63	20	6	0	0	0	0	1,164
	就労継続B型	男					6	642	4,860	4,246	4,500	2,841	1,127	743	297	88	19	0	19,369
		女					3	328	2,513	2,660	2,787	1,806	682	435	210	49	11	0	11,484
		計	0	0	0	0	9	970	7,373	6,906	7,287	4,647	1,809	1,178	507	137	30	0	30,853
	計（Ⅱ）	男					140	2,797	17,361	17,586	22,906	14,500	5,414	4,453	2,602	1,291	732	0	89,783
		女					59	1,369	8,481	9,918	13,037	10,256	4,502	4,051	2,589	1,441	944	0	56,647
		計	0	0	0	1	199	4,166	25,842	27,504	35,943	24,756	9,916	8,504	5,191	2,732	1,676	0	146,430
	うち施設入所支援	男					56	294	3,261	6,006	11,740	8,578	3,313	2,936	1,895	1,023	645		39,747
		女					23	139	1,308	2,883	6,014	6,141	3,005	2,939	2,014	1,228	856		26,550
		計	0	0	0	0	79	433	4,569	8,889	17,754	14,719	6,318	5,875	3,909	2,251	1,501	0	66,297
合計（Ⅰ＋Ⅱ）		男	237	3,901	954	785	1,444	3,045	17,533	17,663	22,940	14,505	5,414	4,453	2,602	1,291	733	0	97,501
		女	109	1,373	376	363	695	1,478	8,560	9,934	13,045	10,257	4,503	4,051	2,589	1,441	944	0	59,718
		計	346	5,274	1,330	1,149	2,139	4,523	26,093	27,597	35,985	24,762	9,917	8,504	5,191	2,732	1,677	0	157,219

(1)　児童福祉法事業

①障害児入所施設

　利用者（児）総数5,017人に，本来の対象である18歳未満の児童の占める率は85.0％（4,266人）と前年度に比して3.4ポイント増加しているが，この事業種別が抱えてきた「過齢児」問題は未だ解消されていない。なお，この事業種別において，利用者の最も多いのは15～17歳の階層の38.3％で，次いで多いのは12～14歳の階層22.9％と続いている。

②児童発達支援センター

この事業種別の利用児5,772人は，6歳未満の幼児が95.5％と非常に高い率を占めている。幼児の「早期療育施設」としての，この事業種別の役割が確立していることの顕れともいえる。なお，15歳以上の義務教育終了後の年長児は20人（0.3％）であった。

また，毎年度6〜11歳の階層に1割に満たない程度（4.1％）の利用児があるが，その大部分は就学直前の6歳児であると推測される。

(2) 障害者総合支援法事業

居住サービスである施設入所支援利用者の多い年齢階層は，30〜59歳までの3階層（62.4％）で，20〜29歳の階層は6.9％であった。一方で，日中活動サービスのみを利用する者（日中活動サービス利用者から施設入所支援利用者を引いた数）は，20〜29歳の階層で26.5％，30〜39歳の階層で23.2％，40〜49歳の階層で22.7％，この3階層だけで72.5％を占める。その男女差をみると，男性が63.4％を占めている。これを年齢階層別でみると，年齢が下がるほど男性の占める率が上がる傾向がみられる。

介護給付である生活介護に比べ，訓練等給付の各事業種別の年齢層が低い傾向にある。さらに，訓練等給付の事業のうち利用期限の定めのある自立訓練と就労移行支援をみると，18〜29歳までの年齢層だけで，自立訓練では62.3％，就労移行支援では68.2％を占めている。

図1　施設利用者年齢別構成

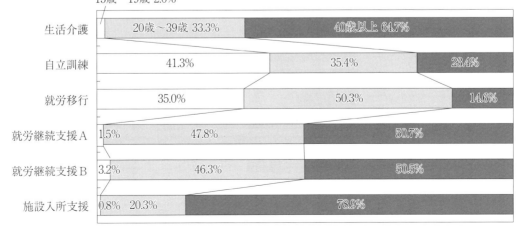

３．施設・事業在籍年数

表30は事業種別毎に利用者（児）の在籍年数を示したものである。また，表31ではその構成比をみた。

表30　施設・事業在籍年数

(人)

在籍年数			0.5年未満	0.5～1年	1～2年	2～3年	3～5年	5～10年	10～15年	15～20年	20～30年	30～40年	40年以上	不明	計
児童福祉法	障害児入所施設	男	347	212	514	479	643	797	285	67	73	25	7	6	3,455
		女	189	98	209	215	271	377	128	26	21	7	2	19	1,562
		計	536	310	723	694	914	1,174	413	93	94	32	9	25	5,017
	児童発達支援センター	男	1,355	458	1,328	734	166	2						220	4,263
		女	477	136	475	261	70	2						88	1,509
		計	1,832	594	1,803	995	236	4	0	0	0	0	0	308	5,772
	計（Ⅰ）	男	1,702	670	1,842	1,213	809	799	285	67	73	25	7	226	7,718
		女	666	234	684	476	341	379	128	26	21	7	2	107	3,071
		計	2,368	904	2,526	1,689	1,150	1,178	413	93	94	32	9	333	10,789
障害者総合支援法	日中系（単独・多機能含む）療養介護	男													
		女													
		計													
	生活介護	男	1,739	1,114	3,095	2,742	5,763	38,286	13,676					1,101	67,516
		女	1,025	688	1,852	1,742	3,649	25,255	9,002					517	43,730
		計	2,764	1,802	4,947	4,484	9,412	63,541	22,678	0	0	0	0	1,618	111,246
	自立訓練	男	203	136	274	66	16	24	8					3	730
		女	119	64	153	43	12	9	3					18	421
		計	322	200	427	109	28	33	11	0	0	0	0	21	1,151
	就労移行	男	461	238	437	119	17	27	1					60	1,360
		女	201	127	228	51	9	19	1					20	656
		計	662	365	665	170	26	46	2	0	0	0	0	80	2,016
	就労継続A型	男	23	29	42	51	149	306	208					0	808
		女	10	10	32	33	60	125	84					2	356
		計	33	39	74	84	209	431	292	0	0	0	0	2	1,164
	就労継続B型	男	902	557	1,311	1,241	2,461	9,554	2,937					406	19,369
		女	483	330	792	684	1,418	5,768	1,801					208	11,484
		計	1,385	887	2,103	1,925	3,879	15,322	4,738	0	0	0	0	614	30,853
	計（Ⅱ）	男	3,328	2,074	5,159	4,219	8,406	48,197	16,830					1,570	89,783
		女	1,838	1,219	3,057	2,553	5,148	31,176	10,891					765	56,647
		計	5,166	3,293	8,216	6,772	13,554	79,373	27,721	0	0	0	0	2,335	146,430
	うち施設入所支援	男	652	544	1,203	1,193	2,252	5,222	5,358	5,533	8,866	5,554	3,099	271	39,747
		女	411	353	834	788	1,463	3,349	3,448	3,449	5,324	4,235	2,819	77	26,550
		計	1,063	897	2,037	1,981	3,715	8,571	8,806	8,982	14,190	9,789	5,918	348	66,297
合計（Ⅰ＋Ⅱ）		男	5,030	2,744	7,001	5,432	9,215	48,996	17,115	67	73	25	7	1,796	97,501
		女	2,504	1,453	3,741	3,029	5,489	31,555	11,019	26	21	7	2	872	59,718
		計	7,534	4,197	10,742	8,461	14,704	80,551	28,134	93	94	32	9	2,668	157,219

※施設入所支援、障害児入所施設については、旧法からの継続在籍年数で計上

図２　施設在籍年数別構成

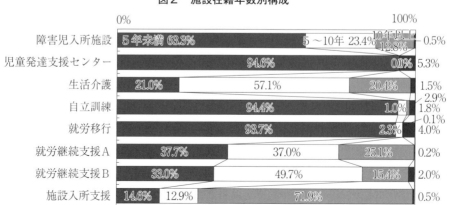

表31　在籍年数別在所者の構成比　(%)

在籍年数		0.5年未満	0.5~1年	1~2年	2~3年	3~5年	5~10年	10~15年	15~20年	20~30年	30~40年	40年以上	不明	計
児童	障害児入所施設	10.7	6.2	14.4	13.8	18.2	23.4	8.2	1.9	1.9	0.6	0.2	0.5	100
	児童発達支援センター	31.7	10.3	31.2	17.2	4.1	0.1						5.3	100
	計（Ⅰ）	21.9	8.4	23.4	15.7	10.7	10.9	3.8	0.9	0.9	0.3	0.1	3.1	100
障害者総合支援法	日中系（単独・多機能含む） 療養介護													100
	生活介護	2.5	1.6	4.4	4.0	8.5	57.1	20.4					1.5	100
	自立訓練	28.0	17.4	37.1	9.5	2.4	2.9	1.0					1.8	100
	就労移行	32.8	18.1	33.0	8.4	1.3	2.3	0.1					4.0	100
	就労継続A型	2.8	3.4	6.4	7.2	18.0	37.0	25.1					0.2	100
	就労継続B型	4.5	2.9	6.8	6.2	12.6	49.7	15.4					2.0	100
	計（Ⅱ）	3.5	2.2	5.6	4.6	9.3	54.2	18.9					1.6	100
	うち施設入所支援	1.6	1.4	3.1	3.0	5.6	12.9	13.3	13.5	21.4	14.8	8.9	0.5	100
合計（Ⅰ＋Ⅱ）		4.8	2.7	6.8	5.4	9.4	51.2	17.9	0.1	0.1	0.0	0.0	1.7	100

　障害児入所施設では，在籍期間10年未満の在籍者が86.7％（前年比3.5ポイント増）を占めた。一方，20年以上の長期在籍者は，前年度（4.9％）より2.2ポイント減少し2.7％（135人）であった。障害児入所施設における長期滞留化は，いわゆる「過齢児」の増加に繋がり，この事業の根幹に関わる問題となっている。

　他方，児童発達支援センターにおいては，在籍期間1年未満の在籍児が42.0％で，この事業種別では在籍児の半数弱は在籍期間1年未満の新入所児であることを示している。また，3年未満の在籍児をみると90.5％を占め，3年以内に大半の児童が入れ替わっていることを示している。

　障害者総合支援法の施設入所支援については，障害者自立支援法移行前からの在籍年数を問うているが，利用者総数66,297人のうち，在籍期間10年未満の利用者は18,264人（27.5％）である一方，10年以上の利用者は47,685人（71.9％），そのうち20年以上の在籍者は29,897人（45.1％）と10年以上在籍者の半数以上（62.7％）を占める。このように，長期滞留者が多いことは，この事業種別に高齢者が多いことの理由ともなっている。

　なお，日中系事業の在籍年数については，障害者自立支援法事業の施行（平成18年10月）による新たな事業への移行からカウントしているため，すべての事業において15年以下となっている。しかし，日中系事業6事業の中で利用期限が原則2年（特例3年）となっている自立訓練（生活訓練）と就労移行支援に在籍年数3年以上の利用者が，それぞれ1割未満の72人（6.3％）と74人（3.7％）となっているので更なる追跡調査が必要であろう。

4. 障害支援区分等の状況

表32は障害支援区分の割合を示した表である。

表32　障害支援区分　(人・下段は%)

	生活介護※	施設入所支援
非該当	10	40
	0.0	0.1
区分1	11	23
	0.0	0.0
区分2	569	243
	0.5	0.4
区分3	6,151	2,004
	5.5	3.0
区分4	22,301	10,430
	20.0	15.7
区分5	33,872	20,419
	30.4	30.8
区分6	46,814	32,722
	42.1	49.4
不明・未判定	46	208
	0.0	0.3
無回答	1,472	208
	1.3	0.3
計	111,246	66,297
	100	100

※多機能型「生活介護」を含む

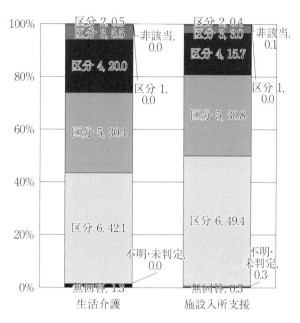

図3　障害支援区分

施設入所支援の利用者数は66,297人で，区分6が49.4%（前年度47.0%），区分5が30.8%（同30.3%），区分4が15.7%（同16.4%）となっており，区分4～6の合計は95.9%（同93.7%）。

生活介護の利用者数は111,246人（同110,636人）で，区分6が42.1%（同40.4%），区分5が30.4%（同30.2%），区分4が20.0%（同20.9%）で，区分4～6の合計は92.6%（同91.5%）となっている。

区分4～6の合計は生活介護では平成27年度から連続して増加している。

5. 療育手帳程度別在所者数

表33は，事業所を利用する者の療育手帳の程度を事業種別毎に示したものである。児童発達支援センターを利用する者の手帳不所持・不明の割合は46.2%と高く，他の事業に比べて際立っている。特に児童発達支援センターにおいては，低年齢から利用されており，保護者の障害受容も不確かな時期なので，療育手帳所持には繋がらないと考えられる。

児童福祉法の障害児入所施設における最重度・重度の割合は，41.1%（前々年度47.7%，前年度42.7%）と年々減少している。また，児童発達支援センターにおける最重度・重度の割合は，13.4%（前々年度13.1%，前年度11.7%）と，前年度調査では，減少していたが，今年度は，微増していた。

他方，障害者総合支援法の事業における最重度・重度の割合は，前年度調査と比較すると，就労移行支援，自立訓練，で微減を示し，就労継続支援A型，就労継続支援B型は，微増であった。また，生活介護，施設入所支援は，前年度と同率を示している。

また，各事業での分布を見ると，生活介護，施設入所支援における最重度・重度の割合がいずれも75%を超えており，他の事業と比べて群を抜いて高かった。児童福祉法の障害児入所施設，児童発達支援センター，障害者総合支援法の自立訓練，就労移行支援，就労継続支援A型，就労継続支援B型では，中軽度の割合が高く，とくに総合支援法の4事業はほぼ60%以上となっている。これは前年度調査と変わっていない。

表33　療育手帳の状況 　　（人・下段は％）

| 療育手帳 | 児童福祉法 | | | 障　害　者　総　合　支　援　法 | | | | | | | うち施設入所支援 | 計（Ⅰ＋Ⅱ） |
	障害児入所施設	児童発達支援センター	計（Ⅰ）	療養介護	生活介護	自立訓練	就労移行	就労継続A型	就労継続B型	計（Ⅱ）		
最重度・重度	2,062	775	2,837		84,651	101	184	78	9,652	94,666	51,204	97,503
	41.1	13.4	26.3		76.1	8.8	9.1	6.7	31.3	64.6	77.2	62.0
中軽度	2,634	2,101	4,735		19,884	770	1,462	862	17,588	40,566	12,440	45,301
	52.5	36.4	43.9		17.9	66.9	72.5	74.1	57.0	27.7	18.8	28.8
不所持・不明	243	2,667	2,910		3,215	186	295	135	2,433	6,264	951	9,174
	4.8	46.2	27.0		2.9	16.2	14.6	11.6	7.9	4.3	1.4	5.8
無回答	78	229	307		3,496	94	75	89	1,180	4,934	1,702	5,241
	1.6	4.0	2.8		3.1	8.2	3.7	7.6	3.8	3.4	2.6	3.3
計	5,017	5,772	10,789		111,246	1,151	2,016	1,164	30,853	146,430	66,297	157,219
	100	100	100		100	100	100	100	100	100	100	100

6．身体障害の状況

表34　身体障害手帳の内訳 　　　　　　　　　　　　　　　　　　　　　　　　　　　　　　　　　　　　　　（人・下段は％）

| | 児童福祉法 | | | 障　害　者　総　合　支　援　法 | | | | | | | うち施設入所支援 | 計（Ⅰ＋Ⅱ） |
	障害児入所施設	児童発達支援センター	計（Ⅰ）	療養介護	生活介護	自立訓練	就労移行	就労継続A型	就労継続B型	計（Ⅱ）		
視覚	14	15	29		2,615	19	5	5	247	2,891	1,857	2,920
	4.3	3.9	4.1		12.0	16.8	6.8	6.8	9.3	11.7	14.5	11.5
聴覚	43	41	84		2,014	9	7	12	330	2,372	1,501	2,456
	13.1	10.6	11.8		9.2	8.0	9.6	16.2	12.5	9.6	11.7	9.7
平衡	20	10	30		440	2		1	33	476	277	506
	6.1	2.6	4.2		2.0	1.8		1.4	1.2	1.9	2.2	2.0
音声・言語又は咀嚼機能	9	10	19		2,255	3	7	2	178	2,445	1,831	2,464
	2.8	2.6	2.7		10.3	2.7	9.6	2.7	6.7	9.9	14.3	9.7
肢体不自由	223	284	507		14,176	62	41	40	1,597	15,916	7,667	16,423
	68.2	73.6	71.1		65.1	54.9	56.2	54.1	60.3	64.4	59.8	64.6
内部障害	35	45	80		1,951	12	12	11	405	2,391	1,056	2,471
	10.7	11.7	11.2		9.0	10.6	16.4	14.9	15.3	9.7	8.2	9.7
手帳所持者実数	327	386	713		21,792	113	73	74	2,648	24,700	12,830	25,413
	6.5	6.7	6.6		19.6	9.8	3.6	6.4	8.6	16.9	19.4	16.2
現在員	5,017	5,772	10,789	0	111,246	1,151	2,016	1,164	30,853	146,430	66,297	157,219
	100	100	100		100	100	100	100	100	100	100	100

表35　身体障害手帳程度別在所者数

(人・下段は%)

| | 児童福祉法 | | | 障害者総合支援法 | | | | | | | | 計(I＋II) |
	障害児入所施設	児童発達支援センター	計(I)	療養介護	生活介護	自立訓練	就労移行	就労継続A型	就労継続B型	計(II)	うち施設入所支援	
1級	127	226	353		7,991	35	14	15	594	8,649	3,472	9,002
	38.8	58.5	49.5		36.7	31.0	19.2	20.3	22.4	35.0	27.1	35.4
2級	66	85	151		5,858	37	18	17	698	6,628	3,636	6,779
	20.2	22.0	21.2		26.9	32.7	24.7	23.0	26.4	26.8	28.3	26.7
3級	66	38	104		3,374	16	13	8	537	3,948	2,324	4,052
	20.2	9.8	14.6		15.5	14.2	17.8	10.8	20.3	16.0	18.1	15.9
4級	38	18	56		2,412	8	15	16	367	2,818	1,879	2,874
	11.6	4.7	7.9		11.1	7.1	20.5	21.6	13.9	11.4	14.6	11.3
5級	16	3	19		1,241	7	4	4	237	1,493	862	1,512
	4.9	0.8	2.7		5.7	6.2	5.5	5.4	9.0	6.0	6.7	5.9
6級	14	16	30		916	3	6	14	215	1,154	657	1,184
	4.3	4.1	4.2		4.2	2.7	8.2	18.9	8.1	4.7	5.1	4.7
不明・無回答						7	3			10		10
						6.2	4.1			0.0		0.0
計（A）	327	386	713		21,792	113	73	74	2,648	24,700	12,830	25,413
	100	100	100		100	100	100	100	100	100	100	100
現在員（B）	5,017	5,772	10,789		111,246	1,151	2,016	1,164	30,853	146,430	66,297	157,219
（A）／（B）	6.5	6.7	6.6		19.6	9.8	3.6	6.4	8.6	16.9	19.4	16.2

図4　身体障害者手帳保持者の障害内訳

2471人 内部障害 9.1%
2920人 視覚 10.7%
2456人 聴覚 9.0%
506人 平衡 1.9%
2464人 音声・言語又は咀嚼機能 9.0%
16423人 肢体不自由 60.3%

　表34は，回答のあった3,320事業所の利用者157,219人における身体障害者手帳の所持状況及び内容を事業種別毎に整理したものである。

　全利用者のうち身体障害者手帳を所持しているのは実数で25,413人，全利用者の16.2％と，約6人に1人は身体障害者手帳を持っていることになる。経年でみると，前々年度16.3％，前年度16.1％，今年度16.2％と，直近3年間おおよそ横ばい傾向にある。

　手帳所持者の身体障害の内容は，肢体不自由が全体の64.6％ともっとも多く，ほとんどの事業種別でほぼ55％以上を占めている。「視覚」「聴覚」「音声・言語又は咀嚼機能」「内部障害」は10％程度，「平衡」は2.0％であり，前年度調査結果とあまり変わっていない。

　表35は，身体障害の等級を事業種別毎に示したものである。1・2級は，就労移行支援で43.8％，就労継続支援B型で48.8％であり，就労継続支援A型では，前年度29.2％であったが，今年度は，43.2％と14.0ポイントの増加がみられた。他は50％以上を占めており，とくに児童発達支援センターでは80.6％（前年度85.1％）と高い数値を示している。障害児入所施設は，今年度は，59.0％（前年度75.3％）で16.3ポイント減少している。

　全体で，上位3位は1級，2級，3級の順となっている。手帳所持者の日中活動の利用状況で，もっとも多かったのは生活介護の19.6％（21,792／111,246）で，他の日中活動事業種と比較して高い割合を

示している。

7．精神障害の状況

表36　精神障害の状況　　　　　　　　　　　　　　　　　　　　　　　　　　　　　　※重複計上（人・下段は％）

| | 児童福祉法 | | | 障　害　者　総　合　支　援　法 | | | | | | | | 計（Ⅰ＋Ⅱ） |
	障害児入所施設	児童発達支援センター	計（Ⅰ）	療養介護	生活介護	自立訓練	就労移行	就労継続A型	就労継続B型	計（Ⅱ）	うち施設入所支援	
自閉スペクトラム症（広汎性発達障害，自閉症など）	1,718	2,293	4,011		17,595	164	338	67	2,345	20,509	9,978	24,520
	34.2	39.7	37.2		15.8	14.2	16.8	5.8	7.6	14.0	15.1	15.6
統合失調症	23		23		5,954	69	67	47	1,204	7,341	5,058	7,341
	0.5		0.2		5.4	6.0	3.3	4.0	3.9	5.0	7.6	4.7
気分障害（周期性精神病，うつ病性障害など）	23		23		1,912	24	57	23	349	2,365	1,577	2,388
	0.5		0.2		1.7	2.1	2.8	2.0	1.1	1.6	2.4	1.5
てんかん性精神病	78	8	86		2,919	7	8	8	225	3,167	2,302	3,253
	1.6	0.1	0.8		2.6	0.6	0.4	0.7	0.7	2.2	3.5	2.1
その他（強迫性，心因反応，神経症様反応など）	66	15	81		2,629	30	28	13	323	3,023	2,273	3,104
	1.3	0.3	0.8		2.4	2.6	1.4	1.1	1.0	2.1	3.4	2.0
現在員	5,017	5,772	10,789		111,246	1,151	2,016	1,164	30,853	146,430	66,297	157,219
	100	100	100		100	100	100	100	100	100	100	100

表37　精神障害者保健福祉手帳の程度別在所者数　　　　　　　　　　　　　　　　　　（人・下段は％）

| | 児童福祉法 | | | 障　害　者　総　合　支　援　法 | | | | | | | | 計（Ⅰ＋Ⅱ） |
	障害児入所施設	児童発達支援センター	計（Ⅰ）	療養介護	生活介護	自立訓練	就労移行	就労継続A型	就労継続B型	計（Ⅱ）	うち施設入所支援	
1級	16	7	23		931	27	28	5	202	1,193	645	1,216
	23.9	38.9	27.1		44.8	18.2	9.4	4.4	13.2	28.6	48.1	28.6
2級	37	8	45		1,024	92	178	78	1,042	2,414	634	2,459
	55.2	44.4	52.9		49.3	62.2	59.9	69.0	67.9	57.9	47.2	57.8
3級	14	3	17		124	29	91	30	290	564	63	581
	20.9	16.7	20.0		6.0	19.6	30.6	26.5	18.9	13.5	4.7	13.7
計（A）	67	18	85		2,079	148	297	113	1,534	4,171	1,342	4,256
	100	100	100		100	100	100	100	100	100	100	100
現在員（B）	5,017	5,772	10,789		111,246	1,151	2,016	1,164	30,853	146,430	66,297	157,219
（A）／（B）	1.3	0.3	0.8		1.9	12.9	14.7	9.7	5.0	2.8	2.0	2.7

　表36は，現在員の中で精神障害の診断名がついている人たちの状況を事業種別毎に整理したものである（複数計上あり）。「自閉スペクトラム症（広汎性発達障害，自閉症など）」がもっとも多く，全体で24,520人（15.6％），次いで「統合失調症」が7,341人（4.7％），「てんかん性精神病」3,253人（2.1％）となっている。この上位3項目の順位は過去2年間の調査と同様であった。

　「自閉スペクトラム症（広汎性発達障害，自閉症など）」は，児童発達支援センターで39.7％と前年度（36.2％）より3.5ポイント増加しており，障害児入所施設では34.2％を占め，全体のなかで突出して高い割合を示しており，この点も，前年度調査と変わっていない。

　表37は精神障害者保健福祉手帳所持者の実数を事業種別と手帳の級別に示したものである。手帳所持者の実数は4,256人であり，現在員数に対する割合は前々年度，前年度と2.5％と横ばいであったが，今年度は2.7％で微増している。しかし，身体障害者手帳と比して精神障害者保健福祉手帳の所持者の割合が著しく低いことは変わっていない。精神障害があってもすでに療育手帳を所持しており，新たに申請するケースが少ないことが身体障害者手帳所持者よりも低い割合の理由と考えられる。

各事業の現在員に占める手帳所持者の割合は，就労移行支援14.7％（297人），自立訓練12.9％（148人），就労継続支援Ａ型9.7％（113人）の３事業が他の事業より高くなっており，前々年度，前年度調査と変わっていない。

8．「てんかん」の状況

表38　「てんかん」の状況

（人・下段は％）

	児童福祉法			障害者総合支援法								
	障害児入所施設	児童発達支援センター	計（Ⅰ）	療養介護	生活介護	自立訓練	就労移行	就労継続Ａ型	就労継続Ｂ型	計（Ⅱ）	うち施設入所支援	計（Ⅰ＋Ⅱ）
「てんかん」として現在服薬中のもの	834	254	1,088		32,695	83	124	61	3,519	36,482	21,169	37,570
	16.6	4.4	10.1		29.4	7.2	6.2	5.2	11.4	24.9	31.9	23.9
現在員	5,017	5,772	10,789		111,246	1,151	2,016	1,164	30,853	146,430	66,297	157,219
	100	100	100		100	100	100	100	100	100	100	100

　表38は，現在員の中で「てんかん」として服薬中の者を事業種別毎に表したものである。現在員157,219人中37,570人（23.9％），約４人に１人が現在抗てんかん薬を服薬している。事業種別では，生活介護（29.4％）が最も高く，次いで障害児入所施設（16.6％），就労継続支援Ｂ型（11.4％）となっている。また，施設入所支援（31.9％）も同様に高くなっており，この傾向は前年度調査とほぼ変わっていない。

9．認知症の状況

表39　認知症の状況

（人・下段は％）

	児童福祉法			障害者総合支援法								
	障害児入所施設	児童発達支援センター	計（Ⅰ）	療養介護	生活介護	自立訓練	就労移行	就労継続Ａ型	就労継続Ｂ型	計（Ⅱ）	うち施設入所支援	計（Ⅰ＋Ⅱ）
医師により認知症と診断されている人数		1	1		1,040	1	1	1	78	1,121	867	1,122
		0.02	0.01		0.93	0.09	0.05	0.09	0.25	0.77	1.31	0.71
うちダウン症の人数		1	1		345			1	17	363	259	364
		100.0	100.0		33.2			100.0	21.8	32.4	29.9	32.4
医師以外の家族・支援員等が認知症を疑う人数					1,819	2			78	1,899	1,511	1,899
					1.64	0.17			0.25	1.30	2.28	1.21
うちダウン症の人数					449				26	475	333	475
					24.7				33.3	25.0	22.0	25.0
現在員	5,017	5,772	10,789		111,246	1,151	2,016	1,164	30,853	146,430	66,297	157,219
	100	100	100		100	100	100	100	100	100	100	100

うちダウン症の人数の％は，上段の人数を母数にして算出

　表39は，医師により認知症と診断されている人数及び医師以外の家族・支援員等が認知症を疑う人数を事業種別毎に表したものである。医師により認知症と診断されている人数は全体の0.71％（1,122人）であり，前年度の0.68％から更に伸び（26年度の0.46％からは0.25ポイント増加），年々認知症と診断されている人数が増えている。事業種別としては，生活介護0.93％（1,040人）と最も高く，次いで就労継続支援Ｂ型0.25％（78人）となっていた。また，その内ダウン症の割合が32.4％となっており，ダウン症は認知症発症に関連すると推測される。なお，認知症と診断されている利用者の77.3％は施設入所支援利用者となっていた。

　医師以外の家族・支援員等が認知症を疑う人数は全体の1.21％（1,899人）であり，前年度の1.09％

（1,714人）から0.12ポイント増加していた。事業種別としては生活介護が1.64％（1,819人）で最も高く，次いで就労継続支援Ｂ型が0.25％（78人），自立訓練が0.17％（２人），就労移行支援，就労継続支援Ａ型には対象者はいなかった（０人）。医師以外の家族・支援員等の評価によっても，ダウン症の割合が25.0％と高い割合を示していた。なお認知症を疑う利用者の79.6％は施設入所支援利用者となっていた。

10. 触法障害者の状況

表40　矯正施設・更生保護施設・指定入院医療機関を退所・退院した利用者数

| | 児童福祉法 | | 計（Ⅰ） | 障害者総合支援法 | | | | | | 計（Ⅱ） | うち施設入所支援 | 計（Ⅰ+Ⅱ） | 当該設問の回答施設数 | うち施設入所支援 |
	障害児入所施設	児童発達支援センター		療養介護	生活介護	自立訓練	就労移行	就労継続A型	就労継続B型					
矯正施設	5		5		88	18	18	3	69	196	84	201	134	65
	20.8		20.8		54.3	78.3	85.7	100	77.5	65.8	60.0	62.4	68.0	73.0
うち3年以内	5		5		18	13	16	1	32	80	25	85	56	17
	100		100		20.5	72.2	88.9	33.3	46.4	40.8	29.8	42.3	41.8	26.2
更生保護施設	2		2		5	1	1		4	11	3	13	12	3
	8.3		8.3		3.1	4.3	4.8		4.5	3.7	2.1	4.0	6.1	3.4
うち3年以内	2		2		4				3	7	2	9	8	2
	100		100		80.0				75.0	63.6	66.7	69.2	66.7	66.7
指定入院医療機関	17		17		69	4	2		16	91	53	108	51	21
	70.8		70.8		42.6	17.4	9.5		18.0	30.5	37.9	33.5	25.9	23.6
うち3年以内	9		9		46	1	2		11	60	28	69	39	13
	52.9		52.9		66.7	25.0	100		68.8	65.9	52.8	63.9	76.5	61.9
計（A）	24		24		162	23	21	3	89	298	140	322	197	89
	100		100		100	100	100	100	100	100	100	100	100	100
うち3年以内	16		16		68	14	18	1	46	147	55	163	103	32
	66.7		66.7		42.0	60.9	85.7	33.3	51.7	49.3	39.3	50.6	52.3	36.0
現在員（B）	5,017	5,772	10,789		111,246	1,151	2,016	1,164	30,853	146,430	66,297	157,219	3,320	3,320は本調査全体の回答施設数
（A）／（B）	0.48	0.00	0.22		0.15	2.00	1.04	0.26	0.29	0.20	0.21	0.20	5.93	

矯正施設とは，刑務所，少年刑務所，拘置所，少年院，少年鑑別所，婦人補導院をさす
うち3年以内の人数の％は，上段の人数を母数にして算出

　表40は，現在員の中で，矯正施設・更生保護施設・指定入院医療機関を退院・退所した利用者数を示したものである。利用者数は322人（前年度329人）で，全利用者の0.20％であったが，前年度（0.21％）と比べて0.1ポイント下がった。また，事業か所数は197か所で，全事業所の5.93％であったが，前年度（8.32％）と比べて2.39ポイント下がった。

　障害者総合支援法に基づく事業種別毎にみると，自立訓練（2.00％）での受け入れが最も高率であり，前年度（1.53％）と比べて4.7ポイント上がった。次いで，就労移行支援（1.04％），障害児入所施設（0.48％）の順であった。一方，地域生活移行個別支援特別加算の対象である施設入所支援での受け入れについては0.21％（前年度0.19％）に留まっていた。また，地域生活移行個別支援特別加算の対象となりうる利用３年以内の人は，自立訓練で23人中14人（60.9％），施設入所支援で140人中55人（39.3％）であった。

　矯正施設・更生保護施設・指定入院医療機関別にみると，全体では「矯正施設」（62.4％）が最も高率で，次いで「指定入院医療機関」（33.5％）の順であったが，障害児入所施設においては「矯正施設」

表41　地域生活移行個別支援特別加算を受けている利用者数

(下段は%)

	自立訓練 （宿泊型）	施設入所 支援	計
人数	5	13	18
	1.27	0.02	0.03
該当事業種別の現在員	395	66,297	66,692
対象者のいる施設数	4	13	17
	17.39	1.04	1.33
該当事業種別の施設数	23	1,251	1,274

地域生活移行個別支援特別加算の対象及び対象だった利用者18人は，該当事業種別の現在員66,692人の0.03％にあたる。

上記利用者のいる17施設は，該当事業種別の施設数1,274施設の1.33％にあたる。

（20.8％）よりも「指定入院医療機関」（70.8％）の方が高率であった。

　表41は，施設入所支援及び自立訓練（宿泊型）において，地域生活移行個別支援特別加算を受けている利用者数を示したものである。加算の対象者は18人（前年度26人）で該当事業種別の現在員の0.03％であったが，前年度（0.04％）と比べて0.01ポイント下がった。対象者のいる施設数は17か所で，該当事業種別の施設数の1.33％（前年度1.80％）であった。なお，自立訓練（宿泊型）では17.39％（前年度11.54％）が加算を受けており，5.8か所に1か所は加算対象者を受け入れていることが分かる。また，地域生活移行個別支援特別加算の対象となりうる利用3年以内の人（表40）のうち，自立訓練で14人中5人（35.71％），施設入所支援で55人中13人（23.64％）が加算の対象であった。したがって，利用3年以内の人のうち73.91％の人が，何らかの理由で加算を受けていない。

11. 支援度

　支援度は，表42〈支援度の指標〉をもとに，「ほとんど支援の必要がない」とする5級から，「常時全ての面で支援が必要」とする1級まで，支援の必要な度合いを1級刻みの5段階で評価したもので，表

表42　〈支援度の指標〉

支援の程度 項目	1級 常時全ての面で支援が必要	2級 常時多くの面で支援が必要	3級 時々又は一時的にあるいは一部支援が必要	4級 点検，注意又は配慮が必要	5級 ほとんど支援の必要がない
日常 生活面	基本的生活習慣が形成されていないため，常時全ての面での介助が必要。それがないと生命維持も危ぶまれる。	基本的生活習慣がほとんど形成されていないため，常時多くの面での介助が必要。	基本的生活習慣の形成が不十分なため，一部介助が必要。	基本的生活習慣の形成が不十分ではあるが，点検助言が必要とされる程度。	基本的生活習慣はほとんど形成されている，自主的な生活態度の養成が必要。
行動面	多動，自他傷，拒食などの行動が顕著で常時付添い注意が必要。	多動，自閉などの行動があり，常時注意が必要。	行動面での問題に対し注意したり，時々指導したりすることが必要。	行動面での問題に対し，多少注意する程度。	行動面にはほとんど問題がない。
保健面	身体健康に厳重な看護が必要。生命維持の危険が常にある。	身体的健康につねに注意，看護が必要。発作頻発傾向。	発作が時々あり，あるいは周期的精神変調がある等のため一時的又は時々看護の必要がある。	服薬等に対する配慮程度。	身体的健康にはほとんど配慮を要しない。

表43　支援度－日常生活面－

（人・下段は％）

支援度	児童福祉法			障 害 者 総 合 支 援 法						計(Ⅱ)	うち施設入所支援	計(Ⅰ+Ⅱ)
	障害児入所施設	児童発達支援センター	計(Ⅰ)	療養介護	生活介護	自立訓練	就労移行	就労継続A型	就労継続B型			
1級	527	422	949		20,749	10			159	20,918	13,906	21,867
	10.5	7.3	8.8		18.7	0.9			0.5	14.3	21.0	13.9
2級	1,140	1,517	2,657		36,786	71	55	17	1,722	38,651	24,149	41,308
	22.7	26.3	24.6		33.1	6.2	2.7	1.5	5.6	26.4	36.4	26.3
3級	1,390	1,996	3,386		33,341	358	281	145	7,390	41,515	19,145	44,901
	27.7	34.6	31.4		30.0	31.1	13.9	12.5	24.0	28.4	28.9	28.6
4級	1,252	1,224	2,476		15,092	431	814	311	11,598	28,246	7,164	30,722
	25.0	21.2	22.9		13.6	37.4	40.4	26.7	37.6	19.3	10.8	19.5
5級	505	527	1,032		3,566	281	835	598	8,679	13,959	1,381	14,991
	10.1	9.1	9.6		3.2	24.4	41.4	51.4	28.1	9.5	2.1	9.5
不明	203	86	289		1,712		31	93	1,305	3,141	552	3,430
	4.0	1.5	2.7		1.5		1.5	8.0	4.2	2.1	0.8	2.2
計	5,017	5,772	10,789		111,246	1,151	2,016	1,164	30,853	146,430	66,297	157,219
	100	100	100		100	100	100	100	100	100	100	100

表43-2　支援度－行動面－

（人・下段は％）

支援度	児童福祉法			障 害 者 総 合 支 援 法						計	うち施設入所支援	計(Ⅰ+Ⅱ)
	障害児入所施設	児童発達支援センター	計(Ⅰ)	療養介護	生活介護	自立訓練	就労移行	就労継続A型	就労継続B型			
1級	637	495	1,132		18,568	16	6	2	252	18,844	12,637	19,976
	12.7	8.6	10.5		16.7	1.4	0.3	0.2	0.8	12.9	19.1	12.7
2級	1,195	1,598	2,793		31,703	83	70	15	1,993	33,864	20,357	36,657
	23.8	27.7	25.9		28.5	7.2	3.5	1.3	6.5	23.1	30.7	23.3
3級	1,636	2,057	3,693		36,253	337	502	173	9,484	46,749	21,909	50,442
	32.6	35.6	34.2		32.6	29.3	24.9	14.9	30.7	31.9	33.0	32.1
4級	982	1,056	2,038		17,107	360	691	337	9,810	28,305	8,771	30,343
	19.6	18.3	18.9		15.4	31.3	34.3	29.0	31.8	19.3	13.2	19.3
5級	367	459	826		5,803	355	713	543	8,021	15,435	2,079	16,261
	7.3	8.0	7.7		5.2	30.8	35.4	46.6	26.0	10.5	3.1	10.3
不明	200	107	307		1,812		34	94	1,293	3,233	544	3,540
	4.0	1.9	2.8		1.6		1.7	8.1	4.2	2.2	0.8	2.3
計	5,017	5,772	10,789		111,246	1,151	2,016	1,164	30,853	146,430	66,297	157,219
	100	100	100		100	100	100	100	100	100	100	100

表43-3　支援度－保健面－

（人・下段は%）

支援度	児童福祉法			障害者総合支援法								計 (I＋II)
	障害児入所施設	児童発達支援センター	計（I）	療養介護	生活介護	自立訓練	就労移行	就労継続A型	就労継続B型	計	うち施設入所支援	
1級	117	110	227		6,475	2			64	6,541	4,840	6,768
	2.3	1.9	2.1		5.8	0.2			0.2	4.5	7.3	4.3
2級	386	201	587		18,668	33	10	4	591	19,306	13,142	19,893
	7.7	3.5	5.4		16.8	2.9	0.5	0.3	1.9	13.2	19.8	12.7
3級	996	333	1,329		36,309	179	162	57	4,044	40,751	23,211	42,080
	19.9	5.8	12.3		32.6	15.6	8.0	4.9	13.1	27.8	35.0	26.8
4級	2,124	650	2,774		38,325	514	606	358	12,173	51,976	21,765	54,750
	42.3	11.3	25.7		34.5	44.7	30.1	30.8	39.5	35.5	32.8	34.8
5級	1,189	4,340	5,529		8,966	423	1,201	651	12,498	23,739	2,263	29,268
	23.7	75.2	51.2		8.1	36.8	59.6	55.9	40.5	16.2	3.4	18.6
不明	205	138	343		2,503		37	94	1,483	4,117	1,076	4,460
	4.1	2.4	3.2		2.2		1.8	8.1	4.8	2.8	1.6	2.8
計	5,017	5,772	10,789		111,246	1,151	2,016	1,164	30,853	146,430	66,297	157,219
	100	100	100		100	100	100	100	100	100	100	100

43～表43-3は日常生活面，行動面，保健面の３つの側面について，それぞれに支援度を集計したものである。

　児童福祉法における障害児入所施設・児童発達支援センターの場合，日常生活面は１，２，３級を合わせると64.8％，行動面についても同級合計が70.6％となり，支援度が高いことがわかる。また保健面については，障害児入所施設では４級（42.3％）が最も高率であり，比較的支援度は低いものの，服薬等に対する配慮が必要な児童が多いことが分かる。児童発達支援センターでは５級（75.2％）が最も高率となっており，これら傾向は例年と変わりは見られない。

　障害者総合支援法による事業は，各事業の利用対象者を明確にしていることから，事業間の支援度に顕著な相違がみられた。

　日常生活面をみると，生活介護が１，２，３級の合計が全体の８割を超え支援度の高さが顕著であるのに対して，それ以外の４事業は４，５級が多数を占めていた。また就労移行支援や就労継続支援Ａ型でそれぞれ１級対象者は０名だったものの，１～２級の総数，割合は前年度と大差なく，どの事業においても日常生活面において重度化の傾向にあることがうかがえる。

　また施設入所支援では，支援度の高い１，２級の割合が他の事業に比して，日常生活面，行動面，保健面ともに高率となっていた。

12. 医療的ケアの実施状況

　表44は事業所内における医療的ケアの実施状況を示したものであり，延べ5,049人（3.21％）が高度な医療的ケアを必要としている。

　障害者総合支援法による事業は，各事業の利用対象者を明確にしていることから，事業間の医療的ケアの実施状況において顕著な相違がみられた。

　生活介護においては，「喀痰吸引」が最も高く0.63％（700人），次いで「経管栄養の注入・水分補給」0.54％（597人），次いで「カテーテルの管理」0.53％（588人）となっていた。一方，自立訓練，就労移行支援，就労継続支援A型においては，医療的ケアはほとんど必要とされていないことがうかがえる。

　障害児入所施設では，「喀痰吸引」が最も高く0.70％（35人），次いで「経管栄養の注入・水分補給」0.68％（34人），「吸入」0.40％（20人）となっていた。また，児童発達支援センターでは，「経管栄養の注入・水分補給」が最も高く0.71％（41人），次いで「喀痰吸引」が0.43％（25人）となっており，児童発達支援センターでも高度な医療的ケアが提供されていることが分かる。

表44　医療的ケアの実施状況　　　　　　　　　（上段は延べ人・中段は該当者計の％・下段は事業種別全利用者数の％）

| | 児童福祉法 | | | 障害者総合支援法 | | | | | | | | 計 |
	障害児入所施設	児童発達支援センター	計(I)	療養介護	生活介護	自立訓練	就労移行	就労継続A型	就労継続B型	計(II)	うち施設入所支援	(I+II)
点滴の管理（持続的）			0		11					11	10	11
			0.0		0.2					0.2	0.4	0.2
			0.00		0.01					0.01	0.02	0.01
中心静脈栄養（ポートも含む）	1		1		7	1	1			9	5	10
	0.6		0.4		0.2	25.0	50.0			0.2	0.2	0.2
	0.02		0.01		0.01	0.09	0.05			0.01	0.01	0.01
ストーマの管理（人工肛門・人工膀胱）	2	2	4		250			2	13	265	204	269
	1.3	1.8	1.5		5.4			40.0	10.3	5.5	7.7	5.3
	0.04	0.03	0.04		0.22			0.17	0.04	0.18	0.31	0.17
酸素療法	13	21	34		167				2	169	48	203
	8.4	18.4	12.7		3.6				1.6	3.5	1.8	4.0
	0.26	0.36	0.32		0.15				0.01	0.12	0.07	0.13
吸入	20	2	22		236				13	249	100	271
	13.0	1.8	8.2		5.1				10.3	5.2	3.8	5.4
	0.40	0.03	0.20		0.21				0.04	0.17	0.15	0.17
人工呼吸器の管理（侵襲,非侵襲含む）	9	2	11		73					73	3	84
	5.8	1.8	4.1		1.6					1.5	0.1	1.7
	0.18	0.03	0.10		0.07					0.05	0.00	0.05
気管切開の管理	18	11	29		186					186	10	215
	11.7	9.6	10.8		4.0					3.9	0.4	4.3
	0.36	0.19	0.27		0.17					0.13	0.02	0.14
喀痰吸引（口腔・鼻腔・カニューレ内）	35	25	60		700	1			1	702	210	762
	22.7	21.9	22.4		15.1	25.0			0.8	14.7	7.9	15.1
	0.70	0.43	0.56		0.63	0.09			0.00	0.48	0.32	0.48
経管栄養の注入・水分補給（胃ろう・腸ろう・経鼻経管栄養）	34	41	75		597				3	600	107	675
	22.1	36.0	28.0		12.9				2.4	12.5	4.0	13.4
	0.68	0.71	0.70		0.54				0.01	0.41	0.16	0.43
インシュリン療法	5	1	6		283	1		3	58	345	184	351
	3.2	0.9	2.2		6.1	25.0		60.0	46.0	7.2	6.9	7.0
	0.10	0.02	0.06		0.25	0.09		0.26	0.19	0.24	0.28	0.22
導尿	7	7	14		413				20	433	297	447
	4.5	6.1	5.2		8.9				15.9	9.1	11.2	8.9
	0.14	0.12	0.13		0.37				0.06	0.30	0.45	0.28
カテーテルの管理（コンドーム・留置・膀胱ろう）	3	1	4		588				14	602	530	606
	1.9	0.9	1.5		12.7				11.1	12.6	19.9	12.0
	0.06	0.02	0.04		0.53				0.05	0.41	0.80	0.39
摘便	4	1	5		522		1			523	433	528
	2.6	0.9	1.9		11.2		50.0			10.9	16.3	10.5
	0.08	0.02	0.05		0.47		0.05			0.36	0.65	0.34
じょく瘡の処置	2		2		423	1			1	425	362	427
	1.3		0.7		9.1	25.0			0.8	8.9	13.6	8.5
	0.04		0.02		0.38	0.09			0.00	0.29	0.55	0.27
疼痛の管理（がん末期のペインコントロール）	1		1		188				1	189	154	190
	0.6		0.4		4.0				0.8	4.0	5.8	3.8
	0.02		0.01		0.17				0.00	0.13	0.23	0.12
計	154	114	268		4,644	4	2	5	126	4,781	2,657	5,049
	100	100	100		100	100	100	100	100	100	100	100
	3.07	1.98	2.48		4.17	0.35	0.10	0.43	0.41	3.27	4.01	3.21
全利用者実数	5,017	5,772	10,789		111,246	1,151	2,016	1,164	30,853	146,430	66,297	157,219
	100	100	100		100	100	100	100	100	100	100	100

13. 複数事業利用者の状況

　表45は，児童発達支援センター及び日中活動事業の利用者で，定期的に複数の事業もしくは同一事業を複数個所で利用している者の状況を調査したものである。

　児童発達支援センター及び日中活動事業利用者全体の6.8％が，複数の事業もしくは同一事業を複数個所で利用しており，前年度（7.1％）より0.3ポイント減少していた。事業種別毎にみると，児童発達支援センターで現在員の25.6％（1,480人）となっており，約4人に1人以上が幼稚園や保育園を併用していることが分かる。また障害者総合支援法に基づく事業においては，全体で6.1％と前年度（6.2％）より0.1ポイント減っており，事業種別毎でみると，割合が最も高いのは生活介護の6.8％であった。また就労継続支援A型の利用者は4.4％（51人）で前年度1.8％（21人）に比して倍増以上に，一方就労移行支援の利用者は3.4％（68人）で前年度8.7％（210人）に比して大きく減少した。

表45　複数事業利用者数

| | | 児童福祉法（Ⅰ） | 障　害　者　総　合　支　援　法 | | | | | | | 合計 |
		児童発達支援センター	療養介護	生活介護	自立訓練	就労移行	就労継続A型	就労継続B型	計（Ⅱ）	（Ⅰ＋Ⅱ）
複数事業利用人数	人	1,480		7,528	39	68	51	1,226	8,912	10,392
	％	25.6		6.8	3.4	3.4	4.4	4.0	6.1	6.8
複数利用ありの事業所数		85		1,065	15	10	3	292	1,385	1,470
現在員		5,772		111,246	1,151	2,016	1,164	30,853	146,430	152,202

14. 日中活動利用者の生活の場の状況

　表46は，日中活動利用者の生活の場の状況を示したものである。全体では「施設入所支援」の割合が最も高く37.1％，次いで「家庭」からの通所者が36.2％と両項目合計で全体の7割以上にのぼっていた。また「グループホーム」の利用者数の割合も14.1％（前年度13.5％）と微増傾向にある。「施設入所支援」においては，事業の特性上，生活介護が47.5％と最も高率となっていた。

　一方，事業種別毎にみると生活介護以外の4事業においてはすべて「家庭」からの通所者が最も高率となっていた。

表46　日中活動利用者の生活の場の状況　　　　　　　　　　　　　　　　（人・下段は％）

| | 障害者総合支援法 | | | | | | |
| | 日中系（単独・多機能含む） | | | | | | 計 |
	療養介護	生活介護	自立訓練	就労移行	就労継続A型	就労継続B型	
家庭		31,796	471	1,425	565	18,786	53,043
		28.6	40.9	70.7	48.5	60.9	36.2
アパート等		485	21	73	81	1,101	1,761
		0.4	1.8	3.6	7.0	3.6	1.2
グループホーム・生活寮等		11,697	79	234	435	8,150	20,595
		10.5	6.9	11.6	37.4	26.4	14.1
自立訓練（宿泊型）		69	183	7	4	45	308
		0.1	15.9	0.3	0.3	0.1	0.2
福祉ホーム		212	1	5		115	333
		0.2	0.1	0.2		0.4	0.2
施設入所支援		52,877	137	124	3	1,162	54,303
		47.5	11.9	6.2	0.3	3.8	37.1
その他		448	6	4	1	119	578
		0.4	0.5	0.2	0.1	0.4	0.4
不明・無回答		13,662	253	144	75	1,375	15,509
		12.3	22.0	7.1	6.4	4.5	10.6
計		111,246	1,151	2,016	1,164	30,853	146,430
		100	100	100	100	100	100

15. 施設入所支援利用者の日中活動の場の状況

表47は，施設入所支援利用者の日中活動の場の状況を示したものであるが，突出して高いのは「同一法人敷地内で活動」の90.4％であった。同項目では概ね90％以上の高率が続いており，大きな変化は見られない。

表47　施設入所支援利用者の日中活動の場の状況

	人数	％
同一法人敷地内で活動	59,926	90.4
同一法人で別の場所（敷地外）で活動	2,754	4.2
他法人・他団体が運営する日中活動事業所等で活動	349	0.5
その他の日中活動事業所等で活動	135	0.2
不明・無回答	3,133	4.7
計	66,297	100

16. 成年後見制度の利用状況

表48は，成年後見制度の利用状況を示したものである。成年後見制度を利用しているのは14,982人で全事業所の現在員（157,219人）の9.5％であった。事業種別毎にみると，施設入所支援（18.4％）での利用が最も高率で，次いで生活介護（12.4％），就労継続支援B型（3.5％）の順であった。また，成年後見制度の類型毎にみると「後見」（94.1％）が最も高率で，次いで「保佐」（5.5％），「補助」（0.4％）の順であった。ただし，就労移行支援では「保佐」（53.8％）が最も高率であり，障害児入所施設では「後見」（97.1％）に次いで「補助」（2.9％）の順であった。

表48 成年後見制度の利用状況

表48　成年後見制度の利用状況　　　　　　　　　　　　　　　　　　　　　　　　　（人・下段は％）

| | 児童福祉法 | | | 障　害　者　総　合　支　援　法 | | | | | | | | 計（Ⅰ＋Ⅱ） |
	障害児入所施設	児童発達支援センター	計（Ⅰ）	療養介護	生活介護	自立訓練	就労移行	就労継続A型	就労継続B型	計（Ⅱ）	うち施設入所支援	
後見	68		68		13,241	18	11	9	753	14,032	11,777	14,100
	97.1		97.1		96.1	85.7	42.3	60.0	70.7	94.1	96.8	94.1
保佐			0		513	3	14	5	285	820	369	820
			0.0		3.7	14.3	53.8	33.3	26.8	5.5	3.0	5.5
補助	2		2		31		1	1	27	60	24	62
	2.9		2.9		0.2		3.8	6.7	2.5	0.4	0.2	0.4
計（A）	70		70		13,785	21	26	15	1,065	14,912	12,170	14,982
	100		100		100	100	100	100	100	100	100	100
現在員（B）	5,017	5,772	10,789		111,246	1,151	2,016	1,164	30,853	146,430	66,297	157,219
（A）／（B）	1.4		0.6		12.4	1.8	1.3	1.3	3.5	10.2	18.4	9.5

17.　入退所の状況

　表49は，2018年度（2018年4月1日～2019年3月31日の1年間）における新規利用者総数と新規利用率（入所率）を示したものである。1年間の新規利用者数（入所者数）は全体で11,937人，新規利用率（入所率）は7.7％であったが，前年度（8.9％）と比べて1.2ポイント下がった。

　事業種別毎にみると，児童発達支援センターはその特性から48.2％と他事業に比して高く，利用期限のない生活介護（4.1％），就労継続支援A型（8.3％），就労継続支援B型（8.4％）は，利用が有期限である就労移行支援（42.6％），自立訓練（42.3％）と比べると低率であった。また，居住の場である障害児入所施設は13.6％，施設入所支援は3.3％であり，障害児入所施設の方が高率であった。

　表50は，2018年度における退所者総数と退所率を示したものである。1年間の退所者数は全体で10,775人，退所率は6.4％であったが，比率は前年度（6.4％）と同じであった。事業種別毎にみると，就労移行支援の退所率（37.4％）が最も高率で，次いで，自立訓練（30.5％），児童発達支援センター（27.5％）の順であった。生活介護（3.3％）と施設入所支援（3.5％）は他事業に比して低率であった。

表49　新規利用者総数と入所率

| 施設種別 | 児童福祉法 | | | 障　害　者　総　合　支　援　法 | | | | | | | | 計（Ⅰ＋Ⅱ） |
	障害児入所施設	児童発達支援センター	計（Ⅰ）	療養介護	生活介護	自立訓練	就労移行	就労継続A型	就労継続B型	計（Ⅱ）	うち施設入所支援	
入所者総数（人）	878	2,206	3,084		4,405	652	1,201	105	2,490	8,853	2,283	11,937
入所率（％）	13.6	48.2	27.9		4.1	42.3	42.6	8.3	8.4	6.2	3.3	7.7

　※新規利用者（入所率）＝新規利用者総数／定員×100

表50　退所者総数と退所率

| 施設種別 | 児童福祉法 | | | 障　害　者　総　合　支　援　法 | | | | | | | | 計（Ⅰ＋Ⅱ） |
	障害児入所施設	児童発達支援センター	計（Ⅰ）	療養介護	生活介護	自立訓練	就労移行	就労継続A型	就労継続B型	計（Ⅱ）	うち施設入所支援	
退所者総数（人）	968	2,194	3,162		3,828	505	1,207	85	1,988	7,613	2,414	10,775
退所率（％）	16.2	27.5	22.7		3.3	30.5	37.4	6.8	6.1	4.9	3.5	6.4

　※退所率＝退所者数／（現員＋退所者数）×100

⑴ 入所前の状況

　表51は，2018年度（2018年4月1日〜2019年3月31日の1年間）における新規利用者の入所前（利用前）の生活の場を示したものである。全体では「家庭」（72.2％）が最も高率で，前年度（70.5％）と比べて1.7ポイント上がった。次いで「グループホーム・生活寮等」（9.1％），「施設入所支援」（6.3％）の順であった。

　児童発達支援センターも含めた日中活動事業では，どの種別においても「家庭」が最も高率であり，児童発達支援センターでは99.6％が「家庭」であった。生活介護では「家庭」（60.7％）に次いで「施設入所支援」（12.7％）が，また就労系3事業では「家庭」に次いで「グループホーム・生活寮等」が高率になっており，事業の特性が反映されていた。入所系事業でみると，障害児入所施設では「家庭」（74.9％）に次いで「児童養護施設」（6.5％）が高率であったが，施設入所支援では，「家庭」（40.6％）に次いで「施設入所支援」（23.6％）が高率であった。

表51　入所前の状況　－生活の場－

(%)

入所前の生活の場	児童福祉法			障害者総合支援法								計(Ⅰ+Ⅱ)
	障害児入所施設	児童発達支援センター	計(Ⅰ)	療養介護	生活介護	自立訓練	就労移行	就労継続A型	就労継続B型	計(Ⅱ)	うち施設入所支援	
1. 家庭（親・きょうだいと同居）	74.9	99.6	92.6		60.7	68.3	77.9	68.6	65.9	65.1	40.6	72.2
2. アパート等（主に単身）					1.2	3.5	3.7	10.5	4.7	2.8	1.1	2.1
3. グループホーム・生活寮等	0.3		0.1		11.9	5.4	6.8	10.5	17.3	12.2	10.0	9.1
4. 社員寮・住み込み等					0.1	0.3	0.2		0.0	0.1		0.1
5. 職業能力開発校寄宿舎					0.5					0.0		0.0
6. 特別支援学校寄宿舎	0.2		0.1		0.7	2.3	1.5	1.0	1.3	1.1	0.6	0.8
7. 障害児入所施設（福祉型・医療型）	6.2		1.8		4.4	3.2	0.5		0.8	2.7	9.0	2.5
8. 児童養護施設	6.5	0.2	2.0		0.5	4.9	1.4		0.3	0.9	0.9	1.2
9. 乳児院	2.4	0.0	0.7		0.2					0.0		0.2
10. 児童自立支援施設	1.9	0.0	0.6		0.1	0.5	0.1			0.1	0.4	0.2
11. 知的障害者福祉ホーム					0.2		0.2	0.0		0.1	0.1	0.1
12. 救護施設	0.1		0.0		0.0	0.3			0.4	0.1	0.1	0.1
13. 老人福祉・保健施設					0.1	0.2				0.1	0.1	0.1
14. 一般病院・老人病院	0.7		0.2		0.5	0.5			0.2	0.4	0.9	0.3
15. 精神科病院	2.6		0.7		4.5	5.2	0.2		2.3	3.3	7.4	2.6
16. 施設入所支援	1.1	0.0	0.4		12.7	2.0	5.1		4.2	8.3	23.6	6.3
17. 自立訓練（宿泊型）					0.1	0.2	0.4	1.0	0.4	0.2	0.1	0.2
18. 少年院・刑務所等の矯正施設					0.1	2.0	0.7		0.6	0.5	0.3	0.4
19. その他・不明	3.0	0.0	0.9		2.2	0.5	0.8		0.6	1.4	4.9	1.3
不明					0.3	0.5	8.6		0.8	0.4		0.3
計	100	100	100		100	100	100	100	100	100	100	100

表52は，1年間の新規利用者の入所前（利用前）の活動の場を示したものである。全体では「特別支援学校（高等部含む）」（19.5%）が最も高率で，次いで「家庭のみ」（16.1%），「生活介護」（15.6%）の順であった。生活介護や就労継続支援A型，就労継続支援B型，児童発達支援センターでは，同じ事業種別からの移行が他に比して高率であった。同事業種別の他事業所からの新規利用が背景として考えられる。また，障害児入所施設や自立訓練，就労移行支援は，「特別支援学校（高等部含む）」からの新規利用が他に比して高率であった。

表52　入所前の状況　－活動の場等－　　(%)

入所前の活動の場等	児童福祉法		計(Ⅰ)	障害者総合支援法						計(Ⅱ)	うち施設入所支援	計(Ⅰ+Ⅱ)
	障害児入所施設	児童発達支援センター		療養介護	生活介護	自立訓練	就労移行	就労継続A型	就労継続B型			
1．家庭のみ	4.9	33.1	25.1		9.5	13.5	16.0	6.7	17.6	12.9	7.4	16.1
2．一般就労					1.0	10.4	17.2	14.3	8.6	6.2	0.4	4.6
3．福祉作業所					2.6	1.7	0.9		3.0	2.4	3.9	1.8
4．職業能力開発校					0.0	0.3	0.5	1.0	1.2	0.5	0.1	0.3
5．特別支援学校（高等部含む）	35.9		10.2		22.5	31.0	27.4	8.6	19.5	22.8	7.9	19.5
6．小中学校（普通学級）	7.6	0.1	2.3		0.4	6.9	0.1		0.1	0.7		1.1
7．小中学校（特別支援学級）	31.5	0.1	9.1		0.8	6.0	1.7		0.8	1.3	1.2	3.3
8．その他の学校	1.0	0.0	0.3		0.4	2.0	3.4		0.2	0.9	0.3	0.7
9．保育所・幼稚園	3.5	24.9	18.8									4.9
10．障害児入所施設（福祉型・医療型）	1.9	0.3	0.7		2.8	0.8			0.3	1.5	5.9	1.3
11．児童発達支援センター・児童発達支援事業等	3.5	38.9	28.8									7.4
12．児童養護施設	1.7	0.4	0.8		0.2	0.2	0.1		0.1	0.2	0.5	0.3
13．乳児院	2.2		0.6									0.2
14．救護施設					0.0	0.2			0.4	0.1	0.1	0.1
15．老人福祉・保健施設	0.3		0.1		0.2	0.6			0.3	0.2	0.1	0.2
16．一般病院・老人病院（入院）	0.6		0.2		0.7	1.1	0.1		0.3	0.5	0.9	0.4
17．精神科病院（入院）	1.6		0.5		4.4	5.1	0.2		2.3	3.2	6.7	2.5
18．療養介護					0.0					0.0	0.0	0.0
19．生活介護	0.1		0.0		38.4	2.0	1.2	1.0	5.7	21.0	50.5	15.6
20．自立訓練					1.0	3.2	11.7	1.9	2.1	2.9	1.1	2.2
21．就労移行支援					0.4	3.5	4.3	9.5	10.0	4.0	0.4	2.9
22．就労継続支援A型					0.2	1.5	1.7	39.0	3.2	1.8	0.1	1.3
23．就労継続支援B型					10.3	6.0	9.6	17.1	21.0	13.0	7.5	9.6
24．地域活動支援センター等					1.1	1.4	0.7	1.0	0.9	1.0	0.4	0.8
25．少年院・刑務所等の矯正施設					0.1	1.7	0.7		0.8	0.5	0.3	0.4
26．その他・不明	0.8	0.6	0.7		3.0	1.1	2.7		1.5	2.3	3.0	1.9
不明	2.7	1.5	1.8		0.1					0.1	1.2	0.5
計	100	100	100		100	100	100	100	100	100	100	100

(2) 退所後の状況

　表53は，退所後の生活の場を示したものである。全体では「家庭（親・きょうだいと同居）」
（50.2％）が最も高率であったが，前年度（50.9％）と比べて0.7ポイント下がった。次いで「グループ
ホーム・生活寮等」（15.2％），「施設入所支援」（11.0％）の順であった。施設入所支援から「グループ
ホーム・生活寮等」，「社員寮・住み込み等」，「アパート等」に移った人は合わせて15.9％であり，前年
度（17.6％）と比べ1.7ポイント下がった。また，施設入所支援から「一般病院・老人病院」（13.2％）と
「老人福祉・保健施設」（9.0％）への移行は合わせて22.2％であり，前年度（20.0％）より2.2ポイント上
がった。障害児入所施設では「家庭」（31.1％）が最も高率であり，次いで「グループホーム・生活寮
等」（28.3％），「施設入所支援」（25.2％）の順であった。

　退所後の生活の場が「精神科病院」である人は全体の1.9％であり，そのうち生活介護及び施設入所
支援が他事業種別に比して高率であった。「死亡退所」は全体の9.5％であり，前年度（9.6％）と比べて
0.1ポイント下がった。生活介護では退所者の約４人に１人が，施設入所支援では退所者の約３人に１人
が死亡退所であった。

表53　退所後の状況　－生活の場－　　　　(%)

退所後の生活の場	児童福祉法		計(Ⅰ)	障害者総合支援法						計(Ⅱ)	うち施設入所支援	計(Ⅰ+Ⅱ)
	障害児入所施設	児童発達支援センター		療養介護	生活介護	自立訓練	就労移行	就労継続A型	就労継続B型			
1. 家庭(親・きょうだいと同居)	31.1	97.9	77.4		19.2	47.7	76.1	58.8	51.2	38.9	6.4	50.2
2. アパート等(主に単身)	0.5		0.2		1.4	10.3	4.1	7.1	5.5	3.5	0.6	2.5
3. グループホーム・生活寮等	28.3		8.7		13.2	28.9	15.1	25.9	25.8	17.9	15.3	15.2
4. 社員寮・住み込み等	0.1	0.0	0.1						0.1	0.0		0.0
5. 職業能力開発校寄宿舎	0.2		0.1									0.0
6. 特別支援学校寄宿舎	0.1		0.0				0.1			0.0		
7. 障害児入所施設(福祉型・医療型)	5.6	0.4	2.0		0.4	0.2	0.1		0.2	0.3	0.3	0.8
8. 児童養護施設	0.5	0.1	0.2				0.2		0.1	0.0		0.1
9. 知的障害者福祉ホーム	0.1		0.0		0.1	0.2	0.2		0.1	0.1	0.1	0.1
10. 救護施設	0.2		0.1		0.1				0.3	0.0	0.0	0.1
11. 老人福祉・保健施設					6.8	0.4			1.4	3.8	9.0	2.7
12. 一般病院・老人病院	0.1		0.0		9.1	1.0			1.0	4.9	13.2	3.5
13. 精神科病院	1.0		0.3		4.4	0.4	0.3	1.2	1.2	2.6	5.9	1.9
14. 施設入所支援	25.2	0.8	8.3		18.2	7.9	2.2		8.0	12.1	13.0	11.0
15. 自立訓練(宿泊型)	3.0		0.9		0.1	1.0	0.2		0.6	0.3	0.1	0.5
16. 少年院・刑務所等の矯正施設	0.5		0.2		0.0	0.4			0.2	0.1	0.1	0.1
17. その他・不明	2.8	0.0	0.9		2.3	0.6	0.6	1.2	0.9	1.5	1.2	1.3
18. 死亡退所	0.6	0.1	0.3		24.7	0.2	1.0	2.4	2.9	13.4	34.7	9.5
不明		0.7	0.5			0.8		3.5	0.8	0.3		0.3
計	100	100	100		100	100	100	100	100	100	100	100

　退所後の活動の場（表54）について，全体では「生活介護」が19.6％と最も高率であったが，前年度（20.0％）より0.4ポイント下がった。次いで「就労継続支援B型」（11.6％），「一般就労」（11.0％）の順であった。生活介護と就労継続支援B型の退所後の活動の場は，同じ事業が最も高率であった。同事業種別の他事業所への新規利用が背景として考えられる。

　障害児入所施設では「生活介護」が30.4％と最も高率であったが，前年度（37.6％）と比べて7.2ポイント下がった。次いで「特別支援学校（高等部含む）」（12.3％），「就労継続支援B型」（12.0％），「一般就労」（11.3％）の順であった。障害福祉サービスへの移行だけではない様子がうかがわれた。児童発達支援センターでは「小中学校（特別支援学級）」（31.2％）が最も高率で，前年度（22.3％）と比べて8.9ポイント上がった。次いで「特別支援学校（高等部含む）」（27.5％），「保育所・幼稚園」（23.7％）の順であった。

　退所後の活動の場が「一般就労」である内訳をみると，事業の特性からか就労移行支援が55.2％と最も高率で，次いで自立訓練（29.3％），就労継続支援A型（21.2％）の順であった。

表54　退所後の状況　－活動の場等－

(%)

退所後の活動の場等	児童福祉法			障 害 者 総 合 支 援 法								計(Ⅰ+Ⅱ)
	障害児入所施設	児童発達支援センター	計(Ⅰ)	療養介護	生活介護	自立訓練	就労移行	就労継続A型	就労継続B型	計(Ⅱ)	うち施設入所支援	
1．家庭のみ	2.9	1.5	2.0		5.0	6.9	5.6	25.9	11.7	7.2	2.4	5.7
2．一般就労	11.3	0.2	3.6		0.4	29.3	55.2	21.2	11.3	14.1	2.4	11.0
3．福祉作業所・小規模作業所	5.1		1.5		1.0	2.8	0.4		1.6	1.2	0.8	1.3
4．職業能力開発校	0.6	0.0	0.2				0.2		0.1	0.1		0.1
5．特別支援学校（高等部含む）	12.3	27.5	22.9				1.5			0.2		6.9
6．小中学校（普通学級）	0.5	8.8	6.2									1.8
7．小中学校（特別支援学級）	4.0	31.2	22.9									6.7
8．その他の学校	1.4	0.9	1.0			0.4	0.1		0.1	0.1		0.3
9．保育所・幼稚園	0.6	23.7	16.6									4.9
10．障害児入所施設（福祉型・医療型）	1.7	0.2	0.6		0.5				0.1	0.3	0.2	0.4
11．児童発達支援センター・児童発達支援事業等	0.7	4.9	3.6		0.1				0.1	0.1		1.1
12．児童養護施設	0.1	0.0	0.1									0.0
13．救護施設	0.1		0.0		0.1				0.3	0.1	0.0	0.1
14．老人福祉・保健施設					8.0	0.8		1.2	2.5	4.8	9.0	3.4
15．一般病院・老人病院（入院）					8.6	1.0			1.3	4.7	11.6	3.3
16．精神科病院（入院）	1.1		0.3		4.5	0.4	0.5	1.2	1.3	2.7	5.7	2.0
17．療養介護	0.6		0.2		1.3				0.1	0.7	1.1	0.5
18．生活介護	30.4		9.3		34.6	8.7	1.3	1.2	21.7	23.9	22.0	19.6
19．自立訓練	3.0	0.0	0.9		0.2	1.4	0.8	1.2	1.4	0.7	0.2	0.8
20．就労移行支援	3.0	0.3	1.1		0.3	23.2	2.2	3.5	4.5	3.3	1.2	2.6
21．就労継続支援A型	1.9		0.6		0.2	4.0	4.7	21.2	4.2	2.5	0.4	1.9
22．就労継続支援B型	12.0	0.1	3.8		5.6	16.0	23.2	16.5	27.2	14.8	4.3	11.6
23．地域活動支援センター等	0.3		0.1		0.3	0.8	0.2		1.0	0.5		0.4
24．少年院・刑務所等の矯正施設	0.4		0.1		0.1	0.4			0.4	0.1	0.1	0.1
25．その他・不明	2.1	0.5	1.0		4.9	3.6	3.0	3.5	5.8	4.7	2.4	3.6
26．死亡退所	0.6	0.1	0.3		23.8	0.4	0.1	3.5	3.5	13.0	32.6	9.2
不明	3.3		1.0		0.4		0.9			0.4	3.6	0.6
計	100	100	100		100	100	100	100	100	100	100	100

18. 就職の状況

1年間の就職者の総数は，1,038人（前年度1,121人）であった。就職率は全体で0.69%（前年度0.75%）と，就職者数，就職率ともに前年度の数値を下回った。

表55　就職の状況

		障害児入所	生活介護	自立訓練	就労移行	就労継続A	就労継続B	計
就職者数	男	48	16	16	442	8	172	702
	女	33	8	6	213	4	71	335
	不明	0	0	0	1	0	0	1
	計	81	24	22	656	12	243	1,038
	就職率（%）	2.94	0.02	1.88	24.55	1.02	0.78	0.69
平均年齢	男	18.0	37.3	30.0	27.4	34.3	33.7	28.6
	女	18.5	44.6	29.8	27.3	37.8	33.2	28.3
程度（人）	最重度	0	1	1	3	0	3	8
	重度	2	1	0	27	0	10	40
	中度	10	9	8	140	1	73	241
	軽度	69	12	9	353	8	110	561
	知的障害なし	0	0	3	120	3	46	172
	不明	0	1	1	13	0	1	16
年金（人）	有：1級	0	3	1	15	0	12	31
	有：2級	4	18	9	309	7	170	517
	有：その他	1	0	0	18	0	5	24
	無	74	2	12	277	5	48	418
	不明	2	1	0	37	0	8	48
平均月額給与（円）		105,013	85,014	109,575	102,903	112,700	92,871	100,761
生活の場（人）	家庭	21	6	21	495	9	158	710
	アパート等	2	0	0	21	1	14	38
	グループホーム・生活寮等	45	18	0	110	2	61	236
	社員寮等	2	0	0	1	0	2	5
	自立訓練（宿泊型）	4	0	0	2	0	0	6
	福祉ホーム	0	0	0	1	0	0	1
	その他	5	0	0	3	0	2	10
	不明	2	0	1	23	0	6	32

※就職率＝就職者数／（現員（15歳以上）＋就職者数）×100

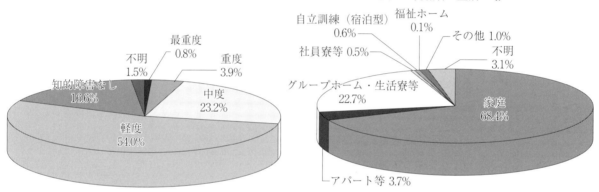

図5　就職率（対1,000人比）

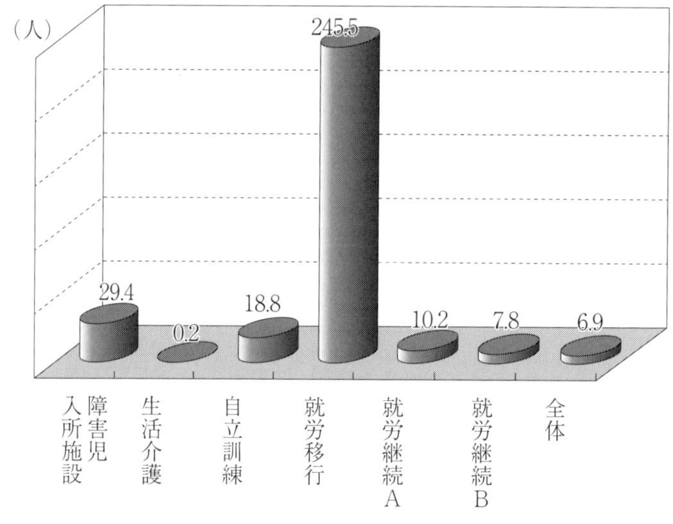

（人）

障害児入所施設　29.4
生活介護　0.2
自立訓練　18.8
就労移行　245.5
就労継続A　10.2
就労継続B　7.8
全体　6.9

図6　就職者の程度別構成

不明 1.5%
最重度 0.8%
重度 3.9%
知的障害なし 16.6%
中度 23.2%
軽度 54.0%

図7　就職者の生活の場

自立訓練（宿泊型）0.6%
福祉ホーム 0.1%
社員寮等 0.5%
その他 1.0%
不明 3.1%
グループホーム・生活寮等 22.7%
家庭 68.4%
アパート等 3.7%

　就職率を事業種別毎にみると，事業の特性からか就労移行支援が24.55％（前年度23.58％）と突出しており，次いで障害児入所施設2.94％（同2.76％），自立訓練1.88％（同0.88％）の順になっていた。就労者の平均年齢は，全体で男28.6歳，女28.3歳であるが，事業種別でみると障害児入所施設が最も低く（男18.0歳，女18.5歳），高いのは生活介護（男性37.3歳，女性44.6歳）であった。

　障害程度別では，「中度」と「軽度」を合わせた802人で77.26％を占め，年金受給者は「１級」と「２級」を合わせた548人で52.79％であった。就職者の生活の場では，前年度と同様に最も多いのが「家庭」の710人（68.40％），次いで「グループホーム・生活寮等」が236人（22.74％）であった。

表56　就職の状況（産業分類別）－令和元年度－　　　　　　　　　　　　　　　　　　　　　　（人）

業種			児童福祉法 障害児入所施設	障害者総合支援法（単独・多機能含む） 生活介護	自立訓練	就労移行	就労継続A	就労継続B	合計	割合（%）
A	01	農業	1	2	0	14	1	19	37	3.6
	02	林業								
B	03～04	漁業，水産養殖業								
C	5	鉱業，採石業，砂利採取業								
D	06	総合工事業	4		2	5	0	3	14	1.3
	07，08	職別工事業，設備工事業				1		1	2	0.2
E	09，10	食料品製造業，飲料・たばこ・飼料製造業	13	4	2	105	4	34	162	15.6
	11	繊維工業	1			3			4	0.4
	12	木材・木製品製造業（家具除く）				1			1	0.1
	13	家具・装備品製造業								
	14	パルプ・紙・紙加工品製造業			2	5		4	11	1.1
	15	印刷・同関連業			1	2		1	4	0.4
	16～18	化学工業，石油製品・石炭製品製造業，プラスチック製品製造業			1	8		5	14	1.3
	19，20	ゴム製品製造業，なめし革・同製品・毛皮製造業				1			1	0.1
	21	窯業・土石製品製造業				2		2	4	0.4
	22	鉄鋼業	1			1		1	3	0.3
	23	非鉄金属製造業								
	24	金属製品製造業	1			6		2	9	0.9
	25～27	はん用機械器具製造業，生産用機械器具製造業，業務用機械器具製造業	3		1	16	1	7	28	2.7
	28，29	電子部品・デバイス・電子回路製造業，電気機械器具製造業	2			3	1	5	11	1.1
	30	情報通信機械器具製造業								
	31	輸送用機械器具製造業				9		1	10	1.0
	32	その他の製造業				6			6	0.6
F	33～36	電気・ガス・熱供給・水道業								
G	37～41	情報通信業				5		1	6	0.6
H	42～49	鉄道業，道路旅客運送業，道路貨物運送業，水運業，航空運輸業，倉庫業，運輸に付随するサービス業，郵便業（信書便事業を含む）	6	1	2	28		6	43	4.1
I	50～55	各種商品卸売業，繊維・衣服等卸売業，飲食料品卸売業，建築材料鉱物・金属材料等卸売業，機械器具卸売業，その他の卸売業				9		1	10	1.0
	56～61	各種商品小売業，織物・衣服・身の回り品小売業，飲食品小売業，機械器具小売業，その他の小売業，無店舗小売業	13	1	1	75	1	24	115	11.1
J	62～67	金融業，保険業				5		2	7	0.7
K	68～70	不動産，物品賃貸業				15		2	17	1.6
L	71～74	学術研究，専門・技術サービス業	1		1	3			5	0.5
M	75	宿泊業	1			8		2	11	1.1
	76～77	飲食店，持ち帰り・配達飲食サービス業	5	2		61	2	19	89	8.6
	78	洗濯・理容・美容・浴場業	1			17		4	22	2.1
N	79	その他の生活関連サービス業								
	80	娯楽業				6		3	9	0.9
O	81～82	教育・学習支援業				12		3	15	1.4
	83	医療業	2	1	2	24		5	34	3.3
P	84	保健衛生	1						1	0.1
	85	社会保険・社会福祉・介護事業	20	9	1	121	2	50	203	19.6
Q	86～87	郵便局，協同組合				9		3	12	1.2
	88	廃棄物処理業	3	2	2	21		18	46	4.4
	89，90	自動車整備業，機械等修理業				3			3	0.3
	91	職業紹介・労働者派遣業	1			3		2	6	0.6
R	92	その他の事業サービス業						1	1	0.1
	93，94	政治・経済・文化団体，宗教				1			1	0.1
	95	その他のサービス業								
	96	外国公務								
S	97～98	国家公務，地方公務		2	2	19		5	28	2.7
		不明	2		2	22		7	33	3.2
		計	82	24	22	655	12	243	1,038	100

※上記分類は総務省「日本標準産業分類（平成25年10月改訂）」による。

表56-2　就職の状況（産業分類別）－平成30年度－　　　　　　　　　　　　　　　　　　　　　　　　（人）

業種			児童福祉法 障害児入所施設	障害者総合支援法（単独・多機能含む）					合計	割合（%）
				生活介護	自立訓練	就労移行	就労継続A	就労継続B		
A	01	農業	1	2	1	29		15	48	4.3
A	02	林業								
B	03〜04	漁業，水産養殖業				1		1	2	0.2
C	5	鉱業，採石業，砂利採取業								
D	06	総合工事業				4	2	3	9	0.8
D	07，08	職別工事業，設備工事業	1					2	3	0.3
E	09，10	食料品製造業，飲料・たばこ・飼料製造業	16	3	4	130	5	38	196	17.5
	11	繊維工業				3		1	4	0.4
	12	木材・木製品製造業（家具除く）				2			2	0.2
	13	家具・装備品製造業						1	1	0.1
	14	パルプ・紙・紙加工品製造業				1		2	3	0.3
	15	印刷・同関連業				2			2	0.2
	16〜18	化学工業，石油製品・石炭製品製造業，プラスチック製品製造業	1			9		2	12	1.1
	19，20	ゴム製品製造業，なめし革・同製品・毛皮製造業				2			2	0.2
	21	窯業・土石製品製造業				3			3	0.3
	22	鉄鋼業								
	23	非鉄金属製造業								
	24	金属製品製造業	2			14	1	7	24	2.1
	25〜27	はん用機械器具製造業，生産用機械器具製造業，業務用機械器具製造業				3			3	0.3
	28，29	電子部品・デバイス・電子回路製造業，電気機械器具製造業	1			12		5	18	1.6
	30	情報通信機械器具製造業								
	31	輸送用機械器具製造業				8		2	10	0.9
	32	その他の製造業				1		1	2	0.2
F	33〜36	電気・ガス・熱供給・水道業								
G	37〜41	情報通信業				5		1	6	0.5
H	42〜49	鉄道業，道路旅客運送業，道路貨物運送業，水運業，航空運輸業，倉庫業，運輸に付随するサービス業，郵便業（信書便事業を含む）	2			41	1	5	49	4.4
I	50〜55	各種商品卸売業，繊維・衣服等卸売業，飲食料品卸売業，建築材料鉱物・金属材料等卸売業，機械器具卸売業，その他の卸売業	1			10		3	14	1.2
	56〜61	各種商品小売業，織物・衣服・身の回り品小売業，飲食品小売業，機械器具小売業，その他の小売業，無店舗小売業	16	1	1	96	5	19	138	12.3
J	62〜67	金融業，保険業				5		1	6	0.5
K	68〜70	不動産，物品賃貸業			1	11		4	16	1.4
L	71〜74	学術研究，専門・技術サービス業				3	1	2	6	0.5
M	75	宿泊業	2	1		9	1	3	16	1.4
	76〜77	飲食店，持ち帰り・配達飲食サービス業	9	1	2	71	4	19	106	9.5
N	78	洗濯・理容・美容・浴場業	3			14	1	9	27	2.4
	79	その他の生活関連サービス業				2		2	4	0.4
	80	娯楽業				14	1	4	19	1.7
O	81〜82	教育・学習支援業				6	1	4	11	1.0
P	83	医療業	1			26	2	2	31	2.8
	84	保健衛生								
	85	社会保険・社会福祉・介護事業	16	3	1	127	3	52	202	18.0
Q	86〜87	郵便局，協同組合	1			8		3	12	1.1
	88	廃棄物処理業	2			41	2	16	61	5.4
	89，90	自動車整備業，機械等修理業	1			3			4	0.4
	91	職業紹介・労働者派遣業				3	3	2	8	0.7
R	92	その他の事業サービス業				1		1	3	0.3
	93，94	政治・経済・文化団体，宗教								
	95	その他のサービス業						1	1	0.1
	96	外国公務								
S	97〜98	国家公務，地方公務			1	16		5	22	2.0
		不明				11		4	15	1.3
		計	77	11	11	747	33	242	1,121	100

※上記分類は総務省「日本標準産業分類（平成25年10月改訂）」による。

表56と表56-2は，令和元（2019）年度と平成30（2018）年度のそれぞれ1年間に就職した人の就職先を「日本標準産業分類（総務省)」に落としたものである。令和元（2019）年度に最も就職者が多かった産業は「社会保険・社会福祉・介護事業」の19.6％（203人）（前年度18.0％（202人)），次いで「食料品製造業・飲料・たばこ・飼料製造業」15.6％（162人）（前年度17.5％（196人)）「各種商品小売業・（略)」11.1％（115人）（前年度12.3％（138人)）の順になっており，前年度と比して上位3項目は同じであった。

19. 介護保険サービスへの移行状況

　表57は，この1年間に介護保険サービスへ移行又は併給を開始した人数を事業種別毎（施設入所支援利用者は日中系事業に内包）に表したものである。介護保険サービスに移行・併給を開始した人数は，前年度（437人）より16人減の421人であり，65歳以上（18,104人・表29）に占める割合は2.3％であった。平成29年度は346人（2.2％)，30年度は437人（2.5％）であり，ここ3年はほぼ同じような割合となっている。介護保険サービス利用対象となる40歳以上（88,768人・表29）に対する移行又は併給を開始した人の割合は0.5％であり，昨年度と同値であった。移行又は併給した人が最も多い事業種別は生活介護となっており，82.7％を占めていた。

　年齢階層別にみると，「介護保険法の保険給付優先」とされる65歳以上のうち，「65～69歳」が165人（39.2％）と前年度（35.2％）より4.0ポイント増加しており，最も割合が高かった。次いで，「70～74歳」が86人（20.4％)，「75～79歳」が48人（11.4％）と続いている。この傾向は一昨年度，昨年度と同様であった。

表57　新規に介護保険サービスへの移行又は併給を開始した人の年齢別構成

（人・下段は％）

年齢	障害者総合支援法						計
	療養介護	生活介護	自立訓練	就労移行	就労継続A型	就労継続B型	
40～44歳		1 0.3	1 100			2 2.9	4 1.0
45～49歳		4 1.1				2 2.9	6 1.4
50～54歳		11 3.2				3 4.3	14 3.3
55～59歳		22 6.3				5 7.1	27 6.4
60～64歳		24 6.9				5 7.1	29 6.9
65～69歳		140 40.2		1 100	1 100	23 32.9	165 39.2
70～74歳		66 19.0				20 28.6	86 20.4
75～79歳		42 12.1				6 8.6	48 11.4
80歳～		37 10.6				4 5.7	41 9.7
無回答		1 0.3					1 0.2
計		348 100	1 100	1 100	1 100	70 100	421 100

また，40歳から64歳までで介護保険サービスへの移行又は併給を開始した人数は80人であり，この年齢階級の人数70,664人（表29）に占める割合は0.1％，介護保険サービス移行又は併給を開始した人数421人に占める割合は，19.0％だった。

　表58は，介護保険サービスに移行又は併給を開始した人の知的障害の程度について表したものである。知的障害の程度は，「重度」が136人（32.3％）と前年度（32.5％）より0.2ポイント減少したが，最も割合が高かった。次いで，「中度」が122人（29.0％），「最重度」が89人（21.1％）と続いた。「重度」と「最重度」をあわせて225人（53.4％）と全体の５割を超えていた。

表58　新規に介護保険サービスへの移行又は併給を開始した人の知的障害の程度

（上段は人・中段は年齢区分の％・下段は知的障害程度の％）

程度 ＼ 年齢	40～44歳	45～49歳	50～54歳	55～59歳	60～64歳	65～69歳	70～74歳	75～79歳	80歳～	無回答	計
最重度		2	4	8	14	25	15	10	11		89
		33.3	28.6	29.6	48.3	15.2	17.4	20.8	26.8		21.1
		2.2	4.5	9.0	15.7	28.1	16.9	11.2	12.4		100
重度	1	1	7	10	6	49	22	22	18		136
	25.0	16.7	50.0	37.0	20.7	29.7	25.6	45.8	43.9		32.3
	0.7	0.7	5.1	7.4	4.4	36.0	16.2	16.2	13.2		100
中度		2		5	7	55	29	13	11		122
		33.3		18.5	24.1	33.3	33.7	27.1	26.8		29.0
		1.6		4.1	5.7	45.1	23.8	10.7	9.0		100
軽度				1		19	14	1	1	1	37
				3.7		11.5	16.3	2.1	2.4	100	8.8
				2.7		51.4	37.8	2.7	2.7	2.7	100
知的障害なし	3	1	2	2	2	15	5	2			32
	75.0	16.7	14.3	7.4	6.9	9.1	5.8	4.2			7.6
	9.4	3.1	6.3	6.3	6.3	46.9	15.6	6.3			100
無回答			1	1		2	1				5
			7.1	3.7		1.2	1.2				1.2
			20.0	20.0		40.0	20.0				100
計	4	6	14	27	29	165	86	48	41	1	421
	100	100	100	100	100	100	100	100	100	100	100
	1.0	1.4	3.3	6.4	6.9	39.2	20.4	11.4	9.7	0.2	100

表59は，介護保険サービスに移行又は併給を開始した人の障害支援区分について表したものである。障害支援区分では，「区分6」が145人（34.4％）で前年度（28.4％）より6.0ポイント増加し，最も割合が高かった。次いで，「区分5」が86人（20.4％），「区分4」が76人（18.1％）と続き，この傾向は前年度と同様であった。「区分5」と「区分6」をあわせて231人（54.9％）と全体の5割を超えていた。

表59　新規に介護保険サービスへの移行又は併給を開始した人の障害支援区分

（上段は人・中段は年齢区分の％・下段は障害支援区分の％）

区分＼年齢	40～44歳	45～49歳	50～54歳	55～59歳	60～64歳	65～69歳	70～74歳	75～79歳	80歳～	無回答	計
区分1			1				2	2	1		6
			7.1				2.3	4.2	2.4		1.4
			16.7				33.3	33.3	16.7		100
区分2			2	1	5	5	3	1			17
			7.4	3.4	3.0	5.8	6.3	2.4			4.0
			11.8	5.9	29.4	29.4	17.6	5.9			100
区分3	1		1	1	2	39	16	4	2		66
	25.0		7.1	3.7	6.9	23.6	18.6	8.3	4.9		15.7
	1.5		1.5	1.5	3.0	59.1	24.2	6.1	3.0		100
区分4	1	1	1	5	8	28	21	3	7	1	76
	25.0	16.7	7.1	18.5	27.6	17.0	24.4	6.3	17.1	100	18.1
	1.3	1.3	1.3	6.6	10.5	36.8	27.6	3.9	9.2	1.3	100
区分5		2		7	7	43	12	10	5		86
		33.3		25.9	24.1	26.1	14.0	20.8	12.2		20.4
		2.3		8.1	8.1	50.0	14.0	11.6	5.8		100
区分6		2	9	11	10	43	23	24	23		145
		33.3	64.3	40.7	34.5	26.1	26.7	50.0	56.1		34.4
		1.4	6.2	7.6	6.9	29.7	15.9	16.6	15.9		100
無回答	2	1	2	1	1	7	7	2	2		25
	50.0	16.7	14.3	3.7	3.4	4.2	8.1	4.2	4.9		5.9
	8.0	4.0	8.0	4.0	4.0	28.0	28.0	8.0	8.0		100
計	4	6	14	27	29	165	86	48	41	1	421
	100	100	100	100	100	100	100	100	100	100	100
	1.0	1.4	3.3	6.4	6.9	39.2	20.4	11.4	9.7	0.2	100

表60は，介護保険サービスへの移行又は併給開始前の生活の場と開始後の生活の場の変化を住居別に表したものである。開始前の生活の場は，「施設入所支援」が171人（40.6％）と前年度（38.9％）より1.7ポイント増加し，最も割合が高かった。次いで，「グループホーム・生活寮等」が113人（26.8％），「家庭」が82人（19.5％）と続いた。この傾向は前々年度，前年度と同様であった。

　開始後の生活の場は，「特別養護老人ホーム」が前年度（29.1％）より0.8ポイント減少したが，119人（28.3％）と最も割合が高かった。次いで，「グループホーム（障害福祉）」が79人（18.8％），「家庭」が65人（15.4％）と続いた。前々年度は「グループホーム（障害福祉）」よりも「家庭」の方が多かったが，前年度に続いて今年度も，「グループホーム（障害福祉）」が「家庭」を上回った。

　開始前の生活の場が「施設入所支援」であった171人のうち，開始後の生活の場が「特別養護老人ホーム」の人は91人（53.2％）と，前年度（55.3％）より2.1ポイント減少していたが，最も割合が高く，次いで，「介護老人保健施設」が35人（20.5％）であった。この傾向は前年度と同様だった。なお，「その他」も27人（15.8％）であった。

　また，開始前の生活の場が「グループホーム・生活寮等」であった113人のうち，開始後の生活の場が同じく「グループホーム（障害福祉）」であった人は74人（65.5％）で前年度（59.8％）より5.7ポイント増加し，最も割合が高く，次いで「特別養護老人ホーム」が16人（14.2％）と続いた。なお，表60と表62にある介護保険サービスの中で，「デイサービス・デイケア」146人に次いで利用されたサービスが「特別養護老人ホーム」の119人だった。

表60　新規に介護保険サービスへの移行又は併給開始前後の生活の場の変化

（上段は人・中段は開始後の％・下段は開始前の％）

開始前 ＼ 開始後	家庭	アパート	グループホーム（障害福祉）	グループホーム（認知症対応）	特別養護老人ホーム	介護老人保健施設	介護療養型医療施設	その他	無回答	計
家庭（親・きょうだいと同居）	59 90.8 72.0			2 11.8 2.4	9 7.6 11.0	2 4.7 2.4	1 8.3 1.2	9 16.7 11.0		82 19.5 100
アパート等（主に単身）	2 3.1 6.7	20 95.2 66.7	1 1.3 3.3	2 11.8 6.7		1 2.3 3.3		4 7.4 13.3		30 7.1 100
グループホーム・生活寮等	1 1.5 0.9	1 4.8 0.9	74 93.7 65.5	5 29.4 4.4	16 13.4 14.2	4 9.3 3.5	2 16.7 1.8	10 18.5 8.8		113 26.8 100
社員寮・住み込み等						1 2.3 100.0				1 0.2 100
知的障害者福祉ホーム				1 5.9 50.0	1 0.8 50.0					2 0.5 100
施設入所支援			3 3.8 1.8	5 29.4 2.9	91 76.5 53.2	35 81.4 20.5	8 66.7 4.7	27 50.0 15.8	2 18.2 1.2	171 40.6 100
自立訓練（宿泊型）					1 0.8 100.0					1 0.2 100
その他・不明	2 3.1 22.2			1 5.9 11.1	1 0.8 11.1		1 8.3 11.1	4 7.4 44.4		9 2.1 100
無回答	1 1.5 8.3		1 1.3 8.3	1 5.9 8.3					9 81.8 75.0	12 2.9 100
計	65 100 15.4	21 100 5.0	79 100 18.8	17 100 4.0	119 100 28.3	43 100 10.2	12 100 2.9	54 100 12.8	11 100 2.6	421 100 100

表61は，介護保険サービスに移行又は併給を開始した人の介護認定区分と障害支援区分を表したものである。介護認定区分は，「要介護5」が70人（16.6％）と最も割合が高かった。次いで「要介護3」が57人（13.5％），「要介護2」が55人（13.1％）だった。27年度調査で最も割合が高かった介護認定区分は「要介護5」，28～30年度は「要介護3」だった。また2番目，3番目に多い介護認定区分を比較しても特徴的な傾向は見出されないが，「要支援1」「要支援2」の介護認定区分が「要介護1～5」に比べて低い割合である傾向は見てとれる。

　障害支援区分は，「区分6」が145人（34.4％）と前年度（28.4％）より6.0ポイント増加し，最も割合が高かった。次いで区分5が86人（20.4％），区分4が76人（18.1％）であり，区分が上がるに従って介護認定を受けている人数が多くなる。この傾向は前々年度，前年度調査の結果と同じであった。

　障害支援区分が「区分6」である145人のうち，介護認定区分が「要介護5」となった人は，55人（37.9％）と前年度と同率であり，最も割合が高かったが，介護保険制度の施設サービスを受けられる要介護3以上の人が104人（71.7％）だった一方で，「要介護2」以下になった人が19人（13.1％）いた。「区分5」の86人では，介護認定区分が「要介護3」となった人が18人（20.9％）と最も多く，「要介護3」以上が37人（43.0％），「要介護2」以下が33人（38.4％）だった。また，「区分4」の76人では，介護認定区分が「要介護1」となった人が14人（18.4％）と最も割合が高く，「要介護3」以上が25人（32.9％），「要介護2」以下が36人（47.4％），だった。「区分6」では「要介護2」以下は1割強だが，区分5，区分4では，「要介護2」以下の認定になってしまうケースが3割強～5割程度あり，介護保険の施設サービス利用がやや困難になっていると考えられる。

表61　新規に介護保険サービスへの移行又は併給を開始する人の介護認定区分と障害支援区分

（上段は人・中段は障害支援区分の％・下段は介護認定区分の％）

介護認定区分　＼　障害支援区分	区分1	区分2	区分3	区分4	区分5	区分6	無回答	計
要支援1		1 5.9 4.2	11 16.7 45.8	2 2.6 8.3	6 7.0 25.0		4 16.0 16.7	24 5.7 100
要支援2		5 29.4 14.7	13 19.7 38.2	8 10.5 23.5	4 4.7 11.8	1 0.7 2.9	3 12.0 8.8	34 8.1 100
要介護1	1 16.7 1.9	4 23.5 7.4	15 22.7 27.8	14 18.4 25.9	10 11.6 18.5	6 4.1 11.1	4 16.0 7.4	54 12.8 100
要介護2		2 11.8 3.6	12 18.2 21.8	12 15.8 21.8	13 15.1 23.6	12 8.3 21.8	4 16.0 7.3	55 13.1 100
要介護3		2 11.8 3.5	3 4.5 5.3	9 11.8 15.8	18 20.9 31.6	23 15.9 40.4	2 8.0 3.5	57 13.5 100
要介護4	1 16.7 2.0		1 1.5 2.0	11 14.5 22.0	11 12.8 22.0	26 17.9 52.0		50 11.9 100
要介護5	2 33.3 2.9			5 6.6 7.1	8 9.3 11.4	55 37.9 78.6		70 16.6 100
不明・無回答	2 33.3 2.6	3 17.6 3.9	11 16.7 14.3	15 19.7 19.5	16 18.6 20.8	22 15.2 28.6	8 32.0 10.4	77 18.3 100
計	6 100 1.4	17 100 4.0	66 100 15.7	76 100 18.1	86 100 20.4	145 100 34.4	25 100 5.9	421 100 100

表62は，表60以外の介護保険サービスを利用開始した人のサービス種別を表したものである。この設問は，複数回答可であるため延べ人数となっているが，全体で前年度（501人）より36人減少（減少率7.2％）して465人であった。そのうち，「不明・無回答」を除き，「デイサービス・デイケア」が146人（31.4％）と前年度（29.5％）より1.9ポイント増加し，最も割合が高かった。次いで，「訪問・居宅介護（ホームヘルプサービス）」41人（8.8％），「短期入所（ショートステイ）」30人（6.5％）と続いた。なお，「その他」は41人（8.8％）であった。

　また，表60と表62にある介護保険サービス全体の中で，最も利用されたサービスが「デイサービス・デイケア」（146人 31.4％）であった。

表62　介護保険サービスへ移行・併給を開始した後に利用した表60以外の介護保険サービス

※重複計上（人・下段は％）

介護保険サービス ＼ 年齢	40〜44歳	45〜49歳	50〜54歳	55〜59歳	60〜64歳	65〜69歳	70〜74歳	75〜79歳	80歳〜	無回答	計
デイサービス・デイケア		2	1	9	7	69	35	13	10		146
		33.3	7.1	27.3	22.6	37.5	37.6	25.0	21.7		31.4
訪問・居宅介護（ホームヘルプサービス）	1			3	6	22	5	2	2		41
	20.0			9.1	19.4	12.0	5.4	3.8	4.3		8.8
短期入所（ショートステイ）				3	1	16	8	1	1		30
				9.1	3.2	8.7	8.6	1.9	2.2		6.5
訪問看護	1			2	1	4		1	2		11
	20.0			6.1	3.2	2.2		1.9	4.3		2.4
その他	1	1	2	3	3	9	11	5	5	1	41
	20.0	16.7	14.3	9.1	9.7	4.9	11.8	9.6	10.9	100	8.8
不明・無回答	2	3	11	13	13	64	34	30	26		196
	40.0	50.0	78.6	39.4	41.9	34.8	36.6	57.7	56.5		42.2
計	5	6	14	33	31	184	93	52	46	1	465
	100	100	100	100	100	100	100	100	100	100	100

　表63は，介護保険サービスへ移行・併給を開始した理由を表したものである。「加齢により支援が限界となったため事業所側から移行・併給を働きかけた」が171人（41.5％）と前年度（41.7％）より0.2ポイント減少したが，最も割合が高かった。次いで，「家族の希望により」が56人（13.6％），「市町村等行政から65歳になったので移行指示があった」が50人（12.1％）と続いた。なお，「その他」は53人（12.9％）であった。障害福祉サービス事業所で，高齢化した利用者への支援体制がまだ不十分であることや障害者総合支援法第7条の介護保険優先原則を機械的に適用している市町村がまだ少なくないのかもしれないが，いずれにせよ，「本人の希望により」移行・併給を開始した割合が10.4％と1割強でしかないことは課題であろう。「本人の希望により」と「家族の希望により」をあわせても24.0％と全体の4分の1に満たなかった。

　また，最も割合が高かった「加齢により支援が限界となったため事業所側から移行・併給を働きかけた」人のうち，「65〜69歳」が48人（30.0％）と前年度（29.0％）より1ポイント増加して最も割合が高かった。他方で，理由が「加齢により支援が限界となったため…」であるにもかかわらず，45〜64歳で利用開始した人が，28人（16.4％）いた。

表63　介護保険サービスへ移行・併給を開始した理由　　　　　　　　　　　　　　　（人・下段は％）

理由＼年齢	40〜44歳	45〜49歳	50〜54歳	55〜59歳	60〜64歳	65〜69歳	70〜74歳	75〜79歳	80歳〜	無回答	計
1．市町村等行政から65歳になったので移行指示があった						44	4	1	1		50
						27.5	4.7	2.1	2.5		12.1
2．加齢により支援が限界となったため事業所側から移行・併給を働きかけた		1	2	12	13	48	36	33	26		171
		16.7	14.3	44.4	48.1	30.0	41.9	70.2	65.0		41.5
3．本人の希望により		1	1	2	5	15	13	4	2		43
		16.7	7.1	7.4	18.5	9.4	15.1	8.5	5.0		10.4
4．家族の希望により	1	1	3	1	6	26	11	3	4		56
	25.0	16.7	21.4	3.7	22.2	16.3	12.8	6.4	10.0		13.6
5．その他	2	2	7	9	1	16	13	1	1	1	53
	50.0	33.3	50.0	33.3	3.7	10.0	15.1	2.1	2.5	100	12.9
6．不明・無回答	1	1	1	3	2	11	9	5	6		39
	25.0	16.7	7.1	11.1	7.4	6.9	10.5	10.6	15.0		9.5
計	4	6	14	27	27	160	86	47	40	1	412
	100	100	100	100	100	100	100	100	100	100	100

20．死亡の状況

　表64は，死亡時の年齢階級別及び知的障害の程度別の構成を表している。1年間の死亡者数は1,071人（前年度1,048人）であった。年齢階級では，「50〜59歳」が212人（19.8％）と前年度（20.4％）より0.6ポイント減少したが，最も割合が高かった。次いで，「40〜49歳」153人（14.3％），「65〜69歳」151人（14.1％），「70〜74歳」123人（11.5％），「60〜64歳」116人（10.8％）と続いた。程度では，「最重度」が437人（40.8％）と前年度（43.0％）より2.2ポイント減少したが，最も割合が高かった。なお，「最重度」と「重度」を合わせると，全体の74.4％であった。

　また，「最重度」「重度」ともに最も割合が高かったのは「50〜59歳」（21.5％と20.6％）だったが，「中度」では「65〜69歳」（36人　19.1％），「軽度」では「50〜59歳」（11人　20.8％）が最も割合が高かった。

表64　死亡時の年齢階級別構成及び程度別構成　　　　　　　　　　　　　　　　（人・下段は％）

	9歳以下	10〜19歳	20〜29歳	30〜39歳	40〜49歳	50〜59歳	60〜64歳	65〜69歳	70〜74歳	75〜79歳	80歳〜	不明	計
最重度	1	1	23	34	79	94	42	54	44	33	31	1	437
	33.3	100	52.3	47.9	51.6	44.3	36.2	35.8	35.8	35.5	31.0	25.0	40.8
重度	1		12	17	39	74	37	48	48	32	50	2	360
	33.3		27.3	23.9	25.5	34.9	31.9	31.8	39.0	34.4	50.0	50.0	33.6
中度			5	11	24	28	22	36	23	22	17		188
			11.4	15.5	15.7	13.2	19.0	23.8	18.7	23.7	17.0		17.6
軽度	1		1	5	6	11	9	9	5	4	2		53
	33.3		2.3	7.0	3.9	5.2	7.8	6.0	4.1	4.3	2.0		4.9
知的障害なし			3	4	4	5	5	4	2	1		1	29
			6.8	5.6	2.6	2.4	4.3	2.6	1.6	1.1		25.0	2.7
不明					1		1		1	1			4
					0.7		0.9		0.8	1.1			0.4
計	3	1	44	71	153	212	116	151	123	93	100	4	1071
	0.3	0.1	4.1	6.6	14.3	19.8	10.8	14.1	11.5	8.7	9.3	0.4	100

表65は，年齢階級別の死亡率を対1,000人比で表している。年齢が高くなるに従って死亡率が増加する傾向がみられる。前年度と同様に，「80歳以上」が59.6人（対1,000人比）と最も高い。

表65　年齢階級別死亡率（対1,000人比）
（人）

年齢	5歳以下	6～19歳	20～29歳	30～39歳	40～49歳	50～59歳	60～64歳	65～69歳	70～74歳	75～79歳	80歳～	全体
死亡率	0.5	0.1	1.7	2.6	4.3	8.6	11.7	17.8	23.7	34.0	59.6	6.8
							14.5		27.3			

図8　年齢階級別死亡率（対1,000人比）

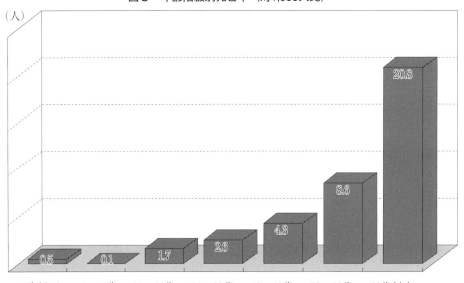

表66は，死亡場所を表している。死亡場所は，「病院」が820人（76.6％）と前年度（76.5％）より0.1ポイント増加し，最も割合が高かった。次いで，「施設」が154人（14.4％）と前年度（13.1％）より1.3ポイント増加した。死亡場所が「施設」であることは，毎年度，一定割合存在している。

表66　死亡場所
（％）

死亡場所	施設	病院	家庭	その他	不明	計
構成比	14.4	76.6	7.3	1.6	0.2	100

表67は，死亡時の年齢階級別及び死因別の構成を表している。どの年齢階級においても，死因が「病気」の割合が最も高く，全体では前年度（88.5%）より2.7ポイント増加しており，91.2%であった。死因のうち，「病気」は60歳未満の年齢階級に占める割合（88.0%）よりも60歳以上の年齢階級に占める割合（93.8%）の方が高率であるのに対し，「事故」は60歳以上の年齢階級に占める割合（3.4%）よりも60歳未満の年齢階級に占める割合（7.2%）の方が高率であった。

表67　死亡時の年齢階級別構成及び死因別構成 (人)

	9歳以下	10〜19歳	20〜29歳	30〜39歳	40〜49歳	50〜59歳	小計（1）	割合（%）
病気	2	1	35	58	136	194	426	88.0
事故			6	7	10	12	35	7.2
その他	1		3	6	7	6	23	4.8
不明							0	0.0
合計	3	1	44	71	153	212	484	100
割合（%）	0.6	0.2	9.1	14.7	31.6	43.8	100	−

	60〜64歳	65〜69歳	70〜74歳	75〜79歳	80歳以上	小計（2）	割合（%）	不明	合計	割合（%）
病気	107	141	117	90	92	547	93.8	4	977	91.2
事故	4	8	4	3	1	20	3.4		55	5.1
その他	5	2	2		6	15	2.6		38	3.5
不明					1	1	0		1	0.1
合計	116	151	123	93	100	583	100	4	1071	100
割合（%）	19.9	25.9	21.1	16.0	17.2	100	−	0.4	100	−

全国知的障害児・者施設・事業所 実態調査票【事業所単位】

(令和元年 6 月 1 日現在)

≪留意事項≫

1. **本調査は1事業所につき1調査としています。**
   当該事業所全体の状況について、 事業所単位 でご作成ください。

   ①日中活動を実施する事業所、並びに日中活動に併せて施設入所支援を実施する事業所を対象としています。

   「Ⅰ施設・事業所概要」の「施設・事業所の種類」に記載された事業の状況についてのみご回答ください。

   (短期入所事業・地域生活支援事業等は除く)

   ②日中活動が多機能型の場合は、1事業所としてご作成ください。

   例1：日中活動が多機能型で自立訓練と生活介護を実施 → 調査票は1部作成（日中活動の多機能型事業所として1部）

   ③日中活動に併せて施設入所支援を実施する場合（障害者支援施設等）は、1事業所としてご作成ください。

   例2：日中活動の生活介護と施設入所支援を実施 → 調査票は1部作成（障害者支援施設として1部）

   例3：日中活動の多機能型（生活介護と就労継続支援Ｂ型）と施設入所支援を実施 → 調査票は1部作成（障害者支援施設して1部）

2. 設問は特別の指示がない場合にはすべて**令和元年6月1日現在**でご回答ください。

3. マークのある欄は同じ数値が入ります。指示のない限り整数でご回答ください。
   ※人数等に幅（1～2人など）を持たせないでください。

4. 本調査の結果は、統計的に処理をするためご回答いただいた個別の内容が公表されることはありません。

Ⅰ **施設・事業所概要** ※下記の印字内容に誤り若しくは変更がございましたら、赤ペン等で修正してください。（印字がない部分はご記入ください。）

施設・事業所の名称		
施設・事業所の種類	※施設・事業所の種類に誤り若しくは変更がある場合には、右枠より該当する番号を選択してください。	【施設・事業所の種類】 01.障害児入所施設（福祉型・医療型） 02.児童発達支援センター（福祉型・医療型） 03.日中活動 04.障害者支援施設（日中活動＋施設入所支援） 【日中活動の内訳】 ※実施する日中活動のすべての□にレ点を記入のこと。 □療養介護　　□生活介護　　□自立訓練（生活訓練・機能訓練） □自立訓練（宿泊型）　□就労移行支援　□就労継続支援Ａ型 □就労継続支援Ｂ型

定員	（日中）　　　　　　人	現在員	（日中）　　　　　　人	開設年月	（障害者総合支援法以前からの開設年月）
	（夜間）　　　　　　人		（夜間）　　　　　　人		
年間利用率（平成 30 年度） ※小数第一位（第二位を四捨五入）まで回答のこと	（日中）　　　　　　％		※利用率＝12か月の延べ利用者数÷定員÷12か月の開所日数×100		
	（夜間）　　　　　　％				

※施設入所支援を実施する事業所については、夜間の定員と現員も各々回答のこと。
※上記「施設・事業所の種類」の各種事業を利用する利用者の数（短期入所事業等は除く）を計上のこと。また、多機能型事業所の場合は、すべての事業の合計数を計上のこと。

施設コード	

Ⅱ 事業所の運営状況

1．開所日数ならびに開所時間の状況
※児童発達支援センター及び日中活動を実施する事業所（障害児入所施設・施設入所支援・自立訓練（宿泊型）を実施する事業所は除く）のみ回答のこと。

平成30年度の総開所日数		一日あたりの平均開所時間 （平均サービス提供時間：送迎時間は除く）	
	日		時間

2．職員の数と構成
※職員1名1職種とし、資格等を複数保持する場合にも主たる職種へ計上のこと。
※『①常勤専従』には正規職員の就業規程の労働時間で専ら当該事業所並びに当該職種に専従で勤務する職員を、
　『②常勤兼務』には常勤であっても、法人内で他の事業所または他の職種と兼務をしている職員を、
　『③非常勤』にはそれ以外の職員（パート等）の人数を計上のこと。
※『換算数』は常勤に換算し小数点第2位を四捨五入すること。（業務を兼務している場合は兼務の割合で記入）
※正規、非正規に関わらず、勤務形態（常勤、非常勤の別）で計上のこと。
※休職等をしている方は含めず、代替で勤務している職員等は含めて計上のこと。

職種名		指定基準上の配置義務員数	①常勤専従（換算数不要）	②常勤兼務	常勤兼務の換算数	③非常勤	非常勤の換算数
①施設長・管理者					．		．
②サービス管理責任者・児童発達支援管理責任者					．		．
直接支援職員	③保育士	＿＿人			．		．
	④生活支援員・児童指導員				．		．
	⑤職業指導員・就労支援員				．		．
	⑥看護師（准看護師）・保健師				．		．
	⑦その他 ※O.T(作業療法士),S.T(言語聴覚士), P.T(理学療法士),心理担当職員等				．		．
⑧医師（雇用契約のある医師のみ計上）※嘱託医は含めず					．		．
⑨管理栄養士					．		．
⑩栄養士					．		．
⑪調理員					．		．
⑫送迎運転手					．		．
⑬事務員					．		．
⑭その他職種（　　　　　　　）					．		．
合　計			人	人	．人	人	．人

3．職員の年齢・性別ならびに勤務年数
※すべての職員について計上のこと。※計の数字はそれぞれ一致すること。
※『正規』には雇用期間の定めのない、フルタイムかつ直接雇用の職員を、『非正規』にはそれ以外の職員の人数を計上のこと。

	年齢区分		20歳未満	20歳代	30歳代	40歳代	50歳代	65歳未満	65歳以上	計	
[1]年齢と性別	男	正規									
		非正規									
	女	正規									
		非正規									
	計	正規	人	人	人	人	人	人	人	★	人
		非正規	人	人	人	人	人	人	人	☆	人

	勤務年数		1年未満	3年未満	5年未満	10年未満	20年未満	20年以上	計	
[2]同一法人内での勤務年数	男	正規								
		非正規								
	女	正規								
		非正規								
	計	正規	人	人	人	人	人	人	★	人
		非正規	人	人	人	人	人	人	☆	人

4．職員の勤務状況

※障害児入所施設及び施設入所支援を実施する事業所のみ回答のこと。

夜間の勤務形態	□①夜勤体制のみ　　　　　　　　→	夜間（1日）職員＿＿＿＿＿＿人
	□②夜勤体制と宿直体制併用→	夜間（1日）職員＿＿＿＿人（夜勤＿＿＿人、宿直＿＿人）

5．施設・事業所の建物の状況

※建物が複数ある場合には、日ごろ利用者が居住又は利用している建物について回答のこと。

老朽化等による建替えの必要性	□①ある　→　築 [　　　　　] 年　　　□②ない　　　□③現在建て替え中

6．居室の状況

※障害児入所施設及び施設入所支援を実施する事業所のみ回答のこと。

※居室の定員・空き部屋の有無にかかわらず、実際の利用状況を回答のこと。

利用状況	個室利用	2人利用	3人利用	4人利用	5人以上利用	計
	室	室	室	室	室	室

Ⅲ　加算・減算の状況

主な加算・減算の状況

※令和元年5月1日～5月31日の状況で回答。

各種加算・減算の状況（該当のすべてを選択のこと）	共　通	□①福祉・介護職員処遇改善加算（Ⅰ）
		□②福祉・介護職員処遇改善加算（Ⅱ）
		□③福祉・介護職員処遇改善加算（Ⅲ）
		□④福祉・介護職員処遇改善加算（Ⅳ）
		□⑤福祉・介護職員処遇改善加算（Ⅴ）
		□⑥福祉・介護職員処遇改善特別加算
		□⑦福祉専門職員配置等加算（Ⅰ）
		□⑧福祉専門職員配置等加算（Ⅱ）
		□⑨福祉専門職員配置等加算（Ⅲ）
		□⑩社会生活支援特別加算
	入所系	□⑪夜勤職員配置体制加算
		□⑫重度障害者支援加算（Ⅰ）
		□⑬重度障害者支援加算（Ⅱ）
	生活介護	□⑭人員配置体制加算（職員数 対 利用者数）　→　□①（1対1.7）　□②（1対2.0）　□③（1対2.5）
		□⑮重度障害者支援加算
	通所系	□⑯食事提供体制加算
		□⑰送迎加算
		□⑱延長支援加算
		□⑲開所時間減算

Ⅳ　法人後見※の実施状況

自法人での法人後見の実施状況

自法人での法人後見の実施状況	□①実施している　　　　　　□②実施していない

※法人後見とは、社会福祉法人や社団法人、NPO などの法人が成年後見人、保佐人もしくは補助人になり、ご親族等が個人で成年後見人等に就任した場合と同様に、判断能力が不十分な人の保護・支援を行うことを言います。

Ⅴ　事業所の取り組み

短期入所の状況

<table>
<tr><td rowspan="5">[1]短期入所の実施</td><td colspan="2">□①実施している
　→　事業の種類　→　□①併設事業所（定員＿＿＿人）　□②空床利用型事業所
　　　　　　　　　　　　※法人内ではなく、貴事業所のみの該当する定員を回答のこと
　　　　　　　　　　　　※単独型事業所は本調査対象外とする
□②実施していない　→　設問Ⅵへ</td></tr>
</table>

<table>
<tr><td rowspan="2">[2]利用実績
（平成31年4月から令和元年6月の3か月間）</td><td colspan="9">①利用実人数＿＿＿＿＿人　②利用延べ件数●＿＿＿＿＿件　③利用延べ日数＿＿＿＿＿泊</td></tr>
<tr><td colspan="9">例）ある利用者が4月から6月までの間に短期入所を1泊2日、3泊4日、2泊3日と利用した場合、「①利用実人数1人」「②利用延べ件数3件」「③利用延べ日数6泊」と回答のこと。
1件の泊数を計算する場合、調査期間内（4月から6月の3か月間）の報酬の対象となった泊数の合計を計上すること。</td></tr>
<tr><td>[3]現在利用中（滞在中）の方の最長泊数</td><td colspan="8">調査基準日である令和元年6月1日現在、短期入所利用中の方の最長利用泊数を回答のこと。</td><td>泊</td></tr>
<tr><td rowspan="2">[4]上記3か月間における1回あたりの利用期間　※[2]②と合計●が一致すること</td><td>1泊</td><td>2泊</td><td>3泊</td><td>4～6泊</td><td>7～13泊</td><td>14～28泊</td><td>29泊以上</td><td colspan="2">計（件）</td></tr>
<tr><td>件</td><td>件</td><td>件</td><td>件</td><td>件</td><td>件</td><td>件</td><td colspan="2">●
件</td></tr>
<tr><td>[5]長期利用の人数</td><td colspan="8">平成30年度の短期入所の総利用日数が180日以上の利用人数を回答のこと。</td><td>○
人</td></tr>
<tr><td rowspan="7">[6]年間180日以上利用する方の理由
（1人につき主たる理由を1つ選択し、人数を計上すること）
※[5]と人数計○が一致すること</td><td colspan="8">①障害者支援施設への入所待機のために利用</td><td>人</td></tr>
<tr><td colspan="8">②グループホームへの入居待機のために利用</td><td>人</td></tr>
<tr><td colspan="8">③その他福祉施設等への入所待機のために利用</td><td>人</td></tr>
<tr><td colspan="8">④地域での自立した生活をするための事前準備のために利用</td><td>人</td></tr>
<tr><td colspan="8">⑤本人の健康状態の維持管理のために利用</td><td>人</td></tr>
<tr><td colspan="8">⑥家族の病気等のために利用</td><td>人</td></tr>
<tr><td colspan="8">⑦その他（　　　　　　　　　　　　　　　　　　　　　　　）</td><td>人</td></tr>
<tr><td colspan="8" align="center">計</td><td>○
人</td></tr>
</table>

Ⅵ　職員のスキルアップ、処遇改善等への取り組み

資格取得（資格取得の促進を含む）・処遇の状況

<table>
<tr><td rowspan="5">[1]職員の資格取得状況
（重複計上可）</td><td>保有資格</td><td>人数</td><td>保有資格</td><td>人数</td></tr>
<tr><td>①介護福祉士</td><td>人</td><td>⑤知的障害援助専門員</td><td>人</td></tr>
<tr><td>②社会福祉士</td><td>人</td><td>⑥知的障害福祉士</td><td>人</td></tr>
<tr><td>③精神保健福祉士</td><td>人</td><td>⑦介護職員初任者研修修了（旧：ヘルパー1級、2級）</td><td>人</td></tr>
<tr><td>④保育士</td><td>人</td><td>⑧その他（　　　　　　　　　）</td><td>人</td></tr>
<tr><td rowspan="2">[2]取得を促進している資格
（複数選択可）</td><td>□①介護福祉士</td><td>□②社会福祉士</td><td>□③精神保健福祉士</td><td>□④保育士</td></tr>
<tr><td>□⑤知的障害援助専門員</td><td>□⑥知的障害福祉士</td><td>□⑦介護職員初任者研修修了</td><td>□⑧その他（　　　）</td></tr>
<tr><td>[3]資格取得への支援・処遇の内容
（複数選択可）</td><td colspan="4">□①受講中または受講前に受講料・交通費等受講に係る費用の補助
　→　□①全額補助　□②一部補助　□③その他（　　　　　　　　　　　　　　　）
□②資格取得後に資格取得一時金等として1回のみ支給
□③資格取得後に昇進昇格（昇給）等処遇への反映
□④資格取得後に給与手当への反映　→　[4]資格取得後の手当て等の支給状況へ
□⑤その他（　　　　　　　　　　　　　　　　　　　　　）</td></tr>
<tr><td rowspan="10">[4]資格取得後の手当て等の支給状況
※金額には"～"や幅を持たせずにご記載ください。</td><td colspan="2">資格の種類</td><td colspan="2">定額で給与に毎月支給される場合の金額</td></tr>
<tr><td colspan="2">□①介護福祉士</td><td colspan="2">￥　　　　　　　　　　／月</td></tr>
<tr><td colspan="2">□②社会福祉士</td><td colspan="2">￥　　　　　　　　　　／月</td></tr>
<tr><td colspan="2">□③精神保健福祉士</td><td colspan="2">￥　　　　　　　　　　／月</td></tr>
<tr><td colspan="2">□④保育士</td><td colspan="2">￥　　　　　　　　　　／月</td></tr>
<tr><td colspan="2">□⑤知的障害援助専門員</td><td colspan="2">￥　　　　　　　　　　／月</td></tr>
<tr><td colspan="2">□⑥知的障害福祉士</td><td colspan="2">￥　　　　　　　　　　／月</td></tr>
<tr><td colspan="2">□⑦介護職員初任者研修修了</td><td colspan="2">￥　　　　　　　　　　／月</td></tr>
<tr><td colspan="2">□⑧その他（　　　　　　　）</td><td colspan="2">￥　　　　　　　　　　／月</td></tr>
<tr><td colspan="2">複数資格を取得の場合の取り扱い</td><td colspan="2">支給の金額に　1．上限がある　2．上限はない</td></tr>
</table>

ご協力いただき誠にありがとうございます

※この調査票は、施設入所支援、生活介護（障害者支援施設のみ）、療養介護事業、就労継続支援A型事業、就労継続支援B型事業、就労移行支援事業、自立訓練事業のみご回答ください。

全国知的障害児・者施設・事業 利用者実態調査票【事業利用単位】

（令和元年6月1日現在）

記入責任者		職　名	
氏　　　名			

《留意事項》

1. 本調査は1事業につき1調査としています。
   当該事業を利用する利用者の状況について、事業利用単位でご作成ください。

   ①日中活動が「多機能型」の場合には、個々の事業ごとに各々作成してください。
   　　例1：「多機能型」で自立訓練と生活介護の事業を実施
   　　　　→　調査票は2部作成（「自立訓練」で1部・「生活介護」で1部）

   ②日中活動に併せて「施設入所支援」の事業を実施する場合は、日中活動と施設入所支援を各々作成してください。
   　　※同じ利用者が日中活動と施設入所支援の両方を利用する場合であっても各々計上してください。
   　　例2：生活介護と施設入所支援　→　調査票は2部作成
   　　　　（「生活介護」で1部・「施設入所支援」で1部）
   　　例3：多機能型日中活動（生活介護と就労移行支援）と施設入所支援　→　調査票は3部作成
   　　　　（「生活介護」で1部・「就労移行支援」で1部・「施設入所支援」で1部）

   ③従たる事業については、当該事業の利用者を主たる事業に含めてご回答ください。

2. 設問は特別の指示がない場合にはすべて令和元年6月1日現在でご回答ください。

3. マークのある欄は同じ数値が入ります。指示のない限り整数でご回答ください。
   ※人数等に幅（1〜2人など）を持たせないでください。

4. 本調査の結果は、統計的に処理をするためご回答いただいた個別の内容が公表されることはありません。

☆下記の印字内容に誤り若しくは変更がございましたら、赤ペン等で修正してください。（印字がない部分はご記入ください。）

施設・事業所の名称		電　話	
上記の所在地			
経営主体の名称			

施設・事業の種類	※施設・事業の種類に誤り若しくは変更がある場合には、右枠より該当の番号を選択してください。	01. 障害児入所施設（福祉型・医療型） 02. 児童発達支援センター（福祉型・医療型） 11. 療養介護 12. 生活介護 13. 自立訓練（生活訓練・機能訓練） 14. 自立訓練（宿泊型） 15. 就労移行支援 16. 就労継続支援A型 17. 就労継続支援B型 18. 施設入所支援	20. 多機能型 20-11. 療養介護 20-12. 生活介護 20-13. 自立訓練（生活訓練・機能訓練） 20-14. 自立訓練（宿泊型） 20-15. 就労移行支援 20-16. 就労継続支援A型 20-17. 就労継続支援B型

※1つの事業所で2つ以上の事業を実施している場合は、1事業ごとに調査票（コピー）を作成してください。

該当する場合にはチェックをしてください。
　　　上記事業に付帯して、□①自立生活援助　□②就労定着支援　□③居宅訪問型児童発達支援 を行っている。

[1]定　員		人	開設年月		移行年月	

☆恐れ入りますが、調査票3ページ右下枠内に番号を転記してください。　→　施設コード

（1）契約・措置利用者数（合計）		①男 ★　　人	②女 ☆　　人	計 ●　　　　　人

（2）年齢別在所者数 ※（ ）は就学前児数を計上のこと

年齢	2歳以下	3〜5歳	6〜11歳	12〜14歳	15〜17歳	18〜19歳	20〜29歳	30〜39歳	40〜49歳	50〜59歳	60〜64歳	65〜69歳	70〜74歳	75〜79歳	80歳以上	計
1.男			※（ ）													★
2.女			※（ ）													☆
計	人	人	人 ※（ ）	人	人	人	人	人	人	人	人	人	人	人	人	● 人
うち措置児・者	人	人	人 ※（ ）	人	人	人	人	人	人	人	人	人	人	人	人	人

［2］現在員

(1)(2)(4)の男女別人員計は一致すること

（3）平均年齢 ※小数点第2位を四捨五入すること　　　　．　歳

（4）利用・在籍年数別在所者数 ※障害者自立支援法事業の施行（平成18年10月）による新たな事業への移行から利用・在籍している年数で計上のこと
※「18.施設入所支援」，「01.障害児入所施設（福祉型・医療型）」は旧法施設からの利用・在籍年数で計上のこと

在所年数	0.5年未満	0.5〜1年未満	1〜2年未満	2〜3年未満	3〜5年未満	5〜10年未満	10〜15年未満	15〜20年未満	20〜30年未満	30〜40年未満	40年以上	計
1.男												★
2.女												☆
計	人	人	人	人	人	人	人	人	人	人	人	● 人

［3］障害支援区分別在所者数
※「療養介護」，「生活介護」，「18.施設入所支援」のみ回答のこと
※［2］の人員計と一致すること
※「01.障害児入所施設（福祉型・医療型）」に併せて経過的施設入所支援，経過的生活介護を実施する場合は対象者のみ計上のこと

非該当	区分1	区分2	区分3	区分4	区分5	区分6	不明・未判定	計
人	人	人	人	人	人	人	人	● 人

［4］療育手帳程度別在所者数
※［2］の人員計と一致すること

1．最重度・重度	2．中軽度	3．不所持・不明	計
人	人	人	● 人

［5］身体障害の状況
※身体障害者手帳所持者についてのみ回答のこと

手帳所持者実数 ○　　人	手帳に記載の障害の内訳 ※重複計上可	1．視覚	2．聴覚	3．平衡	4．音声・言語又は咀嚼機能	5．肢体不自由	6．内部障害
		人	人	人	人	人	人

［6］身体障害者手帳程度別在所者数
※［5］の手帳所持者実数と一致すること
※重複の場合は総合等級を回答

1級	2級	3級	4級	5級	6級	計
人	人	人	人	人	人	○ 人

［7］精神障害者保健福祉手帳の程度別在所者数

1級	2級	3級	計
人	人	人	人

［8］精神障害の状況
※医師の診断名がついているもののみ記入すること
※てんかんとてんかん性精神病は区別し，てんかん性精神病のみ計上のこと
※その他の欄に精神遅滞は計上しないこと

1．自閉スペクトラム症（広範性発達障害、自閉症など）　人	4．てんかん性精神病　人
2．統合失調症　人	5．その他（強迫性心因反応、神経症様反応など）　人
3．気分障害（周期性精神病、うつ病障害など）　人	計　人

［9］「てんかん」の状況
※てんかんとして現在服薬中の人数　　人

[10]認知症の状況

	1．医師により認知症と診断されている人数	2．医師以外の家族・支援員等が認知症を疑う人数
	うちダウン症の人数	うちダウン症の人数
	人　　人	人　　人

[11]矯正施設・更生保護施設・指定入院医療機関を退所・退院した利用者数
※矯正施設とは、刑務所、少年刑務所、拘置所、少年院、少年鑑別所、婦人補導院をさす（基準日現在）

1．矯正施設	うち3年以内	2．更生保護施設	うち3年以内	3．指定入院医療機関	うち3年以内	計	うち3年以内
人	人	人	人	人	人	人	人

[12]上記[11]のうち地域生活移行個別支援特別加算を受けている利用者数
※「18.施設入所支援」「自立訓練（宿泊型）」のみ回答のこと　　　　　　　人

[13]支援度	支援度の指標	1 級 常時全ての面で支援が必要	2 級 常時多くの面で支援が必要	3 級 時々又は一時的にあるいは一部支援が必要	4 級 点検，注意又は配慮が必要	5 級 ほとんど支援の必要がない	
[13]－A 日常生活面 ※[2]の人員計と一致すること	内 容	基本的生活習慣が形成されていないため，常時全ての面での介助が必要。それがないと生命維持も危ぶまれる。	基本的生活習慣がほとんど形成されていないため，常時多くの面で介助が必要。	基本的生活習慣の形成が不十分なため，一部介助が必要。	基本的生活習慣の形成が不十分ではあるが，点検助言が必要とされる程度。	基本的生活習慣はほとんど形成されている，自主的な生活態度の養成が必要。	計
	人 員	人	人	人	人	● 人	人
[13]－B 行動面 ※[2]の人員計と一致すること	内 容	多動，自他傷，拒食などの行動が顕著で常時付添い注意が必要。	多動，自閉などの行動があり，常時注意が必要。	行動面での問題に対し注意したり，時々指導したりすることが必要。	行動面での問題に対し多少注意する程度。	行動面にはほとんど問題がない。	計
	人 員	人	人	人	人	● 人	人
[13]－C 保健面 ※[2]の人員計と一致すること	内 容	身体的健康に厳重な看護が必要。生命維持の危険が常にある。	身体的健康につねに注意，看護が必要。発作頻発傾向。	発作が時々あり，あるいは周期的精神変調がある等のため一時的又は時々看護の必要がある。	服薬等に対する配慮程度。	身体的健康にはほとんど配慮を要しない。	計
	人 員	人	人	人	人	● 人	人

[14]日常的に医療行為等を必要とする利用者数 ※事業所内（職員・看護師）によるもののみ計上のこと ※医療機関への通院による医療行為等は除く						
1．点滴の管理（持続的）※1	人	6．人工呼吸器の管理　※4 （侵襲、非侵襲含む）	人	11．導尿		人
2．中心静脈栄養　※2 （ポートも含む）	人	7．気管切開の管理	人	12．カテーテルの管理 （コンドーム・留置・膀胱ろう）		人
3．ストーマの管理　※3 （人工肛門・人工膀胱）	人	8．喀痰吸引 （口腔・鼻腔・カニューレ内）	人	13．摘便		人
4．酸素療法	人	9．経管栄養の注入・水分補給 （胃ろう・腸ろう・経鼻経管栄養）	人	14．じょく瘡の処置		人
5．吸入	人	10．インシュリン療法	人	15．疼痛の管理 （がん末期のペインコントロール）		人
※1…長時間（24時間）にわたり点滴をおこない、針の刺し直し（針刺・抜針）も含む ※2…末梢からの静脈点滴が難しい方におこなう処置 ※3…皮膚の炎症確認や汚物の廃棄 ※4…カニューレ・気管孔の異常の発見と管理				計		人

[15]複数事業（所）利用者数 ※日中活動事業（所）・「02.児童発達支援センター」のみ回答のこと ※定期的に利用する日中活動サービスが他にある場合のみ回答のこと ※同一事業を複数個所で利用している場合も計上のこと	人	※定期的に利用する日中活動サービスとは 療養介護，生活介護，自立訓練（宿泊型は除く），就労移行支援，就労継続支援A型，就労継続支援B型の6事業及び幼稚園，保育園とする

[16]日中活動利用者の生活の場の状況 ※[2]と人員計が一致すること ※日中活動事業（所）・「02.児童発達支援センター」のみ回答のこと ※利用契約をしている利用者の実数を回答のこと				
1．家庭（親・きょうだいと同居）	人	5．福祉ホーム		人
2．アパート等（主に単身・配偶者有り）	人	6．施設入所支援		人
3．グループホーム・生活寮等	人	7．その他		人
4．自立訓練（宿泊型）	人	計	●	人

[17]施設入所支援利用者の日中活動の状況 ※[2]と人員計が一致すること ※「18.施設入所支援」のみ回答のこと ※「01.障害児入所施設（福祉型・医療型）」に併せて実施する経過的施設入所支援は除く		
1．同一法人敷地内で活動		人
2．同一法人で別の場所（敷地外）で活動		人
3．他法人・他団体が運営する日中活動事業所等で活動		人
4．その他の日中活動の場等で活動		人
計	●	人

[18]成年後見制度の利用者数 ※当該事業の利用者のみ対象	1．後見	2．保佐	3．補助
	人	人	人

☆恐れ入りますが、調査票1ページ右下枠内の番号を転記してください。→ 　施設コード

[19]－A　平成30年度新規入所者の入所前（利用前）の状況
（平成30年4月1日～平成31年3月31日の1年間）

※該当期間に他の事業種別に転換した事業所はすべての利用者について回答のこと

イ．家業の手伝いで低額であっても賃金を受け取る場合には一般就労とする
ロ．（1）と（2）の人員計が一致すること

（1）生活の場　（人）

1.家庭（親・きょうだいと同居）		15.精神科病院	
2.アパート等（主に単身）		16.施設入所支援	
3.グループホーム・生活寮等		17.自立訓練（宿泊型）	
4.社員寮・住み込み等		18.少年院・刑務所等の矯正施設	
5.職業能力開発校寄宿舎		19.その他・不明	
6.特別支援学校寄宿舎		※前年度1年間に新規で入所された方の状況のみ計上してください。	
7.障害児入所施設（福祉型・医療型）			
8.児童養護施設			
9.乳児院			
10.児童自立支援施設			
11.知的障害者福祉ホーム			
12.救護施設			
13.老人福祉・保健施設			
14.一般病院・老人病院		計	

（2）活動の場　（人）

1.家庭のみ		15.老人福祉・保健施設	
2.一般就労		16.一般病院・老人病院（入院）	
3.福祉作業所・小規模作業所		17.精神科病院（入院）	
4.職業能力開発校		18.療養介護	
5.特別支援学校（高等部含む）		19.生活介護	
6.小中学校（普通学級）		20.自立訓練	
7.小中学校（特別支援学級）		21.就労移行支援	
8.その他の学校		22.就労継続支援A型	
9.保育所・幼稚園		23.就労継続支援B型	
10.障害児入所施設（福祉型・医療型）		24.地域活動支援センター等	
11.児童発達支援センター・児童発達支援事業等		25.少年院・刑務所等の矯正施設	
12.児童養護施設		26.その他・不明	
13.乳児院			
14.救護施設		計	

[19]－B　平成30年度退所者の退所後（契約・措置解除後）の状況
（平成30年4月1日～平成31年3月31日の1年間）

イ．家業の手伝いで低額であっても賃金を受け取る場合には一般就労とする
ロ．（1）と（2）の人員計が一致すること
※退所後6か月程度で死亡したケースも記入すること

（1）生活の場　（人）

1.家庭（親・きょうだいと同居）		14.施設入所支援	
2.アパート等（主に単身）		15.自立訓練（宿泊型）	
3.グループホーム・生活寮等		16.少年院・刑務所等の矯正施設	
4.社員寮・住み込み等		17.その他・不明	
5.職業能力開発校寄宿舎		小計	
6.特別支援学校寄宿舎		18.死亡退所※	
7.障害児入所施設（福祉型・医療型）		※前年度1年間に退所された方の状況のみ計上してください。	
8.児童養護施設			
9.知的障害者福祉ホーム			
10.救護施設			
11.老人福祉・保健施設			
12.一般病院・老人病院			
13.精神科病院			
		計	

（2）活動の場　（人）

1.家庭のみ		15.一般病院・老人病院（入院）	
2.一般就労		16.精神科病院（入院）	
3.福祉作業所・小規模作業所		17.療養介護	
4.職業能力開発校		18.生活介護	
5.特別支援学校（高等部含む）		19.自立訓練	
6.小中学校（普通学級）		20.就労移行支援	
7.小中学校（特別支援学級）		21.就労継続支援A型	
8.その他の学校		22.就労継続支援B型	
9.保育所・幼稚園		23.地域活動支援センター等	
10.障害児入所施設（福祉型・医療型）		24.少年院・刑務所等の矯正施設	
11.児童発達支援センター・児童発達支援事業等		25.その他・不明	
12.児童養護施設		小計	
13.救護施設		26.死亡退所※	
14.老人福祉・保健施設		計	

[20] 就職の状況

※「児童発達支援センター」、「自立訓練（宿泊型）」、「施設入所支援」は除く。職場適応訓練は除く。

イ．平成30年4月1日～平成31年3月31日の1年間を調査すること
ロ．家業の手伝いで低額であっても賃金を受け取る場合も記入のこと
ハ．「事業利用（在所）年月」の欄は、現事業（所）での利用（在所）期間を記入のこと
ニ．「知的障害の程度」は、児童相談所または更生相談所の判定より記入すること
ホ．〔19〕－B、（2）活動の場、2一般就労　の人数と一致すること

No.	就職時年齢	性別	事業利用（在所）年月	知的障害の程度（別表1より）	年金受給の有無（別表2より）	雇用先の業種	仕事の内容	就職時の給与（月額）	就職時の生活の場（別表3より）
例	20歳	男	2年　か月	4	4	飲食店	接客・食器洗浄	￥80,000	1
1									
2									
3									
4									
5									
6									

No.	[21]介護保険サービスへの 移行・併給 開始 年齢	性別	知的障害の程度 （別表1より）	障害 支援区分	移行前の生活の場 （別表4より）	移行後の生活の場 （別表5より）	介護認定区分 （別表6より）	移行・併給後に利用を開始した別 表（5）のうち4～7以外の介護 保険サービス （別表7より）複数選択可	移行・併給開始の 理由 （別表8より）
1	歳								
2									
3									
4									
5									
6									

※1ページ目施設・事業の種類「18. 施設入所支援」は除く。生活介護と施設入所支援を行う事業所の重複回答を避けるため、両方の事業を行う場合は1ページ目「18. 施設入所支援」と印字された調査票以外、回答のこと。

イ. 平成30年4月1日～平成31年3月31日の1年間に新規に移行又は併給を開始した者を計上すること

[22]死亡の状況

※1ページ目施設・事業の種類「18. 施設入所支援」は除く。生活介護と施設入所支援を行う事業所の重複回答を避けるため、両方の事業を行う場合は1ページ目「18. 施設入所支援」と印字された調査票以外、回答のこと。

イ. 平成30年4月1日～平成31年3月31日の1年間を調査すること

ロ. 退所後6か月程度で死亡したケースも記入すること

ハ. 〔19〕-B、（1）生活の場、18 死亡退所　の人数と一致すること

No.	死亡時 年齢	性別	知的障害の程度 （別表1より）	死亡場所 （別表9より）	死因 （右より選択）	
1	歳					1. 病気
2						
3						2. 事故
4						3. その他
5						
6						

別表1	1. 最重度　　　　2. 重度　　　　　3. 中度　　　　　4. 軽度　　　　　5. 知的障害なし
別表2	1. 有：1級　　　　2. 有：2級　　　3. 有：その他（厚生年金・共済年金）　　4. 無
別表3	1. 家庭　　　　　　2. アパート等　　3. グループホーム・生活寮等　　4. 社員寮等 5. 自立訓練（宿泊型）　　　　6. 福祉ホーム　　7. その他　　　8. 不明
別表4	1. 家庭（親・きょうだいと同居）　　2. アパート等（主に単身）　　3. グループホーム・生活寮等 4. 社員寮・住み込み等　　　　5. 知的障害者福祉ホーム　　6. 施設入所支援 7. 自立訓練（宿泊型）　　　　8. その他・不明
別表5	1. 家庭　　　　　　　　　　2. アパート　　　　　　3. グループホーム（障害福祉） 4. グループホーム（認知症対応）　5. 特別養護老人ホーム　　6. 介護老人保健施設 7. 介護療養型医療施設　　　8. その他
別表6	1. 要支援1　　　　　　　2. 要支援2　　　　　　3. 要介護1 4. 要介護2　　　　　　　5. 要介護3　　　　　　6. 要介護4 7. 要介護5
別表7	1. デイサービス・デイケア　　2. 訪問・居宅介護（ホームヘルプサービス） 3. 短期入所（ショートステイ）　4. 訪問看護　　　　　5. その他
別表8	1. 市町村等行政から65歳になったので移行指示があった。 2. 加齢により支援が限界となったため事業所側から移行・併給を働きかけた 3. 本人の希望により　　　　4. 家族の希望により　　　　5. その他
別表9	1. 施設　　　　2. 病院　　　3. 家庭　　　4. その他

ご協力いただき誠にありがとうございます

令和元年度

全国知的障害児入所施設
実態調査報告

公益財団法人日本知的障害者福祉協会
児童発達支援部会

は　じ　め　に

　令和元年度の全国知的障害児入所施設実態調査を報告するにあたり，調査にご協力いただいた皆様に厚く御礼を申し上げます。

　今年度は，「障害児入所施設の在り方に関する検討会」（厚生労働省）が行われ，「障害児入所施設の機能強化をめざして―障害児入所施設の在り方に関する検討会報告書―」がまとめられました。

　当該報告書では障害児入所施設についての基本的視点と方向性として，① ウェルビーイングの保障：家庭的養護の推進　② 最大限の発達の保障：育ちの支援と合理的配慮　③ 専門性の保障：専門的ケアの強化と専門性の向上　④ 質の保障：運営指針の策定，自己評価・第三者評価等の整備　⑤ 包括的支援の保障：家族支援，地域支援の強化，切れ目のない支援体制の整備，他施策との連携があげられており，子どもの最善の利益に向かって，障害児入所施設は，社会的養護機能，自立支援機能，地域支援機能，家庭支援機能等を整えていくこととなります。

　また，今後は人員配置基準の見直しや20歳以上の利用者のみなし規定の廃止等々に対応していくことになりますが，それに際して本調査をエビデンスとした提言は施策と支援現場をつなぐものになると考えております。

　今回の調査で特に目をとめたのは以下の点でした。

・前年度調査に比べて措置率が高くなっている。
・虐待についてネグレクトによる入所が最も多く，心理的虐待の割合も20.8％と高い。
・年齢が高くなってからの入所が増えてきている。15歳以上の入所は前年度調査より74名増えて947名となっている。
・在所延長をしている成人は前年度調査より148名減り751名となっている。
・退所数〔表27〕は977人で，年齢では18歳から19歳の退所が569人（58.2％）と最も多く，高等部卒業年と同時に退所する流れが確立されつつある。
・退所児童の進路について，「家庭」301人，「グループホーム・生活寮等」274人，「施設入所」244人（前年度調査より100名減）となっている。
・在所延長している児童の今後の見通しについて，施設入所希望402名中，令和元年末までに移行が可能であるのは99名となっている。
・措置，契約をあわせて44.2％の児童が帰省等をできない状態となっている。
・措置率に自治体差がみられる。東海82.2％，中国65.1％，北海道60.9％，関東59.9％，九州54.1％，東北で41.1％となっている。
・10人以下の小規模な生活単位が占める割合58.7％となっており，小規模グループケア加算を受けている施設は33施設から41施設（22.8％）と増加している。
・職員1人に対し児童3人以下の施設数が161施設（89.4％）となっている。

　これらの状況から，課題が山積する中で，施設運営においては子どもや家族の状態像に寄り添った支援をするための職員配置，生活の規模，移行支援等に各施設が努力していることがわかります。しかし，帰宅困難児や現在も移行できない成人の数を考えると更なる対策が必要です。私たちが子どもたちを育てること，家庭を支えることを永続できるように，行政と施設が密に連携した施策づくりや子どもと家族の包括的な支援ネットワークづくりが大切です。本調査は私たちの実態を明らかにするための基礎資料となります。調査回答の負担が大きく，大変面倒な作業をお願いすることとなりますが，専門性を高め，様々なことを発信していくためにも趣旨をご理解の上，来年度以降も皆様のご協力をよろしくお願い致します。

　令和2年3月

児童発達支援部会

副部会長　　岡　﨑　俊　彦

目　　次

調 査 経 過

　本調査は，公益財団法人日本知的障害者福祉協会の会員である知的障害児施設，自閉症児施設に対して調査票を送付して回答を得た結果の報告である。

調査対象　本会に加入する障害児入所施設（福祉型・医療型）（231施設）に送付
調 査 日　令和元年6月1日
回 答 数　180施設　回収率　77.9%

○調査データは，令和元年6月1日を基本とし，30年度（H30.4.1〜H31.3.31）の実績を対象としている。
○割合は，原則として小数第2位以下四捨五入で表示している。基礎数は回答施設数，定員，在籍数とし，必要に応じて設置主体別の数を基礎として比較している。
○設置主体は，公立公営（事業団含む），公立民営，民立民営に分類し，データ報告については，公立と民立に分けているが，この場合の公立は，公立公営・公立民営を総称している。
○地区区分は，協会の地区区分により9地区に分けて整理している。
○児童福祉法対象年齢を超えた満18歳以上については，年齢超過児ないし過齢児と記している。
○「30年調査」「前年度調査」の表記は，平成30年度全国知的障害児施設実態調査報告をさし，「全国調査」は調査・研究委員会が取りまとめた全国知的障害児者施設・事業実態調査を引用している。
○総数と内訳の合計数が一致しない項目があるが，不明処理等によるものである。
○項目間により総数に不一致が見られることがあるが，各々の項目の有効回答を最大限活かして集計したためである。

Ⅰ　施設の状況

回答施設県別一覧

地区		都道府県	対象施設数	回答施設	回収率	定員	現員	うち措置	契約	充足率	措置率	30年充足率	30年措置率
北海道	1	北海道	11	8	72.7	257	235	143	92	91.4	60.9	90.3	58.2
東　北	2	青　森	7	7	100	195	115	35	80	59.0	30.4	66.8	24.1
	3	岩　手	5	3	60	100	83	34	49	83	41.0	90.8	16.9
	4	宮　城	2	2	100	70	56	30	26	80	53.6	85.7	55.0
	5	秋　田	3	2	66.7	25	25	3	22	100	12	101.8	16.1
	6	山　形	3	1	33.3	30	17	5	12	56.7	29.4	60	27.8
	7	福　島	8	7	87.5	245	183	90	93	74.7	49.2	76	45.1
		小計	28	22	78.6	665	479	197	282	72.0	41.1	78.5	30.7
関　東	8	茨　城	8	6	75	200	184	92	92	92	50	90	50.4
	9	栃　木	4	2	50	50	51	34	17	102	66.7	101.2	72.1
	10	群　馬	3	3	100	106	100	60	40	94.3	60	87.7	51.6
	11	埼　玉	7	5	71.4	245	150	83	67	61.2	55.3	51.8	53.1
	12	千　葉	9	7	77.8	252	203	113	90	80.6	55.7	81.3	63.6
	13	東　京	6	5	83.3	334	269	137	132	80.5	50.9	80.7	47.9
	14	神奈川	14	13	92.9	526	453	317	136	86.1	70.0	84.8	79.1
	15	山　梨	1	1	100	70	47	39	8	67.1	83.0	67.1	83.0
	16	長　野	1	1	100	30	29	15	14	96.7	51.7	96.7	55.2
		小計	53	38	81.1	1,813	1,486	890	596	82.0	59.9	78.5	61.0
東　海	17	静　岡	9	9	100	342	244	195	49	71.3	79.9	72.5	65.3
	18	愛　知	7	5	71.4	247	190	181	9	76.9	95.3	64.4	94.5
	19	岐　阜	2	2	100	80	64	33	31	80	51.6	76.3	73.8
	20	三　重	4	3	75	80	69	57	12	86.3	82.6	82.5	87.9
		小計	22	19	86.4	749	567	466	101	75.7	82.2	71.5	79.0
北　陸	21	新　潟	7	4	57.1	75	48	19	29	64	39.6	68.3	34.1
	22	富　山	2	1	50	50	26	15	11	52	57.7	58	62.1
	23	石　川	4	2	50	40	21	14	7	52.5	66.7	8.6	83.3
	24	福　井	1	1	100	20	16	9	7	80	56.3	75	53.3
		小計	14	8	57.1	185	111	57	54	60	51.4	50.8	44.7
近　畿	25	滋　賀	4	3	75	265	107	55	52	40.4	51.4	66.9	45.8
	26	京　都	3	3	100	110	94	33	61	85.5	35.1	87.5	25.7
	27	大　阪	8	6	75	325	284	207	77	87.4	72.9	91.9	71.2
	28	兵　庫	11	8	72.7	245	228	98	130	93.1	43.0	96.5	19.3
	29	奈　良	2	2	100	95	73	52	21	76.8	71.2	66.3	66.7
	30	和歌山	2	2	100	80	67	43	24	83.8	64.2	87.5	71.4
		小計	30	24	80	1,120	853	488	365	76.2	57.2	86.9	45.3
中　国	31	鳥　取	1	1	100	65	27	17	10	41.5	63.0	49.2	59.4
	32	島　根	6	5	83.3	100	67	39	28	67	58.2	72.5	55.2
	33	岡　山	4	4	100	125	94	78	16	75.2	83.0	70.5	62.2
	34	広　島	9	5	55.6	100	78	45	33	78	57.7	80.3	38.7
	35	山　口	2	2	100	66	58	32	26	87.9	55.2	92	47.8
		小計	22	17	77.3	456	324	211	113	71.1	65.1	73.1	50.6
四　国	36	徳　島	3	3	100	110	99	56	43	90	56.6	88.2	58.8
	37	香　川	2	2	100	56	46	25	17	75	59.5	82.1	58.7
	38	愛　媛	5	4	80	110	68	21	47	61.8	30.9	45	55.6
	39	高　知	2	1	50	30	29	12	17	96.7	41.4	65	34.6
		小計	12	10	83.8	306	238	114	124	77.8	47.9	76.0	55.1
九　州	40	福　岡	8	5	62.5	230	187	150	37	81.3	80.2	80.6	37.2
	41	佐　賀	2	2	100	70	47	35	12	67.1	74.5	72.9	72.5
	42	長　崎	2	0	0	0	0	0	0	0	0	94	38.3
	43	熊　本	7	6	85.7	250	201	91	110	80.4	45.3	77.2	37.4
	44	大　分	4	2	50	80	67	25	42	83.8	37.3	86.7	29.2
	45	宮　崎	5	3	60	80	56	26	30	70	46.4	73.8	62.7
	46	鹿児島	7	7	100	132	108	38	70	81.8	35.2	88.2	46.7
	47	沖　縄	4	4	100	82	58	27	31	70.7	46.6	82.9	50
		小計	39	29	74.4	924	724	392	332	78.4	54.1	81.7	43.7
総計			231	180	77.9	6,475	5,017	2,958	2,059	77.5	59.0	78.3	53.0

調査全般において，障害児入所施設から障害者支援施設への移行，もしくは施設の閉鎖等の大きな変動が起こっている時期であり，前年度との比較による分析が難しくなっている項目がある。そのことを踏まえて調査結果を分析しているものとする。

1．施設数

〔表1〕は調査対象231施設のうち，回答のあった180施設の状況である。設置主体別では，児童福祉法の施行当初から昭和50年代までに公的責任において自治体が施設を設置してきた背景から公立施設が全体に占める比率が高かったが，近年は指定管理制度，民間委譲が進んでおり，公立公営が37施設（20.6%），公立民営が17施設（9.4%），民立民営が126施設（70%）であった。

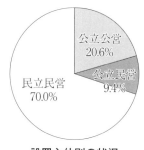

設置主体別の状況

表1　施設数

	施設数	%	北海道	東北	関東	東海	北陸	近畿	中国	四国	九州
計	180		8	22	43	19	8	24	17	10	29
%	100		4.4	12.2	23.9	10.6	4.4	13.3	9.4	5.6	16.1
公立公営	37	20.6	1	8	8	7	3	4	1	2	3
公立民営	17	9.4	0	2	5	3	1	3	0	0	3
民立民営	126	70	7	12	30	9	4	17	16	8	23
※地区別民立施設比率			87.5	54.5	69.8	47.4	50	70.8	94.1	80	79.3

2．設立年代

設立年代〔表2〕では，昭和35年から44年の10年間に87施設が設立され，50年代前半で施設設置は概ね済んだといえる。その後に，昭和60年以降に26施設が設立されている。

表2　設立年代

	施設数	%
～大正15年	1	0.6
昭和元年～29年	25	13.9
昭和30年～34年	14	7.8
昭和35年～39年	31	17.2
昭和40年～44年	56	31.1
昭和45年～49年	16	8.9
昭和50年～54年	10	5.6
昭和55年～59年	1	0.6
昭和60年～	26	14.4
計	180	100

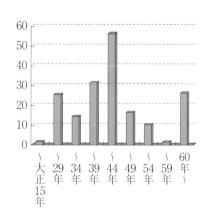

3．経過的障害者支援施設の指定状況

　経過的障害者支援施設の指定状況〔表3〕は，平成26年度調査と比較すると，「指定を受けている（過齢児が在籍）」については，114施設から80施設に減少し，「指定を受けていない（過齢児が不在）」は41施設から100施設に増加した。指定を受けてない事業所は，すでに事業の移行を済ませたものと推察される。

表3　経過的障害者支援施設の指定状況

	施設数	％
指定を受けている	80	44.4
指定を受けていない	100	55.6
計	180	100

4．児童の出身エリア

　措置及び支給決定している児童相談所の数〔表4〕は，前年度調査と比較して大きな変化はなかった。
　児童相談所については，平成31年4月1日現在，都道府県，政令指定都市等，全国に215か所あり，10か所以上（神奈川14，愛知13，東京11）設置している自治体もあるが，支所・分室を除けば都道府県に2か所から3か所の設置（25都道府県，53.2％）が最も多い状況にある。なお，9割近い施設が，2か所から4か所を中心とした多数の児童相談所との関わりを有している。

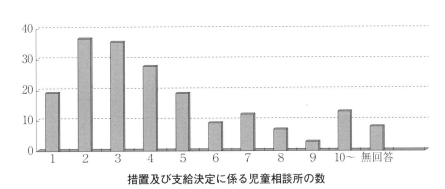

措置及び支給決定に係る児童相談所の数

表4　措置及び支給決定している児童相談所の数

か所数	施設数	％
1か所	18	10
2か所	36	20
3か所	35	19.4
4か所	27	15
5か所	18	10
6か所	8	4.4
7か所	11	6.1
8か所	6	3.3
9か所	2	1.1
10か所～	12	6.7
無回答	7	3.9
計	180	100

都道府県の数〔表5〕では，1都道府県が99施設（55.0%）と最も多く，次いで2都道府県が51施設（28.3%）であった。

表5　都道府県の数

	施設数	%
1都道府県	99	55
2都道府県	51	28.3
3都道府県	12	6.7
4都道府県	6	3.3
5都道府県以上	4	2.2
無回答	8	4.4
計	180	100

出身区市町村の数〔表6〕では，6～10市区町村が59施設（32.8%）と最も多く，次いで1～5区市町村が46施設（25.6%）であった。

なお，11区市町村以上については65施設（36.1%）であった。このことは移行支援に関して連携する区市町村の多さ，広域での業務であることを意味している。

表6　出身区市町村の数

	施設数	%
1～5区市町村	46	25.6
6～10区市町村	59	32.8
11～15区市町村	29	16.1
16～20区市町村	22	12.2
21～25区市町村	6	3.3
26～30区市町村	6	3.3
31区市町村～	2	1.1
無回答	10	5.6
計	180	100

5．定員の状況

回答施設の定員数〔表7〕の総計は6,475人，1施設当たりの平均定員数は36.0人で，前年度調査（36.8人）から減少している。設置主体別にみると，公立系は2,424人（37.4%），民立は4,051人（62.6%）であった。

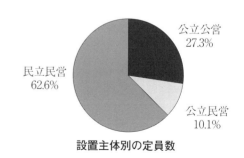

設置主体別の定員数

表7　定員数

	定員計	%	北海道	東北	関東	東海	北陸	近畿	中国	四国	九州
定員数	6,475	—	257	665	1,813	749	185	1,120	456	306	924
%	—	100	4.0	10.3	28	11.6	2.9	17.3	7.0	4.7	14.3
公立公営	1,769	27.3	27	250	545	377	95	215	65	65	130
公立民営	655	10.1	0	75	180	120	10	170	0	0	100
民立民営	4,051	62.6	230	340	1,088	252	80	735	391	241	694
＊民立定員比率（％）			89.5	51.1	60.0	33.6	43.2	65.6	85.7	78.8	75.1

　定員規模別施設数〔表8〕をみると，定員30人の施設が47施設（26.1％）と最も多く，次いで11人から29人の施設が41施設（22.8％），31人から40人が39施設（23.1％），31人から40人が37施設（20.6％）であった。

表8　定員規模別施設数

	施設数	%	公立	%	民立	%
～10人	14	7.8	2	3.7	12	9.5
11～29人	41	22.8	9	16.7	32	25.4
30人	47	26.1	11	20.4	36	28.6
31～40人	37	20.6	11	20.4	26	20.6
41～50人	16	8.9	7	13.0	9	7.1
51～70人	15	8.3	8	14.8	7	5.6
71人以上	10	5.6	6	11.1	4	3.2
計	180	100	54	100	126	100

6．在籍の状況

⑴　在籍数

　在籍数〔表9〕は，5,017人（定員6,475人）である。設置主体別では，公立公営1,197人（23.9％），公立民営503人（13.9％），民立民営3,317人（66.1％）であった。

　男女別では，男3,455人（68.9％），女1,562人（31.1％）で，男女比は7：3と男子が多くなっている。

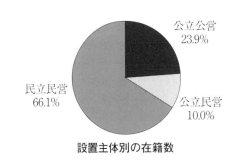

設置主体別の在籍数

表9　在籍数の状況（全体）

		計	%	北海道	東北	関東	東海	北陸	近畿	中国	四国	九州
在籍数	男	3,455	68.9	162	346	1,042	392	81	574	226	163	469
	女	1,562	31.1	73	133	444	175	30	279	98	75	255
	計	5,017	100	235	479	1,486	567	111	853	324	238	724
公立公営	男	831	69.4	12	127	255	171	48	116	20	27	55
	女	366	30.6	4	41	130	80	12	45	7	8	39
	計	1,197	100	16	168	385	251	60	161	27	35	94
公立民営	男	358	71.2	0	45	107	68	4	84	0	0	50
	女	145	28.8	0	17	42	32	1	31	0	0	22
	計	503	100	0	62	149	100	5	115	0	0	72
民立民営	男	2,266	68.3	150	174	680	153	29	374	206	136	364
	女	1,004	31.7	69	75	272	63	17	203	91	67	194
	計	3,317	100	219	249	952	216	46	577	297	203	558

⑵　在籍率

　回答施設の充足率〔表11〕は，全体で77.5％と前年度調査と比べて0.8ポイント減少した。

　充足率（定員比）の状況〔表10〕をみると，「90～100％未満」が44施設（24.4％），「100％」が16施設（8.9％），「100％超」が4施設（2.2％）で，充足率が90％以上の施設は64施設（35.6％）である。充足率が90％以上の施設を設置主体別でみると，公立6施設（11.1％）民立58施設（46.0％）で民立施設の方が多い。なお，充足率50％未満は16施設であった。

　設置主体別充足率〔表11〕では，公立公営は67.7％，公立民営が76.8％，民立民営は81.9％で，民立施設より公立施設の充足率が低い。

充足率の分布

表10　充足率（定員比）の状況

	50%未満	50～60%未満	60～70%未満	70～80%未満	80～90%未満	90～100%未満	100%	100%超	計
施設数	16	16	13	24	47	44	16	4	180
%	8.9	8.9	7.2	13.3	26.1	24.4	8.9	2.2	100
公立	7	9	5	11	16	3	3	0	54
%	13.0	16.7	9.3	20.4	29.6	5.6	5.6	0	100
民立	9	7	8	13	31	41	13	4	126
%	7.1	5.6	6.3	10.3	24.6	32.5	10.3	3.2	100

表11　設置主体別充足率

	施設数	定員	在籍数	充足率(%)
公立公営	37	1,769	1,197	67.7
公立民営	17	655	503	76.8
民立民営	126	4,051	3,317	81.9
計	180	6,475	5,017	77.5

7．措置・契約の決定率

　全在籍者数〔表12〕のうち措置が2,958人（59.0％），契約が2,059人（41.0％）となっており，前年度調査（53.0％）と比べて措置率が上昇している。また設置主体別では，公立公営が措置60.6％・契約39.4％，公立民営が措置59.4％・契約40.6％，民立民営が措置58.3％・契約41.7％であった。

　前年度調査と比較すると，措置率が公立公営で7.6ポイント増加，公立民営で4.6ポイント増加，民立民営で5.7ポイント増加している。

　地区別では，東海の措置率が82.2％で最も高く，次いで中国65.1％，北海道60.9％，関東59.9％，九州54.1％であった。なお，措置率が最も低いのは，東北で41.1％であった。都道府県毎の措置率は冒頭の回答施設県別一覧で示しているが，都道府県による格差が著しい状況が続いている。

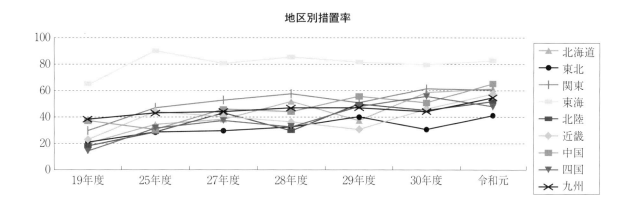

地区別措置率

表12　措置・契約の状況

		％	計	北海道	東北	関東	東海	北陸	近畿	中国	四国	九州
在籍数	男	68.9	3,455	162	346	1,042	392	81	574	226	163	469
	女	31.1	1,562	73	133	444	175	30	279	98	75	255
	計	100	5,017	235	479	1,486	567	111	853	324	238	724
	うち措置	59.0	2,958	143	197	890	466	57	488	211	114	392
	措置率		59.0	60.9	41.1	59.9	82.2	51.4	57.2	65.1	47.9	54.1
公立公営	男	69.4	831	12	127	255	171	48	116	20	27	55
	女	30.6	366	4	41	130	80	12	45	7	8	39
	計	100	1,197	16	168	385	251	60	161	27	35	94
	うち措置	60.6	725	9	64	234	215	21	100	17	20	45
公立民営	男	71.2	358	0	45	107	68	4	84	0	0	50
	女	28.8	145	0	17	42	32	1	31	0	0	22
	計	100	503	0	62	149	100	5	115	0	0	72
	うち措置	59.4	299	0	31	116	73	4	47	0	0	28
民立民営	男	68.3	2,266	150	174	680	153	29	374	206	136	364
	女	31.7	1,051	69	75	272	63	17	203	91	67	194
	計	100	3,317	219	249	952	216	46	577	297	203	558
	うち措置	58.3	1,934	134	102	540	178	32	341	194	94	319

II　児童の状況

1．年齢の状況

(1)　在籍児の年齢の状況

　在籍児童数は180施設5,017人で，前年度調査（169施設4,877人）と比較して140人増加しているが，回答施設数が11施設増えたことによる増加とみられ，在籍児童数に大きな変化は見られない。

　在籍児を年齢区分別にみると，5歳以下が108人（2.2%），6歳から11歳が1,091人（21.7%），12歳から14歳が1,147人（22.9%），15歳から17歳が1,920人（38.3%）で，前年度調査と同様に年齢が上がるにしたがって在籍数は増えている。全在籍児童数5,017人に占める18歳未満4,266人の割合は85.0%で前年度調査より3.4ポイント上昇している。

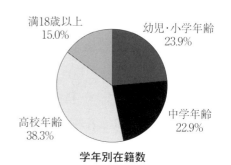

学年別在籍数

満18歳以上 15.0%
幼児・小学年齢 23.9%
中学年齢 22.9%
高校年齢 38.3%

　在籍児全体に占める措置（2,958人）の割合は59.0%であるが，18歳未満の児童に限ってみると措置率は64.9%となっている。それぞれ前年度調査の全体の措置割合53.0%，18歳未満の措置割合60.9%と比べ，措置児童の割合は全体で6.0ポイント，18歳未満では4.0ポイント増加している。

　措置児童の割合を年齢区分別にみると，5歳以下が80.6%（前年度調査78.0%），6歳から11歳が70.6%（同68.5%），12歳から14歳が67.4%（同62.9%），15歳から17歳が59.4%（同54.3%）となっており，年齢が上がるにしたがって措置率が低くなる傾向は前年度調査と同様であるが，全年代で若干措置率が上がっている。

　また，在所延長年齢の18歳から19歳の措置率は52.1%（前年度調査49.5%）で，半数以上が20歳までの措置延長が適用されており，この年代においても前年度調査から若干措置率が上がっている。

表13　年齢構成（全体）

	人数	%
合計	5,017	100
男	3,455	68.9
女	1,562	31.1
うち措置（再掲）	2,958	59.0

	5歳以下	6〜11歳	12〜14歳	15〜17歳	小計	%
人数	108	1,091	1,147	1,920	4,266	85.0
%	2.2	21.7	22.9	38.3	85.0	
男	77	771	785	1,285	2,918	58.2
女	31	320	362	635	1,348	26.9
うち措置（再掲）	87	770	773	1,140	2,770	

	18〜19歳	20〜29歳	30〜39歳	40歳〜	小計	%
人数	357	251	93	50	751	15.0
%	7.1	5.0	1.9	1.0	15.0	
男	248	172	77	40	537	10.7
女	109	79	16	10	214	4.3
うち措置（再掲）	186	2	0	0	188	

在籍児童の平均年齢〔表14〕は，10歳未満が0施設，10～15歳未満が76施設（42.2％），15～18歳未満が35施設（19.4％）であった。平均年齢18歳未満の施設については，111施設と前年度調査（89施設）より22施設増加している。無回答の施設を除いて全体に占める割合を比較してみると，前年度調査88.1％から今年度調査はさらに89.5％と1.4ポイント増加しており，回答施設の多くが児童施設として運営していく方向で進んでいることが推察される。

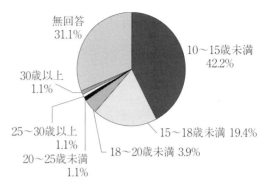

平均年齢別施設数

表14　平均年齢

	施設数	％
10歳未満	0	0
10～15歳未満	76	42.2
15～18歳未満	35	19.4
18～20歳未満	7	3.9
20～25歳未満	2	1.1
25～30歳未満	2	1.1
30歳以上	2	1.1
無回答	56	31.1
計	180	100

⑵　在所延長児童の状況

前年度調査まで12年間微減が続いていた在所延長児童は，今年度調査では，回答施設数が11増加したにもかかわらず，前年度調査899人から751人と減少しており，移行支援の取り組みが継続されていることがうかがえる。

過齢児数及び地区別過齢児比率〔表15〕にみられるように，前年度調査で過齢児の占める割合が高かった東北，近畿地区は，近畿地区は前年度調査と比べて12.2ポイント下がった一方，東北地区は微減であった。なお，その他の地区については，ほぼ前年度調査と同様の割合で推移している。

全国的にみると全入所児童に占める過齢児の状況は，前年度調査と比べ減少しており，施設形態の選択に伴う経過措置期間は延長になったが，平成30年4月を念頭においてきた各施設の取り組みの結果といえ，2021年4月にむけて支援体制の方向性が徐々に明確になっているといえよう。

表15　過齢児数及び地区別過齢児比率

	全体	北海道	東北	関東	東海	北陸	近畿	中国	四国	九州
人数	751	21	109	213	27	23	189	30	53	86
％	15.0	8.9	22.8	14.3	4.8	20.7	22.2	9.3	22.3	11.9

「満20歳以上の在籍率の状況」〔表16〕は，0％は130施設と前年度調査より11施設増加し，10％未満と合わせると150施設83.3％と前年度調査を更に上回り，回答施設の8割を超えている。それぞれの地域で将来児童施設として運営していこうという強い思いの結果といえるのではないか。20歳以上の在籍

率20％未満の施設は前年度調査と比較して13施設増え，また20歳以上が50％以上を占める施設は８施設と前年度調査と変わらず，2021年度の転換や併設の方向が決定しているとみることもできる。引き続き今後の動向として，施設形態の選択に伴う経過措置期間が2021年３月まで延長されたことを踏まえ，各地域，各施設で，子どもの24時間の支援体制の構築に向けて具体策を進めていくことが求められており，2021年３月までのその動きを注視していく必要があろう。

表16　満20歳以上の在籍率の状況

割合	施設数	％	公立	民立
0 ％	130	72.2	39	91
10％未満	20	11.1	6	14
10〜20％未満	8	4.4	3	5
20〜30％未満	5	2.8	1	4
30〜40％未満	7	3.9	2	5
40〜50％未満	2	1.1	0	2
50〜60％未満	4	2.2	2	2
60〜80％未満	3	1.7	0	3
80〜100％未満	1	0.6	1	0
100％	0	0	0	0
計	180	100	54	126

⑶　入所時の年齢

　児童の入所時の年齢〔表17〕をみると，中学校卒業年齢の15歳が最も多く527人（10.5％），次いで小学校入学年齢の６歳が511人（10.2％），小学校卒業年齢の12歳が496人（9.9％）であった。一方，５歳以下の児童は709人（14.1％）で前年度調査より65人増加している。中学卒業年齢が多いのは前年度調査と変わらず，更に小学６年と中学１年を併せると840人（16.7％）と，５歳以下から中学卒業年齢までの幅広い年代でいずれも増加傾向がみられ，児童としての継続の方向と読み取れる動きといえる。

　小学高年から中学・高校にかけての入所は，児童の体力の増加やその他家庭内での行動面での対応などの困難さが出現してくる時期との捉え方もできよう。一方で就学前及び小学就学年齢の児童は合わせると1,220人（24.3％）を占めており，一人親家庭の増加や貧困などの実情にも目を向けて，社会的養護の必要な子どもへの視点ももちながら丁寧な支援を継続していく必要があろう。

表17　児童の入所時の年齢

	1歳	2歳	3歳	4歳	5歳	小計
合計	5	45	177	221	261	709
％	0.1	0.9	3.5	4.4	5.2	14.1
男	3	26	126	168	188	511
女	2	19	51	53	73	198

	不明	合計
合計	182	5,017
％	3.6	100

	6歳	7歳	8歳	9歳	10歳	11歳	12歳	13歳	14歳	15歳	16歳	17歳	小計
合計	511	268	263	281	338	325	496	344	353	527	240	180	4,126
％	10.2	5.3	5.2	5.6	6.7	6.5	9.9	6.9	7.0	10.5	4.8	3.6	82.2
男	364	194	174	189	228	223	373	239	237	341	158	129	2,849
女	147	74	89	92	110	102	123	105	116	186	82	51	1,277

2．在籍期間

在籍期間〔表18〕は，5年から10年未満が1,174人（23.4％）と最も多く，次いで3年から5年未満が914人（18.2％）と，前年度調査と比べて実人数は増加傾向にある。それぞれの施設で，高校卒業後の移行支援に取り組んでいる成果であろう。

15年から20年未満の93人（1.9％），20年以上の135人（2.7％）は在所延長児童と思われ，児者転換等との関連で2021年3月まで一定程度の割合を占めていくものと推測されるが，実数，割合ともに前年度調査より減少している。将来の方向性との関係が明確にみてとれる。

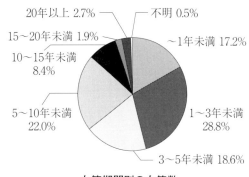

在籍期間別の在籍数

表18　在籍期間

	6ヶ月未満	6ヶ月～1年未満	1～2年未満	2～3年未満	3～5年未満	5～10年未満	10～15年未満	15～20年未満	20年以上	不明	計
合計	536	310	723	694	914	1,174	413	93	135	25	5,017
％	10.7	6.2	14.4	13.8	18.2	23.4	8.2	1.9	2.7	0.5	100
男	347	212	514	479	643	797	285	67	105	3	3,452
女	189	98	209	215	271	377	128	26	30	22	1,565

3．入所の状況

(1)　入所児数

平成30年度中の新規入所児童数〔表19〕は，全体で878人，前年比94人の増である，回答施設が11施設増えたことによるものとみることができよう。内訳は措置が平成30年度入所児童全体の57.7％（507人），契約が42.3％（371人）で，前年度調査と同様に措置が契約を上回っている。制度改正から10年以上経過したが危機的状況の児童の割合が増加しているというよりも，むしろ契約が原則ではなく，保護者の状況をも踏まえた上で，子どもの最善の利益の視点で，児童相談所が対応していることがうかがえる。

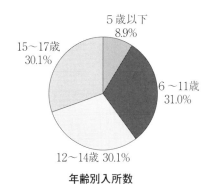

年齢別入所数

年齢区分別では，5歳以下が78人（8.9％），6歳から11歳が272人（31.0％）。12歳から14歳が264人（30.1％），15歳から17歳が264人（30.1％）で，前年度調査と同様に6歳から11歳の新規入所児童が最も多くなっている。

平成30年度の新規入所児童を措置，契約別にみると，児童の年齢が高くなるにつれて契約で入所する児童の割合が増加しているのは前年度調査と同じだが，就学前児童は76.9％，小・中学生年齢では60.8％が措置入所であった。措置率がわずかに減っているが，実人数でも高校生年齢を除き措置が契約を上回っているのは前年度調査と同様の結果である。

表19　平成30年度中の新規入所児数（全体）

	人数	5歳以下	6～11歳	12～14歳	15～17歳
全体	878	78	272	264	264
措置	507	60	169	157	121
	100	11.8	33.3	31.0	23.9
契約	371	18	103	107	143
	100	4.9	27.8	28.8	38.5

$$入所率 = \frac{入所者総数}{定員} \times 100$$

30年度入所率	17.5%

表20　年間新規入所数の状況

入所数	施設数	％	公立	民立
0人	9	5.0	4	5
1人	18	10.0	3	15
2人	23	12.8	6	17
3人	19	10.6	5	14
4人	25	13.9	5	20
5人	23	12.8	9	14
6人	11	6.1	2	9
7人	15	8.3	7	8
8人	6	3.3	1	5
9人	6	3.3	2	4
10人	4	2.2	2	2
11人以上	21	11.7	8	13
計	180	100	54	126

　それぞれの施設における年間新規入所児童数の状況〔表20〕は，新規入所児童数0人が9施設と前年度調査より10施設の減少であった。地域の状況や行政との調整はあるものの，児者転換を視野に運営している施設と，児童施設の機能を維持していくという意思表示を明確にしつつある施設の二極化は2021年3月末まで続くと推測される。

⑵　緊急一時保護が必要とされた児童の受け入れ状況

　今年度調査から，児童期の緊急対応の制度である「緊急一時保護委託」制度の状況について調査した。緊急一時保護の委託を受けている事業所は，155施設86.1％となっており，一時保護に対する保護者の拒否や，同意がスムーズに取れない場合に，子どもの最善の利益を守るためのセーフティネットとしての機能を果たすべく取り組んでいる施設の姿勢がうかがわれる。このことは，まさに社会的養護そのものといえ，報酬等について実態に即した全国統一の整理等が求められよう。委託を受けている場合の受け入れ児童数〔表22〕からは，委託を受けている155施設のうち，132施設85.2％が実際に委託を受け支援している実態をうかがい知ることができ，今後の動向を注視していく必要があろう。

表21　緊急一時保護の委託の状況

	施設数	％	公立	民立
一時保護の委託を受けている	155	86.1	47	108
委託を受けていない	15	8.3	2	13
無回答	10	5.6	5	5
計	180	100	54	126

表22　委託を受けている場合の受け入れ人数

入所数	施設数	%	公立	民立
0人	23	14.8	7	16
1人	28	18.1	7	21
2人	21	13.5	9	12
3人	20	12.9	6	14
4人	9	5.8	1	8
5人	7	4.5	1	6
6人	5	3.2	1	4
7人	9	5.8	1	8
8人	5	3.2	0	5
9人	1	0.6	0	1
10～14人	17	11.0	10	7
15人以上	10	6.5	4	6
計	155	100	47	108

⑶　入所の理由

　入所の理由〔表23〕は，前年度調査と同様に「家族の状況等」「本人の状況等」に分けて複数回答を求めた。調査結果に前年度調査と大きな変化は無く，それぞれの項目での主要因と付随要因の割合もほぼ同様の割合で推移している。家族の状況等では「保護者の養育能力不足」が49.8％，「虐待・養育放棄」が33.0％で僅かに増えており，多くの子どもたちが厳しい生活環境に置かれ，「育ち」が十分保障されないような状況にあったとみることもできるのではないだろうか。改めて発達に課題を抱える子どもを持つ保護者の子育てにおける孤独感や心理的な葛藤なども含め，きめ細かな背景の把握と支援策の必要性をあらわしているものと推察され，同時に全在籍児童について，「ADL・生活習慣の確立」「行動上の課題改善」が保護者の状況と密接に関連していることも支援者は念頭におく必要があろう。また，入所時年齢のところでも述べたが，子どもの成長に伴う体力の伸びや要求の強まりなどに伴う日常行動が，家庭内での養育を困難にしている可能性も垣間みえる。

　また，「貧困」に起因する入所理由につながる「親の離婚・死別」や「家庭の経済的理由」及び「保護者の疾病・出産等」の理由での入所も前年度調査と同様の傾向であり，支援現場の実感からは種々の理由の陰に貧困のもたらす負の影響（虐待の誘発や不十分な養育等）を強く感じ取れることも多く，引き続き注視していく必要があろう。また契約入所の場合にこうした家庭の出身児童が衣類の十分な補充や，修学旅行等就学に絡む費用に困難をきたす「施設内貧困児童」に陥らないよう，制度的対応等についての検討の必要性は，今年度調査でも大きく変わっていないと推察される。

　一方，本人の状況等では，前述したとおり「ADL・生活習慣の確立」と「行動上の課題改善」のいわゆる療育目的の入所理由が圧倒的に多く，行動上の課題改善のために入所する傾向も続いている。背景には養育力の低下による規範意識の弱さや，愛着形成の不十分さなどがあることが推察されるため，育ちの環境に一層視点をあてていく必要があろう。

　学校就学・通学のための入所について前年度調査と比べ減少しているものの，地域によっては障害児入所施設が学校の寄宿舎的な役割を担っていることがうかがえると同時に，児童施設として運営していく方針が明確になり，高校卒業後の移行支援に積極的に取り組んだことでの，児童の入れ替りがさらに多くなったものと推察される。

いずれにしても入所理由の如何にかかわらず，多様な生活環境から強い影響を受けて施設入所に至った児童の支援にあたって，背負いきれないほどの「重い荷物」を背負い，心に傷を抱えて入所してくる児童が，自身で安心・安全を感じとり，自らを肯定できるよう，個人の生活歴に即して個別ニーズに寄り添っていく丁寧な支援が一層求められている。

表23　入所理由（重複計上）

内　容		在籍者全員について						うち30年度入所者について					
		主たる要因		付随する要因		計	在籍者比	主たる要因		付随する要因		計	30年度入所者比
		措置	契約	措置	契約			措置	契約	措置	契約		
家族の状況等	親の離婚・死別	148	145	72	43	408	8.1	28	19	7	3	57	6.5
	家庭の経済的理由	35	25	85	40	185	3.7	3	5	12	5	25	2.8
	保護者の疾病・出産等	159	144	108	58	469	9.3	32	33	13	13	91	10.4
	保護者の養育力不足	1,013	712	573	201	2,499	49.8	191	152	76	56	475	54.1
	虐待・養育放棄	1,413	95	116	32	1,656	33.0	201	10	24	6	241	27.4
	きょうだい等家族関係	50	131	88	118	387	7.7	14	30	15	27	86	9.8
	住宅事情・地域でのトラブル	37	43	37	34	151	3.0	11	10	9	9	39	4.4
本人の状況等	ADL・生活習慣の確立	633	416	425	424	1,898	37.8	73	52	53	67	245	27.9
	医療的ケア	22	26	58	24	130	2.6	6	1	13	6	26	3.0
	行動上の課題改善	498	485	355	259	1,597	31.8	83	138	41	31	293	33.4
	学校での不適応・不登校	63	35	55	34	187	3.7	22	11	21	17	71	8.1
	学校就学・通学	150	182	112	106	550	11.0	31	54	14	17	116	13.2
	その他	57	65	28	18	168	3.3	15	20	6	6	47	5.4
実人数		2,958	2,059	2,958	2,059	5,017	100	507	371	507	371	878	100

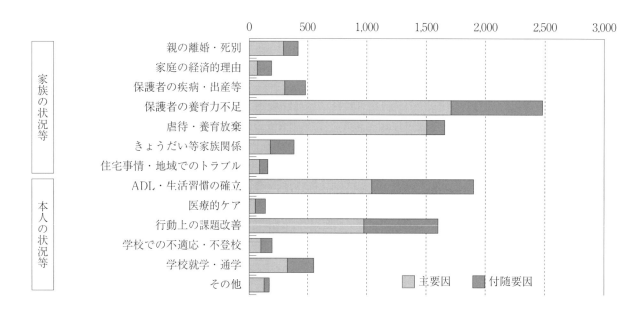

(4)　**虐待による入所の状況**

被虐待入所児童〔表24〕は，351人と平成30年度の入所者に占める割合は40.0％，そのうち被虐待児受け入れ加算の認定を受けているのは209人（59.5％）と前年度調査と比べ，実人数，割合ともに増加している。依然として虐待に歯止めがかかっていないことがうかがえる。また，虐待の内容〔表26〕のネグレクトをみると在籍児童に占める割合は大きく，虐待の内容それぞれが，複雑に重複して起きるこ

とを考えると，心理的虐待やネグレクトが顕在化しにくいという現状からカウントされていない児童の存在も考慮する必要がある。また，虐待の及ぼす精神・行動面の影響が長く続くことを考えると，一人ひとりの行動に一層細かな配慮が求められるところであろう。

　平成12年の児童の虐待の防止等に関する法律（児童虐待防止法）施行以降の虐待による児童数の推移をみても，法の趣旨，役割が社会に浸透してきたということもあり，平成30年度の全国の児童相談所への児童虐待通告件数は速報値（厚生労働省）で15万件超に達している。障害児入所施設においては平成18年の児童福祉法改正による契約制度の導入で一時的な減少はみられたものの，この10年以上にわたっての経年変化をみると，入所児童の減少にもかかわらず被虐待児童は確実に一定割合を占めており，その対応はもとより，児童相談所や市町村の家庭児童相談室，保健センターや相談支援事業所あるいは要保護児童地域対策協議会など広範な関係機関との連絡調整を図りながら，一層の早期発見に努め，児童虐待の撲滅と未然防止に向けて具体的な取り組みが求められる。

表24　虐待による入所数

	20年	21年	22年	23年	24年	25年	26年	27年	28年	29年	30年
男	200	223	229	247	243	194	221	194	217	199	227
女	168	150	151	151	151	174	104	124	137	123	124
計	368	373	380	398	394	368	325	318	354	322	351

表25　平成30年度 被虐待入所児童の内訳

	被虐待児	児相判断
男	227	209
女	124	102
計	351	311

被虐待児加算認定児童数（令和元年6月1日現在）　209人
左記の他に被虐待児加算を受けたことがある児童　677人

※351人のうち，契約により入所の児童　34人

　虐待の内容〔表26〕については，ネグレクトが70.7％，身体的虐待が39.0％，心理的虐待が20.8％，性的虐待が20.8％となっている。令和元年度の全国の児童相談所への児童虐待通告件数は速報値では，心理的な虐待の割合が多くを占めているが，本調査ではネグレクトが大きな割合を占めていることから，その背景にも目を向ける必要があろう。また，性的虐待の割合も20.8％と上記の通告件数の割合より大幅に高くなっていることにも注意していく必要があろう。

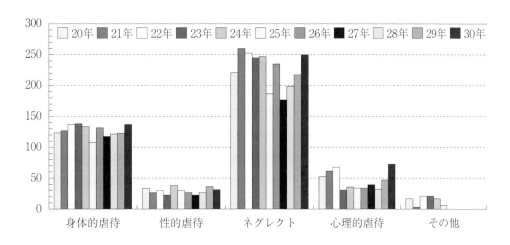

表26　虐待の内容（※重複計上）

		計	入所数比	身体的虐待	性的虐待	ネグレクト	心理的虐待	その他
20年度		368	49.6	123	34	220	52	19
21年度		373	49.4	126	27	258	62	5
22年度		380	47.1	136	30	250	68	22
23年度		398	53.1	137	23	244	32	11
24年度		394	47.0	133	39	246	36	19
25年度		368	43.7	108	31	186	35	8
26年度		325	43.9	130	27	233	35	
27年度		318	48.0	117	23	176	40	
28年度		381	38.6	121	28	198	34	
29年度		322	41.1	122	37	216	34	
30年度	人数	351	40.0	137	32	248	73	
	％	100		39.0	9.1	70.7	20.8	
	男	227	64.7	99	8	161	33	
	女	124	35.3	38	24	87	40	

4．退所の状況

(1)　退所児数

　平成30年度の退所数〔表27〕は977人で，内訳は措置540人，契約437人となっており，前年度調査より104人減少している。

　年齢では18歳から19歳の退所が569人（58.2％）と最も多く，前年度調査と同様に過半数を超えており，高等部卒業年と同時に退所する流れが確立されつつある。次いで，15歳から17歳が170人（17.4％），6歳から11歳が72人（7.4％），12歳から14歳が64人（6.6％）となっており，小学校や中学校の卒業時も退所のタイミングになっていると考えられる。

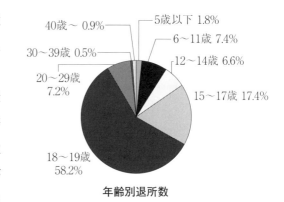

年齢別退所数

　過齢児の退所では，満20歳以上の退所は84人（8.6％）となっており，前年度調査と比べて160人減少しているが，児・者併設の施設に指定変更した施設があることによるものと推察される。

　在所延長規定の経過措置が2021年3月末まで延長されたが，今後の退所の状況について注視していく必要があろう。

表27　平成30年度退所数

		退所数	5歳以下	6〜11歳	12〜14歳	15〜17歳	18〜19歳	20〜29歳	30〜39歳	40歳以上
22年度		857	3	57	56	108	391	177	50	15
		100	0.4	6.7	6.5	12.6	45.6	20.7	5.8	1.8
23年度		1,009	5	67	58	93	501	195	67	23
		100	0.5	6.6	5.7	9.2	49.7	19.3	6.6	2.3
24年度		930	11	54	55	119	486	146	47	12
		100	1.2	5.8	5.9	12.8	52.3	15.7	5.1	1.3
25年度		870	8	53	59	115	446	129	40	20
		100	0.9	6.1	6.8	13.2	51.3	14.8	4.6	2.3
26年度		823	11	46	51	104	480	90	31	10
		100	1.3	5.6	6.2	12.6	58.3	10.9	3.8	1.2
27年度		758	5	33	41	102	436	103	22	16
		100	0.7	4.4	5.4	13.5	57.5	13.6	2.9	2.1
28年度		930	7	81	100	151	494	76	12	9
		100	0.8	8.7	10.8	16.2	53.1	8.2	1.3	1.0
29年度		1,081	14	54	55	122	592	143	67	34
		100	1.3	5.0	5.1	11.3	54.8	13.2	6.2	3.1
30年度	措置	540	10	37	31	90	357	15	0	0
		100	1.9	6.9	5.7	16.7	66.1	2.8	0	0
	契約	437	8	35	33	80	212	55	5	9
		100	1.8	8.0	7.6	18.3	48.5	12.6	1.1	2.1

表28　契約児童で利用料滞納のまま退所した児者

	人数	％
29年度	31	5.4
30年度	19	4.3

　平成30年度に利用料を滞納したまま退所した契約児者〔表28〕は19人で，平成29年度に引き続いて減少しているが，施設運営面での影響もあることから，対応策を検討する必要があろう。

表29　平成30年度　年間退所数別施設数

退所数	施設数	％	公立	民立
0人	36	20	9	27
1〜2人	29	16.1	8	21
3〜5人	52	28.9	15	37
6〜9人	45	25	13	32
10人以上	18	10	9	9
計	180	100	54	126

　平成30年度の年間退所数別施設数〔表29〕をみると，0人（退所なし）が36施設（20％），1人から2人が29施設（16.1％），3人から5人が52施設（28.9％），6人から9人が45施設（25％）であった。通過型施設である児童施設の退所が2人以下の施設が3分の1を超えている（36.1％）のは，定員30人以下の施設が過半数を超えており，そのような施設では，当該年度に高等部卒業年齢の児童が在籍していないことも一因であると推察される。一方，10人以上の退所は18施設（10％）となっており，みなし

規定の廃止に伴い過齢児の退所に積極的に取り組んでいることが関係していると推察される。

⑵　入退所の推移

　〔表30〕は，ここ10年の入退所の推移を整理したものである。回答数が毎年異なるので全施設の状況とはいえないものの，平成28年に入所者数が退所者数を上回った年以外は，平成21年以降退所数が入所数を上回り在籍数の減少傾向を示している。

　平成30年は入所数が878人となり，前年度調査より94人増えており，社会的養護ケースの中に障害がある児童が増えていることが推察される。また過去10年の中でも3番目に多い977人が退所し，入所者数より99人上回る結果となっている。

表30　在籍数の増減（入所数−退所数）の推移

	21年	22年	23年	24年	25年	26年	27年	28年	29年	30年	計
入所数	752	822	869	839	843	741	709	947	784	878	8,184
退所数	802	857	1,009	930	870	823	758	930	1,081	977	9,037
増減	−50	−35	−140	−91	−27	−82	−49	17	−297	−99	−853

　平成30年度の在籍数の増減〔表30−2〕をみると，70施設が減少し前年度調査に比べ33施設の増，84施設が増加し18施設の減となっている。全体の在籍数は減っているが，増加した施設と増減のない施設の合計が6割を超えており，一定の入所ニーズを抱えていることがみてとれる。

表30−2　平成30年度の在籍数の増減

増減	施設数	％	公立	民立
▲10名未満	3	1.7	1	2
▲9名〜▲5名	9	5	3	6
▲4名〜▲1名	58	32.2	16	42
0	26	14.4	7	19
1名〜4名	56	31.1	19	37
5名〜9名	19	10.6	6	13
10名以上	9	5	2	7
計	180	100	54	126

⑶　進路の状況

　平成30年度退所児童の進路（生活の場）〔表31〕について，最も多かったのが「家庭」の301人（30.8％）で4ポイント増，「グループホーム・生活寮等」が274人（28.0％）で2.1ポイント増，「施設入所」が244人（25.0％）で10.1ポイント減となっている。家庭，アパート，グループホーム，社員寮，福祉ホーム，自立訓練（宿泊型）等を合わせると611人（62.5％）となり，児童施設を退所した6割を超える児童が，生活の場を「地域」に移している。児童施設が退所時の児童や家族の状況を把握した上で，関係機関と連携しながら，「地域移行」に積極的に取り組んでいることがうかがえる。

表31　平成30年度退所児童の進路（生活の場）

	人数	％
1．家庭（親・きょうだいと同居）	301	30.8
2．アパート等（主に単身）	5	0.5
3．グループホーム・生活寮等	274	28.0
4．社員寮・住み込み等	1	0.1
5．職業能力開発校寄宿舎	2	0.2
6．特別支援学校寄宿舎	1	0.1
7．障害児入所施設（福祉型・医療型）	54	5.5
8．児童養護施設	5	0.5
9．知的障害者福祉ホーム	1	0.1
10．救護施設	2	0.2
11．老人福祉・保健施設	0	0
12．一般病院・老人病院	1	0.1
13．精神科病院	10	1.0
14．施設入所	244	25.0
15．自立訓練（宿泊型）	29	3.0
16．少年院・刑務所等の矯正施設	5	0.5
17．その他・不明	36	3.7
18．死亡退所	6	0.6
計	977	100

　平成30年度退所児童の進路（日中活動の場）〔表31－2〕をみると，生活介護の利用が294人（30.1％）で最も多かった。また，保育所・幼稚園，児童発達支援センター，小中学校，特別支援学校等の利用は，190人（19.4％）であり，退所児童の生活の場〔表31〕として「家庭」が多かったことと関連している。学齢期であれば，児童の成長や行動の落ち着き，家庭環境の改善・安定などにより，児童本人の障害の軽重に関わらず地域でのサービスの充実等により地域で生活できるようになったケースが多くあることが推察される。

　また，一般就労，福祉作業所・小規模作業所，職業能力開発校，就労移行支援，就労継続支援A型・B型等の就労系の活動の場は327人（33.5％）で，前年度調査と大きな変化はない。

表31-2　平成30年度退所児童の進路（日中活動の場）

	人数	％
1．家庭のみ	28	2.9
2．一般就労	109	11.2
3．福祉作業所・小規模作業所	49	5.0
4．職業能力開発校	6	0.6
5．特別支援学校（高等部含む）	119	12.2
6．小中学校	5	0.5
7．小中学校（特別支援学級）	39	4.0
8．その他の学校	14	1.4
9．保育所・幼稚園	6	0.6
10．障害児入所施設（福祉型・医療型）	16	1.6
11．児童発達支援センター・児童発達支援事業等	7	0.7
12．児童養護施設	1	0.1
13．救護施設	1	0.1
14．老人福祉・保健施設	0	0
15．一般病院・老人病院（入院）	0	0
16．精神科病院（入院）	11	1.1
17．療養介護	6	0.6
18．生活介護	294	30.1
19．自立訓練	29	3.0
20．就労移行支援	29	3.0
21．就労継続支援Ａ型	18	1.8
22．就労継続支援Ｂ型	116	11.9
23．地域活動支援センター等	3	0.3
24．少年院・刑務所等の矯正施設	4	0.4
25．その他・不明	61	6.2
26．死亡退所	6	0.6
計	977	100

　平成30年度退所者のフォローアップ〔表32〕では，予後指導を実施した退所者は398人（40.7％）と前年度調査526人（48.7％）から減少しているものの，実施回数は765回から831回と増加している。全体の6割を超える施設がフォローアップを実施していることから，フォローアップの重要性や取り組みの必要性は認識されているが，人的な負担は大きく，すべての退所児童のフォローアップができない現状があると思われる。今後はフォローアップ業務を事業化するなど制度的な対応も必要であろう。

表32　平成30年度退所者のフォローアップ

	施設数	％	公立	民立
実施した	118	65.6	35	83
予後指導実施人数（人）	398	40.7	144	254
予後指導実施回数（回）	831		381	450
退所者（人）	977	100		
実施していない	40	22.2	12	28
無回答	22	12.2	7	15
計	180	100	54	126

5．家庭の状況

⑴　家庭の状況

　家庭の状況〔表33〕は，両親世帯が2,156人（43.0％），母子世帯が1,793人（35.7％），父子世帯が590人（11.8％），「きょうだい」「祖父母・親戚」「その他」が363人（7.2％）といずれも前年度調査と大きな変化はなかった。

　世帯別の措置率についても母子世帯69.7％，父子世帯56.4％，両親世帯46.3％と，前年度調査とほぼ同じ結果である。一人親世帯の措置率が多くなっており，両親世帯においても虐待等により措置になっているケースが半数近くあることがわかる。

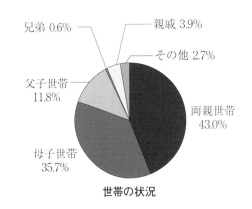

世帯の状況

　祖父母や親戚が保護者になっている世帯の３割近くが契約となっており，祖父母等の契約締結者が未成年後見人や成年後見人になっているケースもあると推察される。また，兄弟・姉妹での入所が199世帯468人で，前年度調査より27世帯224人減少している。

　このような状況は，家庭での養育困難，親の養育力の低下等が背景にあると思われ，親がいない場合などは，本来社会的養護の枠組みである「措置」で対応することが望まれる。「契約」による施設利用が難しいケースについては，公的責任である「措置」で対応する必要性が高いことが示されている。

表33　家庭の状況

		人数	％
両親世帯	人数	2,156	43.0
	うち措置人数	998	33.7
母子世帯	人数	1,793	35.7
	うち措置人数	1,249	42.2
父子世帯	人数	590	11.8
	うち措置人数	333	11.3
きょうだいのみ世帯	人数	32	0.6
	うち措置人数	20	0.7
祖父母・親戚が保護者世帯	人数	197	3.9
	うち措置人数	139	4.7
その他	人数	134	2.7
	うち措置人数	97	3.3
在籍児総数	人数	5,017	100
	うち措置人数	2,958	100

兄弟・姉妹で入所	世帯数	199	
	人数	468	9.3
	うち措置世帯数	143	
	うち措置人数	336	11.4

⑵ 帰省・面会の状況

家庭の状況〔表33〕を背景に帰省の状況〔表34〕をみると，帰省が全くなく家族交流がない児童は措置と契約を合わせて2,216人（44.2％）と前年度調査より2.5ポイント増加している。

週末（隔週）帰省は14.3％，月1回程度は14.3％，「年1～2回」と「帰省なし」は合わせて71.1％で前年度調査より1.5ポイント増えている。年に数回あるいはまったく帰省できない状況が続いており，家庭での育ちを経験しないまま育つ子どもが多いことを示している。措置・契約別で帰省状況をみると，措置児童の家庭帰省等が少ないのは，子どもの障害の状況もさることながら，措置の要件を考えると保護者の養育能力や養育姿勢とともに貧困も要因にあることが推察される。また，契約児童のうち24.5％が全く帰省できていな状況にあることから，「契約」から「措置」への変更を検討すべきケースが含まれていると推察される。

表34 帰省の状況

		人数	％
週末（隔週）帰省	措置	152	3.0
	契約	567	11.3
月1回程度	措置	318	6.3
	契約	399	8.0
年1～2回	措置	826	16.5
	契約	526	10.5
帰省なし	措置	1,712	34.1
	契約	504	10.0
無回答		13	0.3
在籍児数	人数	5,017	100

帰省できない理由〔表35〕では，「親がいない」は115人，「家庭状況から帰せない」は1,583人，「本人の事情で帰らない」247人と「地理的条件」22人を除く何らかの理由で帰省できない児童が1,947人（87.9％）と高い比率となっている。入所した原因となる家庭環境や保護者の状況，あるいは本人の状態などの問題が入所後も容易には改善できない状況が続いていると推察される。

表35 帰省できない理由（重複計上）

			％
親がいない	人数	115	5.2
	施設数	57	
地理的条件	人数	22	1.0
	施設数	18	
本人の事情で帰らない	人数	247	11.1
	施設数	67	
家庭状況から帰せない	人数	1,583	71.4
	施設数	163	
その他	人数	249	11.2
	施設数	46	
「帰省なし」の児童数		2,216	100

面会等の状況〔表36〕は，「年に１〜２回程度家族が訪問」が31.1％で最も多く，次いで「家族の訪問なし」が21.6％，「月に１回程度家族が訪問」が17.9％，「週末（隔週）ごとに家族が訪問」が11.0％であった。

「面会の制限が必要な児童」が230人（4.6％）で，前年度調査より46人，0.8ポイントの増である。また「家族の訪問なし」は1,083人（21.6％）で，前年度調査より161人，2.7ポイント増となっている。増加傾向はここ数年続いており，家庭基盤そのものが脆弱化し，入所に至る児童が多くなってきていることがここにもあらわれている。親や家族との関係改善は容易なものではなく，こうした現状は進路にも影響を及ぼすことになると推察される。

表36　面会等の状況

	人数	％
家族の訪問なし	1,083	21.6
週末（隔週）ごとに家族が訪問	552	11.0
月に１回程度家族が訪問	900	17.9
年に１〜２回程度家族が訪問	1,558	31.1
職員が引率して家庭で面会	70	1.4
面会の制限の必要な児童	230	4.6
無回答	624	12.4
計	5,017	100

６．就学の状況

在籍児の就学・就園の状況〔表37〕をみると，特別支援学校（小・中・高）への通学が3,116人（73.4％），また，小中学校の特別支援学級は570人（13.4％）と，どちらも前年度調査より増加している。

就学前児童（153人）の活動形態は，園内訓練が94人，幼稚園への通園が27人，保育所への通所が17人，児童発達支援事業等の療育機関の利用が７人である。

義務教育年齢児童（2,314人）の就学状況は，特別支援学校小・中学部が1,613人，小中学校の特別支援学級が570人で，特別支援学校（小・中学部）と小・中学校の特別支援学級が94.3％を占めている。

また，義務教育修了児（1,781人）の進路についても，特別支援学校高等部に高等特別支援学校と特別支援学校専攻科を合わせると99.5％を占めている。

表37　在籍児の就学・就園の状況

	就学形態	施設数	人数	％
就学前児童（活動形態）	幼稚園への通園	20	27	0.6
	保育所に通所	2	17	0.4
	児童発達支援事業等療育機関	5	7	0.2
	園内訓練	36	94	2.2
	その他	5	8	0.2
義務教育年齢児童	訪問教育	5	7	0.2
	施設内分校・分教室	6	81	1.9
	特別支援学校小・中学部	159	1,613	38.0
	小中学校の特別支援学級	94	570	13.4
	小中学校の普通学級	6	43	1.0
義務教育修了児童（就学形態）	訪問教育	1	1	0.0
	施設内分校・分教室	1	2	0.0
	特別支援学校高等部	142	1,503	35.4
	高等特別支援学校	44	256	6.0
	特別支援学校専攻科	3	13	0.3
	一般高校	5	6	0.1
通園・通学児童数		180	4,248	100

表38　学年別就学数

	人数	就学率	小　学　生						中　学　生			高　等　部		
			1年	2年	3年	4年	5年	6年	1年	2年	3年	1年	2年	3年
児童数	4,095	81.6	126	131	159	184	231	315	306	396	443	558	596	650

　学年別就学児童数〔表38〕は4,095人で，在籍児童数に占める就学率は81.6％で，前年度調査より3.4ポイント増えている。近年では，就学児童数及び就学率ともに増加傾向が続いており，施設における就学児童の割合が年々多くなってきている。

　児童施設としての継続を予定している施設では，過齢児の退所に積極的に取り組んできたことにより，本来の児童施設としての姿になりつつあると推察される。

　学年別では，小学生1,146人（28.0％），中学生1,145人（28.0％），高等部1,804人（44.1％）となっており，学年別割合は前年度調査とほぼ同様の結果となっている。

7．障害の状況

(1)　障害程度の状況

　障害程度の状況〔表39〕は，最重度・重度が2,062人（41.1％），中軽度は2,634人（52.5％）であり，前年度調査より最重度・重度が1.6ポイント減少し，中軽度が3ポイント増加している。

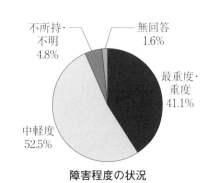

障害程度の状況

表39　障害程度の状況

療育手帳	人数	％
最重度・重度	2,062	41.1
中軽度	2,634	52.5
不所持・不明	243	4.8
無回答	78	1.6
計	5,017	100

⑵　重度認定の状況

　令和元年度の重度認定数〔表40〕は，措置が118施設・611人（認定率20.7％），契約が119施設・925人（認定率44.9％）であった。

　また，強度行動障害加算認定数〔表41〕は，措置が17施設・36人（認定率1.2％），契約が29施設・110人（認定率5.3％）であった。前年度調査の措置12施設・30人，契約20施設・98人から実数でわずかながら増加している。

表40　重度加算認定数

	施設数	人数	認定率
令和元年度重度加算認定数（措置）	118	611	20.7
令和元年度重度加算認定数（契約）	119	925	44.9

表41　強度行動障害加算認定数

	施設数	人数	認定率
令和元年度強度行動障害加算認定数（措置）	17	36	1.2
令和元年度強度行動障害加算認定数（契約）	29	110	5.3

⑶　重複障害の状況

　重複障害の状況〔表42〕については，自閉スペクトラム症が1,718人（34.2％）で全在籍児童の３分の１強を占めている。統合失調症，気分障害はいずれも１％に満たないが，てんかん性精神病が前年度調査（24人・0.5％）から増えている。なお，「愛着障害」については，今後何らかの方法で実態を把握していく必要があろう。

表42　重複障害の状況

	人数	％
自閉スペクトラム症（広汎性発達障害，自閉症など）	1,718	34.2
統合失調症	23	0.5
気分障害（周期性精神病，うつ病性障害など）	23	0.5
てんかん性精神病	78	1.6
その他（強迫性，心因反応，神経症様反応など）	66	1.3
現在員	5,017	100

身体障害者手帳の所持状況〔表43〕は，１級が127人，２級が66人で，身体障害者手帳を所持する児童の59.0％，在籍児童の3.8％が重度身体障害を有している。

　身体障害者手帳の内訳〔表43－２〕では，肢体不自由が223人（80.2％），聴覚障害が43人（15.5％），内部障害が35人（12.6％），平衡障害20人（7.2％）であった。

　重度重複加算の状況〔表44〕では，令和元年６月に重度重複加算の認定を受けているのは措置が14人（0.5％），契約が15人（0.7％）にとどまっている。これは，重度重複加算が重度障害児加算の対象であり，なおかつ３種類以上の障害を有することが要件となっているためであると推察され，重度重複障害児への支援を手厚くするために，２種類以上の障害で加算対象にするなどの要件緩和が望まれる。

表43　身体障害者手帳の所持状況

身体障害者手帳	人数	％
１級	127	38.8
２級	66	20.2
３級	66	20.2
４級	38	11.6
５級	16	4.9
６級	14	4.3
計	327	6.5
現在員	5,017	100

表43－２　身体障害者手帳の内訳

身体障害者手帳	人数	％
視覚	14	5.0
聴覚	43	15.5
平衡	20	7.2
音声・言語又は咀嚼機能	9	3.2
肢体不自由	223	80.2
内部障害	35	12.6
手帳所持者実数	278	5.5
現在員	5,017	100

表44　重度重複加算の状況

		施設数	人数	％
平成30年６月１日認定数	措置	13	15	0.5
	契約	13	21	1.0
令和元年６月１日認定数	措置	12	14	0.5
	契約	11	15	0.7

８．行動上の困難さの状況

　行動上の困難さの状況〔表45〕を頻度別（重複計上）に調査し，人数は延べ数とした。その結果，週
１回の頻度では，「強いこだわり」1,142人（22.8％），「奇声・著しい騒がしさ」771人（15.4％），「他
傷，他害」736人（14.7％）の順に多く，月１回の頻度では，「他傷，他害」463人（9.2％），「器物破損
等激しい破壊行為」328人（6.5％），「強いこだわり」286人（5.7％），の順に多い結果で，前年度調査に
比べて「盗癖」「性的問題」「弄火」が若干増加傾向にある。

　また，このアセスメント項目は強度行動障害から派生した量的，支援に要す時間的な可視化指標を応
用して作られたため，反応性愛着障害等の情緒反応から行動化を起こしている困難性が混在することや
見落とされる懸念があり，今後これらが反映されるアセスメントの構築が望まれる。

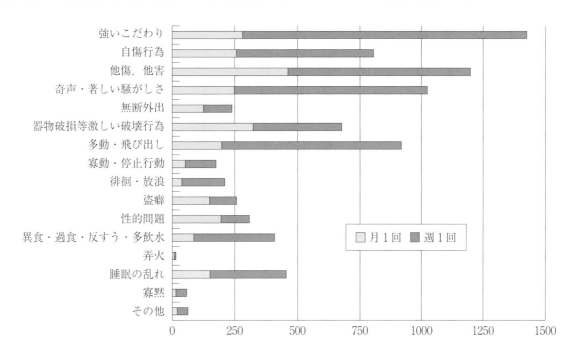

表45　行動上の困難さの状況 （重複計上）

	頻度	施設数	人数	%
強いこだわり	月1回	74	286	5.7
	週1回	154	1,142	22.8
自傷行為	月1回	96	259	5.2
	週1回	109	546	10.9
他傷，他害	月1回	106	463	9.2
	週1回	142	736	14.7
奇声・著しい騒がしさ	月1回	75	252	5.0
	週1回	150	771	15.4
無断外出	月1回	55	124	2.5
	週1回	37	114	2.3
器物破損等激しい破壊行為	月1回	108	328	6.5
	週1回	101	348	6.9
多動・飛び出し行為	月1回	63	199	4.0
	週1回	128	718	14.3
寡動・停止行動	月1回	31	51	1.0
	週1回	68	124	2.5
徘徊・放浪	月1回	21	38	0.8
	週1回	53	170	3.4
盗癖	月1回	66	152	3.0
	週1回	44	103	2.1
性的問題	月1回	72	197	3.9
	週1回	46	110	2.2
異食・過食・反すう・多飲水	月1回	46	86	1.7
	週1回	102	321	6.4
不潔行為	月1回	59	128	2.6
	週1回	119	421	8.4
弄火	月1回	4	10	0.2
	週1回	2	4	0.1
睡眠の乱れ	月1回	67	153	3.0
	週1回	95	301	6.0
寡黙	月1回	13	18	0.4
	週1回	23	37	0.7
その他	月1回	6	18	0.4
	週1回	10	40	0.8
在籍児数			5,017	

9. 医療対応の状況

(1) 医療機関の受診状況

　受診科目別の通院の状況（平成30年度実績）〔表46〕では，全体で1人平均12.9回通院していることから，毎月1回以上通院していることになる。通院回数が多いのは，小児科・内科が実人数4,787人（在籍比95.4％）・1人平均4.1回，次いで歯科が実人数3,288人（在籍比65.5％）・1人平均2.8回，精神科・脳神経外科が実人数3,095人（在籍比61.7％），1人平均6.4回であった。

　全施設の通院の延べ回数は64,843回で，1施設当たり360.2回となっており，どの診療科目においても昨年度より通院数は増加しており，またほぼ毎日通院していることとなる。

　障害児入所施設は，医療型障害児入所施設と福祉型障害児入所施設に分けられたが，通院の視点でみると，福祉型障害児入所施設の負担が大きい。看護師配置加算，嘱託医制度があるものの，それだけでは対応しきれないため，児童指導員・保育士等が通院に費やす業務量は極めて多くなっている。身体症状を適切に伝えるには，職員の付き添いが欠かせないが，乳児院や児童養護施設での通院回数と比較検討の上，職員配置や加算等の改善を訴えていくことも必要であろう。

表46　受診科目別の通院の状況（平成30年度実績）

	施設数	実人数	在籍比	延べ回数	1施設平均	1人平均
精神科・脳神経外科	165	3,095	61.7	19,683	119.3	6.4
小児科・内科	166	4,787	95.4	19,691	118.6	4.1
外科・整形外科	148	1,136	22.6	3,192	21.6	2.8
歯科	165	3,288	65.5	9,164	55.5	2.8
その他	147	3,829	76.3	13,113	89.2	3.4
実数	180	5,017	100	64,843	360.2	12.9

(2) 服薬の状況

　服薬の状況〔表47〕は，最も多いのが向精神薬・抗不安薬で2,005人（40.0％），次いで抗てんかん薬が1,007人（20.1％），睡眠薬が567人（11.3％）であった。

表47　服薬の状況

	施設数	人数	％
抗てんかん薬	168	1,007	20.1
抗精神薬・抗不安薬	170	2,005	40.0
睡眠薬	136	567	11.3
心臓疾患	26	36	0.7
腎臓疾患	12	12	0.2
糖尿病	8	10	0.2
喘息	63	104	2.1
貧血	37	58	1.2
その他	92	639	12.7
実数	180	5,017	100

(3) 入院の状況

入院の状況〔表48〕は，平成30年度に入院があったのは108施設210人で，入院日数は8,408日，1人当たりの入院日数は40.0日であった。そのうち付添い日数は468日で，入院日数の5.5％であった。

表48　30年度入院の状況

入院あり			%
施設数		108	60
人数		210	4.2
日数		8,408	
	うち付添日数	468	

（％はそれぞれ施設数比，在籍数比）

(4) 契約制度の影響

毎年，僅かではあるが「経済的負担を理由とした通院見合わせ」や「医療費の支払いの滞納」が発生している。子どもの健全な育成を考える上で，適切な医療受診は欠かすことができず，今後は制度的な対応も必要であろう。

表49　保険証の資格停止・無保険（契約児）

		%
施設数	12	6.7
平成30年度延べ人数	28	0.6
令和元年6月1日現在延べ人数	23	0.5

表50　経済的負担を理由とした通院見合わせ（平成30年度～令和元年6月1日まで）

		%
ある人数	9	0.4
延べ回数	11	

表51　医療費の支払いの滞納（令和元年5月末日）

		%
ある人数	27	1.3
延べ金額（円）	1,797,580	

Ⅲ　施設の設備・環境と暮らしの状況

1．施設建物の形態

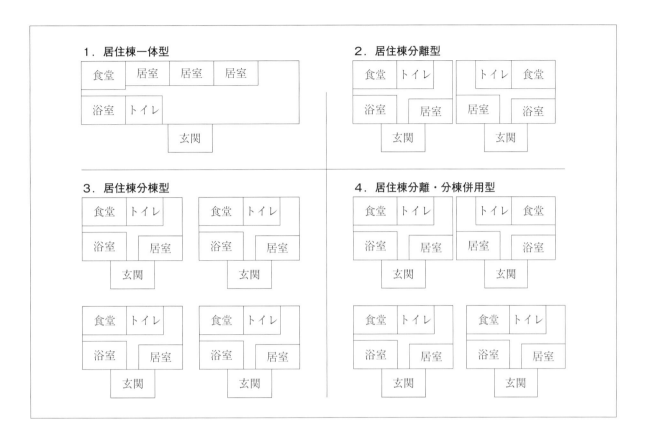

形態分類

```
1．居住棟一体型（多層構造や渡り廊下等で連なっている構造も含む）
2．居住棟分離型（構造上は一体型であるが，出入口や仕切り等を設け，生活単位を分けて使用している構造）
3．居住棟分棟型（生活単位がすべて敷地内に分散した形で設置されている構造）
4．居住棟分離・分棟併用型（敷地内に上記2，3を合わせて設けている構造）
5．敷地外に生活の場を設けている
```

　施設の形態〔表52〕は，生活環境の質の高さを検討するために，上記のように形態を5つに分類し，調査をしたものである。居住棟一体型が92施設（51.1％）と最も多く半数を占めるが，分離型が52施設から58施設（32.2％）に増加し，分棟型は12施設（6.1％），分離・分棟併用型は9施設から10施設（5.6％）に増加した。なお，敷地外に生活の場を設けているのは4施設から2施設（1.1％）と減少している。

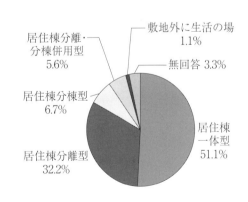

　今年度調査でも前年度調査と同様に，分離型，分離・分棟併用型が増加し，児童の生活の場の小規模化が進んでいることがみてとれる。「障害児入所施設の在り方に関する検討会」の報告書においても，小規模化を推進すべきであると明記されており，今後もさらにこうした家庭的な養育環境の整備が進むことが望まれる。

表52　施設の形態

	施設数	%
居住棟一体型	92	51.1
居住棟分離型	58	32.2
居住棟分棟型	12	6.7
居住棟分離・分棟併用型	10	5.6
敷地外に生活の場を設けている（自活訓練含む）	2	1.1
か所数（箇所）	2	
食事は本体より配食	2	
食事は自前調理	0	
本体からの配食＋自前調理	0	
無回答	6	3.3
計	180	100

２．居住スペースと生活支援スタッフの構成

> 生活単位とは入所児と固定されたスタッフを中心に，衣食住など基本的な生活が営まれる基礎グループであり，環境・構造的にも独立した形態をもつ単位。

⑴　生活単位の設置数

生活単位の設置数〔表53〕について，規模別施設数で最も多かったのは，6人から10人で70施設・198単位，16人以上が53施設・113単位，11人から15人が44施設・80単位，5人以下が25施設・76単位であった。

全生活単位のうち10人以下の小規模な生活単位が占める割合が前年度調査49.3%から58.7%と増加し，約6割を占めており，生活単位の小規模化が少しずつ進んでいることがみてとれる。

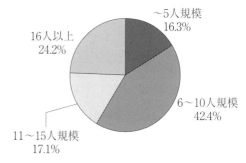

生活単位規模別の状況

なお，平成24年度に新設された小規模グループケア加算を受けている施設は前年度調査の33施設（19.5%）から41施設（22.8%）〔表68〕と生活単位の小規模化と小規模グループケアを実施する施設が増加傾向にある。

表53　生活単位の設置数

（複数計上）

	～5人規模	6～10人規模	11～15人規模	16人以上	計（施設数は実数）
生活単位数	76	198	80	113	467
%	16.3	42.4	17.1	24.2	100
公立	19	42	26	44	54
民立	57	156	54	69	126
施設数	25	70	44	53	180
施設平均	3.0	2.8	1.8	2.1	2.6

(2) 専任スタッフ数

　〔表53〕の生活単位467単位に対して，専任スタッフ数〔表54〕は，2,089人配置され，1単位平均4.5人であった。規模別の専任スタッフ数は，1単位16人以上の規模で7.2人，11人から15人の規模が6.2人，6人から10人が3.3人，5人以下が1.7人であった。徐々に生活単位の小規模化が進んでおり，また職員配置が増加しつつある状況がみてとれる。

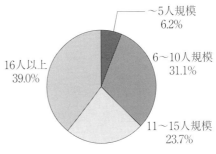

規模別の専任職員の状況

表54　専任スタッフ数

	～5人規模	6～10人規模	11～15人規模	16人以上	計
専任スタッフ（人）	129	649	496	815	2,089
単位平均（人）	1.7	3.3	6.2	7.2	4.5
公立	57	216	237	420	930
民立	72	433	259	395	1,159
施設数	22	63	40	50	175
平均（人）	5.9	10.3	12.4	16.3	11.9

(3) 児童と直接支援職員の比率

　児童定員と直接支援職員数の比率〔表55〕では，職員1人に対し児童2～2.5人以下が47施設（26.1％）と最も多く，職員1人に対し児童3人以下の施設数合計が143施設（79.4％）となっており，前年度調査（76.3％）より増加している。設置主体別に見ると，職員1人に対し児童3人以下の施設が，公立43施設（79.6％），民立100施設（79.4％）であった。

　在籍数と直接支援職員数の比率〔表56〕では，職員1人に対して児童2～2.5人以下が43施設（23.9％）と最も多く，職員1人に対し児童3人以下の施設の合計が161施設（89.4％）と年々増加している。設置主体別では，職員1人に対し児童3人以下の施設が公立では合計50施設（92.6％），民立は合計111施設（88.1％）であった。さらに，在籍比で職員1人に対し児童2人以下の施設が108施設（60％）となっており，現在の職員配置基準である4.3：1を大きく超えて，手厚い職員配置をしている施設が多くを占めている。「障害児入所施設の在り方に関する検討会」の報告書にも記載されているように，職員の配置基準を4：1に引き上げることは，実態に即したものであるといえよう。

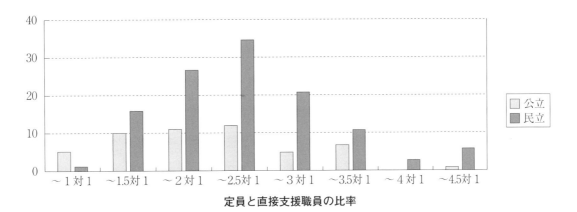

定員と直接支援職員の比率

表55　定員：直接支援職員の比率

定員：職員	～1：1	～1.5：1	～2：1	～2.5：1	～3：1	～3.5：1	～4：1	～4.5：1	無回答	計
施設数	6	26	38	47	26	18	3	7	9	180
％	3.3	14.4	21.1	26.1	14.4	10	1.7	3.9	5	100
公立	5	10	11	12	5	7	0	1	3	54
％	9.3	18.5	20.4	22.2	9.3	13.0	0	1.9	5.6	100
民立	1	16	27	35	21	11	3	6	6	126
％	0.8	12.7	21.4	27.8	16.7	8.7	2.4	4.8	4.8	100

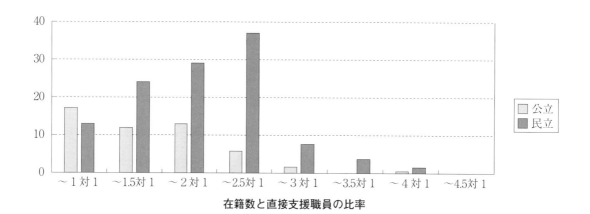

在籍数と直接支援職員の比率

表56　在籍数：直接支援職員の比率

在籍：職員	～1：1	～1.5：1	～2：1	～2.5：1	～3：1	～3.5：1	～4：1	～4.5：1	無回答	計
施設数	30	36	42	43	10	4	3	0	12	180
％	16.7	20	23.3	23.9	5.6	2.2	1.7	0	6.7	100
公立	17	12	13	6	2	0	1	0	3	54
％	31.5	22.2	24.1	11.1	3.7	0	1.9	0	5.6	100
民立	13	24	29	37	8	4	2	0	9	126
％	10.3	19.0	23.0	29.4	6.3	3.2	1.6	0	7.1	100

3. 「自活訓練事業」の実施状況

　施設機能強化推進事業の特別事業として制度化され，継続している自活訓練事業の実施状況〔表57〕は，24施設（13.3％）で取り組まれている。設置主体別では公立が6施設（11.1％），民立が18施設（14.3％）であった。

　自活訓練事業の実施について今後検討すると回答した施設は，公立は前年度調査11施設から13施設に増え，民立は29施設から35施設と増加している。

　自活訓練事業は地域で自立した生活を送るために必要な知識・技術を得る上で必要な事業であることから，更に定着を図るための条件整備等の取り組みが必要であろう。

表57　自活訓練事業の実施状況

			計	%
	自活訓練事業の実施施設数		24	13.3
公立	実施している		6	11.1
	自活訓練加算	措置（人）	9	
		契約（人）	9	
		加算対象外［独自加算］（人）	20	
	今後検討する		13	24.1
	無回答		35	64.8
	計		54	100
民立	実施している		18	14.3
	自活訓練加算	措置（人）	26	
		契約（人）	9	
		加算対象外［独自加算］（人）	13	
	今後検討する		35	27.8
	無回答		73	57.9
	計		126	100

Ⅳ　地域生活・在宅サービスの状況

1．障害児等療育支援事業の実施状況

　障害児等療育支援事業の実施状況〔表58〕は，「実施している」が23施設（12.8％）で前年度調査（24施設14.2％）と比較すると微減している。

　事業内容別実施件数〔表59〕においては，「訪問療育等指導事業」，「外来療育等相談事業」における実施件数が前年度調査と比較して減少している。「施設支援事業」については，保育所・幼稚園における実施件数は前年度調査と比べて増加しているものの，その他機関への実施件数は減少しており，特に作業所への実施件数は前年度調査（720件）と比較して大幅に減少している。成人期まで支援の対象としている事業であるが，実質的には児童期の支援にそのニーズが集中していることが推察される。また，児童期においては児童発達支援センターをはじめとする通所系の事業所における「保育所等訪問支援事業」の拡充等によって，全体的な実施件数の減少につながっているものと考えられる。

　当事業は利用負担が発生しないことなど活用意義は充分にあるものの，支援形態や支援内容については見直しが必要であろう。

表58　障害児等療育支援事業（都道府県の地域生活支援事業とした事業等）の実施数

	施設数	％
実施している	23	12.8
法人内の他施設が実施している	25	13.9
実施していない	96	53.3
無回答	36	20
計	180	100

表59　事業内容別実施件数

		件数
訪問療育等指導事業		2,659
外来療育等相談事業		3,887
施設支援事業		793
	保育所・幼稚園	310
	学　校	151
	作業所	90
	その他	242

2．短期入所事業の実施状況

　短期入所事業の実施状況〔表60〕は，「実施している」が164施設（88.6％）で9割近くの施設が実施している。また，併設型の定員規模別施設数〔表61〕は，定員4人が最も多く22施設（24.4％），次いで定員2人が16施設（17.8％），定員5人と9人以上がともに11施設（12.2％）であった。利用実績〔表62〕は，利用実人数が2,480人，延べ利用件数が6,727件，延べ利用日数が16,760日，1人当たりの平均利用件数は2.7件，1事業所当たりの利用実人数は15.1件であった。

— 114 —

延べ利用件数の内訳〔表62-2〕では，1泊が3,672件（54.6％）と最も多く，次いで2泊が1,230件（18.3％）であった。

現在利用中（滞在中）の児童の最長日数〔表63〕では7日以内の利用が最も多く65.7％を占めている。

年間180日以上利用する場合の理由〔表64〕については，最も多いのが「障害者支援施設への入所待機」で13件（33.3％），次いで「グループホームへの入居待機のため」が6件（15.4％），「家族の病気等のため」が5件（12.8％）であった。

施設・事業所への入所待機のための利用については，前年度調査同様，半数を超える割合を占めているが，移行時における課題の受け皿としての利用が多いことが推測される。今後は自立した生活をするための事前準備として利用が増えていくことを期待したい。

表60　短期入所事業の実施状況

		施設数	％
実施している		164	88.6
	併設型	90	―
	空床型	78	―
	無回答	8	―
実施していない		17	9.2
無回答		4	2.2
計		185	100

※施設数の計が185施設であるのは，全国調査（調査票A）の調査項目（結果）を引用しているため。

表61　定員規模別施設数（併設型）

	施設数	％
1人	2	2.2
2人	16	17.8
3人	10	11.1
4人	22	24.4
5人	11	12.2
6人	9	10
7人	2	2.2
8人	7	7.8
9人以上	11	12.2
計	90	100

表62　利用実績（平成31年4月～令和元年6月までの3か月間）

利用実人数	2,480
利用件数（延べ）	6,727
利用日数（延べ）	16,760
1人当たりの平均利用件数	2.7
1事業所当たりの利用実人数	15.1

表62-2　利用件数（延べ）内訳

	1泊	2泊	3泊	4～6泊	7～13泊	14～28泊	29泊以上	不明	計
利用件数	3,672	1,230	434	459	143	35	38	716	6,727
%	54.6	18.3	6.5	6.8	2.1	0.5	0.6	10.6	100

表63　現在利用中（滞在中）の児童の最長日数

	～7日	8～14日	15～21日	22～30日	31～60日	61～90日	91～179日	180日以上	計
利用日数	65	10	6	10	2	3	1	2	99
%	65.7	10.1	6.1	10.1	2.0	3.0	1.0	2.0	100

表64　年間180日以上利用する場合の理由

	施設数	%	人数	%
障害者支援施設への入所待機のため	13	33.3	23	39.7
グループホームへの入居待機のため	6	15.4	7	12.1
その他福祉施設等への入所待機のため	3	7.7	5	8.6
地域での自立した生活をするための事前準備のため	3	7.7	3	5.2
本人の健康状態の維持管理のため	2	5.1	2	3.4
家族の病気等のため	5	12.8	5	8.6
その他	7	17.9	13	22.4
計	39	100	58	100

3．日中一時支援事業の実施状況

　市町村の地域生活支援事業である日中一時支援事業の実施状況〔表65〕は，「実施している」が135施設（75％）と前年度調査と比較して増加しているものの，実人数，延べ人数ともに減少している。

　通所事業所の拡充により，その補完的役割や組み合わせでの利用などが進んでいることが推察される。

表65　日中一時支援事業の状況

	施設数	%
実施している	135	75
実人数	2,490	
延べ人数	35,898	
実施していない	37	20.6
無回答	8	4.4
計	180	100
実施市区町村数	285	

4．福祉教育事業の実施状況

　福祉教育事業の実施状況〔表66〕は，「実施している」が158施設（87.8％）と前年度調査より12施設，1.4ポイント増加している。

　事業内容と受け入れ状況〔表66-2〕については，「小・中・高校生のボランティア」，「民間ボラン

ティア」を受け入れた施設が減少し，学校教員・教職免許の体験実習，保育士，社会福祉士などの実習受け入れが増加している。

「福祉教育」の視点から，比較的早期からのボランティア体験が意義あると考えられるため，小・中・高校生のボランティアの受け入れがさらに促進されるように，学校側との連携により計画的に行われるようになることが望ましいといえよう。

表66　福祉教育事業の実施状況

		施設数	%
実施している		158	87.8
実施していない		12	6.7
無回答		10	5.6
計		180	100
公立	実施している	47	87.0
	実施していない	3	5.6
	無回答	4	7.4
	計	54	100
民立	実施している	111	88.1
	実施していない	9	7.1
	無回答	6	4.8
	計	126	100

表66－2　事業内容と受け入れ状況

	総計			公立			民立		
	施設数	人数	延人数	施設数	人数	延人数	施設数	人数	延人数
小・中・高校生のボランティア	38	536	817	11	138	202	27	398	615
民間ボランティア	62	4,532	10,369	26	2,052	4,591	36	2,480	5,778
学校教員・教職免許の体験実習	52	541	1,265	19	233	744	33	308	521
単位実習〔保育士〕	143	2,270	14,376	43	733	6,048	100	1,537	8,328
単位実習〔社会福祉士・主事〕	33	107	1,074	14	61	730	19	46	344
施設職員の現任訓練	13	50	56	4	18	24	9	32	32
その他	43	601	1,872	13	151	197	30	450	1,675

5．地域との交流

表67　地域との交流

交流内容	施設数	%	公立	民立
入所児の地域行事・地域活動等への参加	130	72.2	35	95
地域住民の施設行事への参加	116	64.4	40	76
施設と地域との共催行事の開催	35	19.4	10	25
地域住民をボランティアとして受け入れ	86	47.8	27	59
地域の学校等との交流	70	38.9	22	48
施設と地域が共同で防災・防犯訓練を実施	51	28.3	22	29
子育てや障害に関する相談会・講演会の実施	30	16.7	12	18
施設設備の開放や備品の貸し出し	95	52.8	29	66
その他	10	5.6	3	7
実数	180	100	54	126

V　施設運営・経営の課題

1．施設の運営費

(1)　加算の認定状況

　令和元年度の加算認定状況〔表68〕は，入院・外泊時加算が130施設（72.2％）で最も多く，次いで重度障害児支援加算が128施設（71.1％）であった。平成30年に創設された児童指導員等加配加算は110施設（61.1％）となっており，前年度調査に比べ12施設（3.1ポイント）増えている。小規模グループケア加算が41施設（22.8％）で前年度調査と比べ8施設（3.3ポイント）増加し，29年度と比較すると14施設増加しており，良好な家庭的環境での養育を大切にしつつ，施設の改築等を機会に小規模グループケアに取り組む施設が年々増えていることが推察される。

表68　令和元年度の加算認定状況

	施設数	％
児童指導員等加配加算	110	61.1
職業指導員加算	60	33.3
重度障害児支援加算	128	71.1
重度重複障害児加算	26	14.4
強度行動障害児特別加算	22	12.2
心理担当職員配置加算	44	24.4
看護師配置加算	109	60.6
入院・外泊時加算	130	72.2
自活訓練加算	15	8.3
入院時特別支援加算	18	10
地域移行加算	14	7.8
栄養士配置加算	123	68.3
栄養ケアマネジメント加算	33	18.3
小規模グループケア加算	41	22.8
施設数	180	100

(2)　自治体の補助の状況

　自治体の加算措置〔表69〕については，人件費等の事務費の補助は「ある」が34施設（18.9％），「ない」が113施設（62.8％）と，前年度調査と比べると「ある」が5施設減少し，「ない」が7施設増加している。事業費に対する加算措置は，「ある」が39施設（21.7％），「ない」が107施設（59.4％）と，前年度調査と比べると「ある」は3施設減少し，「ない」が4施設増加している。前年度調査に引き続き，今年度調査でも事務費・事業費ともに加算のない施設が増加しており，自治体からの補助が厳しい状況になっていることがうかがえる。

表69　自治体の加算措置の有無　―職員配置等の事務費および事業費の補助―

	事務費	%	事業費	%
ある	34	18.9	39	21.7
ない	113	62.8	107	59.4
無回答	33	18.3	34	18.9
計	180	100	180	100

2．在所延長規定の廃止に伴う今後の施設整備計画

(1)　障害者支援施設の指定状況

　平成24年4月1日施行の改正児童福祉法により在所延長規定が廃止されたが，現に在所している満18歳以上の入所者の在所継続のための障害者支援施設の指定状況〔表70〕について調査したところ，「障害者支援施設の指定を受けている」が前年度調査74施設（43.8%）から80施設（44.4%）に，「受けていない」が前年度調査75施設（44.4%）から100施設（55.5%）となっている。

表70　障害者支援施設の指定状況

	施設数	%	公立	民立
受けている	80	44.4	25	55
受けていない	100	55.6	29	71
計	180	100	54	126

(2)　今後の対応方針

　在所延長規定の廃止により，今後は児童施設として維持するのか障害者支援施設に転換するのか対応の方針を定めなければならないこととされている。今後の対応方針〔表71〕では，「児童施設として維持する」が，前年度調査122施設（72.2%）から134施設（74.4%）に増加，「障害者支援施設を併設する」が25施設（14.8%）から24施設（13.3%）に，「障害者支援施設に転換する」が4施設（2.4%）から2施設（1.1%）に，無回答が18施設（10.7%）から20施設（11.1%）となっている。経過措置期間が2021年3月末までとなっているが，未だ過齢児が多く残されている現状の中で，児童のための入所機能を維持する方針を定める施設が増えていることがみてとれる。

表71　今後の対応方針

	施設数	%	公立	民立
児童施設として維持する	134	74.4	42	92
障害者支援施設を併設する	24	13.3	7	17
障害者支援施設に転換する	2	1.1	0	2
無回答	20	11.1	5	15
計	180	100	54	126

(3)　今後の児童施設の定員

　今後の児童施設の定員〔表72〕については，「児童施設の定員の変更なし」は，前年度調査129施設（76.3%）から140施設（77.8%）に，「児童施設の定員を削減する」が20施設（11.8%）から21施設

（11.7％）になり，削減予定数は322人から336人となっている。「定員を削減する」の内訳は，公立が6施設から5施設に，民立が14施設から16施設となっている。

在所延長規定の廃止による満18歳以上の障害者施策への移行，施設基準（居室面積等）の見直し等から児童の定員の見直しの検討が行われている状況を示しているといえよう。

定員の変更をしない140施設は今後も児童施設として運営する方針と思われ，今後の対応方針〔表71〕の結果とほぼ一致している。定員を削減するのは，障害者支援施設を併設又は転換といった方針によるものと思われるが，在籍児が定員に満たない施設も多くある状況から，今後も児童施設として維持しながらも定員を削減する施設もあると思われる。無回答の19施設は方向性を決めかねているものと推察される。

表72　今後の児童施設の定員

	施設数	％	公立	民立
定員の変更なし	140	77.8	42	98
定員を削減する	21	11.7	5	16
削減数（人）	336		95	241
無回答	19	10.6	7	12
計	180	100	54	126

(4) 障害種別の一元化に向けた対応

障害種別の一元化に向けて他の障害の受け入れに伴う設備・構造を見ると，身体障害の車椅子対応〔表73〕については，現状で受け入れが可能な施設が49施設（29.0％）から54施設（30.0％），受け入れ困難な施設が53施設（31.4％）から64施設（35.6％）となっている。

また，盲・ろうあ児の受け入れ〔表74〕については，現状で受け入れ可能とする施設が12施設（7.1％）から13施設（7.2％）となり，受け入れ困難な施設は84施設（49.7％）から96施設（53.3％）となっている。障害種別の一元化に関してはバリアフリー等の整備が必要であるが，障害種別に応じた専門性の向上や専門職の確保等，また家庭的養育に係る小規模化とのバランスも課題になっていると考えられる。

表73　身体障害の車椅子対応

	計	％	公立	民立
現状で可能	54	30	17	37
改築等が必要	38	21.1	7	31
受け入れ困難	64	35.6	22	42
無回答	24	13.3	8	16
計	180	100	54	126

表74　盲・ろうあ児の受け入れ

	計	％	公立	民立
現状で可能	13	7.2	3	10
改築等が必要	43	23.9	12	31
受け入れ困難	96	53.3	29	67
無回答	28	15.6	10	18
計	180	100	54	126

3．在所延長している児童の今後の見通し

在所延長している児童の今後の見通し〔表75〕については，施設入所支援対象が81施設・402人（18歳以上の在籍者の53.5％），グループホーム対象が32施設・63人（同8.4％），家庭引き取りが8施設・13人（同1.7％）であった。令和元年度末までに移行可能となっているのは，施設入所支援で99人（同13.2％），グループホームで35人（同4.7％）にとどまっており，2021年3月末に向けて都道府県と市区町村が連携した移行支援体制を早急に構築することが望まれる。

表75　在所延長している児童の今後の見通し

		数	％（＊）	公立	民立
家庭引取り	施設数	8	4.4	1	7
	人数	13	1.7	1	12
単身生活	施設数	3	1.7	0	3
	人数	5	0.7	0	5
施設入所支援対象	施設数	81	45	28	53
	人数	402	53.5	125	277
	令和元年度末までに移行可能	99	13.2	26	73
グループホーム対象	施設数	32	17.8	6	26
	人数	63	8.4	14	49
	令和元年度末までに移行可能	35	4.7	10	25

（＊）施設数の％は回答施設数における割合，人数の％は18歳以上の在籍者数における割合

4．児童相談所との関係

⑴　措置後の児童福祉司等の施設訪問

児童相談所が入所措置を行った後の児童福祉司等の施設訪問〔表76〕については，平成30年度に訪問があったのは150施設（83.3％），訪問がないが11施設（6.1％）であった。訪問のある児童相談所のか所数〔表76－2〕では，5か所が43施設（28.7％）で最も多く，次いで2か所以上が39施設（26.0％）であった。

30年度訪問回数〔表76－3〕は，5回以上が86施設（57.3％）と最も多く，次いで1回が12施設（13.3％）であった。訪問のあった施設では児童相談所職員の訪問回数は比較的多いといえるが，訪問のない施設も11施設（6.1％）あることから，児童相談所の取り組みや対象となる児童の支援の内容に温度差があることがうかがえる。

表76　措置後の児童福祉司等の施設訪問

	施設数	％
平成30年度に訪問あった	150	83.3
訪問はない	11	6.1
不明・無回答	19	10.6
計	180	100

表76-2　30年度訪問箇所数（児童相談所数）

30年度訪問か所数	施設数	%
1か所	20	13.3
2か所	39	26
3か所	22	14.7
4か所	18	12
5か所以上	43	28.7
不明・無回答	8	5.3
訪問のあった施設実数	150	100

表76-3　30年度訪問回数

30年度訪問回数	施設数	%
1回	12	8
2回	9	6
3回	4	2.7
4回	9	6
5回以上	86	57.3
不明・無回答	30	20
訪問のあった施設実数	150	100

(2)　児童相談所との連携

　児童相談所との連携〔表77〕は，「県単位で児童相談所と施設の定期協議を行政主催で行っている」が49施設（27.2％），「定期的に児童相談所を訪問して協議している」が16施設（8.9％），「不定期であるが，児童相談所を訪問して協議している」が78施設（43.3％）であった。前回調査に比べ，定期的に児童相談所を訪問している施設が，5施設（3.0％）から16施設（8.9％）へと増加している。

　契約制度の導入により児童相談所と施設の連携が希薄になっていることが施設現場から指摘されているが，定期的や不定期に協議の場を通じて児童相談所との関係を強化しなければ，複雑化している家庭環境や虐待に代表される児童福祉の危機に適切に対応していくことはできないであろう。施設側から積極的に児童相談所に働きかけをしていくことが必要である。

表77　児童相談所との連携

(重複計上)

	施設数	%
県単位で児童相談所と施設の定期協議を行政主催で行っている	49	27.2
定期的に児童相談所を訪問して協議している	16	8.9
不定期であるが，児童相談所を訪問して協議している	78	43.3
特に行っていない	29	16.1
不明・無回答	19	10.6
施設実数	180	100

⑶ 18歳以降の対応

　18歳以降の対応〔表78〕については，措置児童の場合，「18歳到達日以降の措置延長は原則として認められない」が8施設（4.4％），「高校（高等部）卒業までは措置延長が認められるが，それ以降は認められない」が48施設（26.7％），「高校（高等部）卒業後も，事情により20歳までの措置延長が認められる」が108施設（60％）であった。一方，契約児童の18歳以降の対応は「18歳到達日以降の支給期間延長は原則として認められない」が12施設（6.7％），「高校（高等部）卒業までは支給期間延長が認められるが，それ以降は認められない」が81施設（45％），「高校（高等部）卒業後も，事情により20歳までの支給期間延長が認められる」が44施設（24.4％），「20歳以降も事情により支給期間延長が認められる」が25施設（13.9％）であった。高等部卒業までしか在所延長が認められない割合は契約の方が高く，事情により20歳まで在所延長が認められる割合は措置の方が高くなっている。施設として入所時点で退所後をどうするのか等，児童相談所との連携を深めていく必要がある。

表78　18歳以降の対応

	措置	％	契約	％
18歳到達日以降の措置延長は原則として認められない	8	4.4	12	6.7
高校（高等部）卒業までは措置延長が認められるが，それ以降は認められない	48	26.7	81	45
高校（高等部）卒業後も，事情により20歳までの措置延長が認められる	108	60	44	24.4
20歳以降も事情により措置延長が認められる	―	―	25	13.9
不明・無回答	16	8.9	19	10.6
施設実数	180	100	180	100

5．利用者負担金の未収状況

　利用者負担金の未収状況〔表79〕は，平成30年度の未収が56施設338人（うち29年度未収人数は35施設173人）となっている。前年度調査より，未納人数，未収額とも増加している。この状況は，施設だけの責任では済まされないため，何らかの措置を要望する必要があろう。

表79　利用者負担金の未収状況

	計
平成30年度未収人数	338
施設数	56
平成30年度未収額（単位千円）	29,526
平成29年度未収人数	173
施設数	35
うち平成29年度未収額（単位千円）	21,619

6．苦情解決の実施状況

　苦情受付件数〔表80〕をみると，平成30年度に苦情が１件以上寄せられたと回答した施設が69施設（38.3％），総件数は299件，１施設平均1.66件であった。これを件数別にみると，１〜４件が54施設（30.0％），５件〜９件が６施設（3.3％），10件以上は９施設（５％），０件は91施設（50.6％）であった。

表80　苦情受付件数

	施設数	％	件数計
30年度苦情受付総数	160		299
０件	91	50.6	
１〜４件	54	30	
５〜９件	6	3.3	
10件〜	9	5	
無回答	20	11.1	
計	180	100	

　苦情の内容〔表80−２〕は，「生活支援に関すること」が45施設134件，１施設平均3.0件，「施設運営に関すること」が13施設22件，「その他」が38施設143件で，日常の生活に関する苦情が多くなっている。
　苦情受付総数は前回の298件から299件と大きな変化はないが，施設運営や生活支援に対する苦情が潜在化しないためにも，日々の実践の中で見落としのないようにしていかなければならない。

表80−２　苦情の内容

	施設数	％	件数計
施設運営に関すること	13	18.8	22
生活支援に関すること	45	65.2	134
その他	38	55.1	143
苦情のあった施設数	69	100	299

　第三者委員等との相談頻度〔表80−３〕は，最も多い頻度は「年に１回」71施設（39.4％），次いで「学期に１回」33施設（18.3％），「月１回」は16施設（8.9％）で前年度調査とほぼ同様で，日常的な活動というより形式的なレベルにある状況は変わりない。「相談の機会はない」との回答は43施設（23.9％）で，前年度47施設（27.8％）より減少している。今後，第三者委員の活動を形式的なものに止めずに福祉サービスの質の向上が図られるような実質的な活動にしていくためには，積極的に取り組んでいる施設の活動等を参考にしていくことが必要であろう。

表80−３　第三者委員等との相談頻度

	施設数	％
月１回	16	8.9
学期に１回	33	18.3
年に１回	71	39.4
相談の機会はない	43	23.9
無回答	17	9.4
計	180	100

※この調査票は、障害児入所施設（福祉型・医療型）、のみご回答ください。

全国知的障害児・者施設・事業 利用者実態調査票【事業利用単位】

（平成30年6月1日現在）

記入責任者 氏　　　名		職　名	

《留意事項》

1. **本調査票は障害児入所施設（福祉型・医療型）事業を対象としています。**
　当該事業を利用する利用者の状況についてご回答ください。

　①「障害児入所施設（福祉型・医療型）」に併せて児童福祉法による「経過的施設入所支援」、「経過的生活介護」、
　　「経過的療養介護」等の事業を実施する場合は、両事業の利用者も含めて「障害児入所施設（福祉型・医療型）」
　　としてご回答ください。
　　　例：障害児入所施設（福祉型・医療型）に併せて経過的施設入所支援、経過的生活介護、経過的療養介護、を実施
　　　　→　調査票は１部作成（「障害児入所施設（福祉型・医療型）」で1部）

　②従たる事業については、当該事業の利用者を主たる事業に含めてご回答ください。

2. 設問は特別の指示がない場合にはすべて**平成30年6月1日現在**でご回答ください。

3. マークのある欄は同じ数値が入ります。指示のない限り整数でご回答ください。
　　※人数等に幅（1～2人など）を持たせないでください。

4. 本調査の結果は、統計的に処理をするためご回答いただいた個別の内容が公表されることはありません。

☆下記の印字内容に誤り若しくは変更がございましたら、赤ペン等で修正してください。（印字がない部分はご記入ください。）

施設・事業所の名称		電　話	
上記の所在地			
経営主体の名称			
施設・事業の種類 ※1つの事業所で2つ以上の事業を実施している場合は、1事業ごとに調査票（コピー）を作成してください。	※施設・事業の種類に誤り若しくは変更がある場合には、右枠より該当の番号を選択してください。	01．障害児入所施設（福祉型・医療型） 02．児童発達支援センター　　20．多機能型 11．療養介護　　　　　　　　20-11．療養介護 12．生活介護　　　　　　　　20-12．生活介護 13．自立訓練（生活訓練・機能訓練）　20-13．自立訓練（生活訓練・機能訓練） 14．自立訓練（宿泊型）　　　20-14．自立訓練（宿泊型） 15．就労移行支援　　　　　　20-15．就労移行支援 16．就労継続支援Ａ型　　　　20-16．就労継続支援Ａ型 17．就労継続支援Ｂ型　　　　20-17．就労継続支援Ｂ型 18．施設入所支援	

該当する場合にはチェックをしてください。
　　　上記事業に付帯して、□①就労定着支援　□②居宅訪問型児童発達支援　を行っている。

[1]定　員	人	開設年月		移行年月	

☆恐れ入りますが、調査票3ページ右下枠内に番号を転記してください。→ | 施設コード | |

［2］現在員

（1）契約・措置利用者数（合計）

①男 ★ 人	②女 ☆ 人	計 ● 人

（2）年齢別在所者数

年齢	2歳以下	3～5歳	6～11歳	12～14歳	15～17歳	18～19歳	20～29歳	30～39歳	40～49歳	50～59歳	60～64歳	65～69歳	70～74歳	75～79歳	80歳以上	計
1.男																★
2.女																☆
計	人	人	人	人	人	人	人	人	人	人	人	人	人	人	人	● 人
うち措置児・者	人	人	人	人	人	人	人	人	人	人	人	人	人	人	人	人

（1）（2）（4）の男女別人員計は一致すること

（3）平均年齢　※小数点第2位を四捨五入すること

．　歳

（4）利用・在籍年数別在所者数

※障害者自立支援法事業の施行（平成18年10月）による新たな事業への移行から利用・在籍している年数で計上のこと
※「18.施設入所支援」、「01.障害児入所施設（福祉型・医療型）」は旧法施設からの利用・在籍年数で計上のこと

在所年数	0.5年未満	0.5～1年未満	1～2年未満	2～3年未満	3～5年未満	5～10年未満	10～15年未満	15～20年未満	20～30年未満	30～40年未満	40年以上	計
1.男												★
2.女												☆
計	人	人	人	人	人	人	人	人	人	人	人	● 人

［3］障害支援区分別在所者数

※「療養介護」、「生活介護」、「18.施設入所支援」のみ回答のこと
※［2］の人員計と一致すること
※「01.障害児入所施設（福祉型・医療型）」に併せて経過的施設入所支援，経過的生活介護を実施する場合は対象者のみ計上のこと

非該当	区分1	区分2	区分3	区分4	区分5	区分6	不明・未判定	計
人	人	人	人	人	人	人	人	● 人

［4］療育手帳程度別在所者数

※［2］の人員計と一致すること

1.最重度・重度	2.中軽度	3.不所持・不明	計
人	人	人	● 人

［5］身体障害の状況

※身体障害者手帳所持者についてのみ回答のこと

手帳所持者実数	手帳に記載の障害の内訳 ※重複計上可	1.視覚	2.聴覚	3.平衡	4.音声・言語又は咀嚼機能	5.肢体不自由	6.内部障害
○ 人		人	人	人	人	人	人

［6］身体障害者手帳程度別在所者数

※［5］の手帳所持者実数と一致すること
※重複の場合は総合等級を回答

1級	2級	3級	4級	5級	6級	計
人	人	人	人	人	人	○ 人

［7］精神障害者保健福祉手帳の程度別在所者数

1級	2級	3級	計
人	人	人	人

［8］精神障害の状況

※医師の診断名がついているもののみ記入すること
※てんかんとてんかん性精神病は区別し，てんかん性精神病のみ計上のこと
※その他の欄に精神遅滞は計上しないこと

1.自閉スペクトラム症（広範性発達障害、自閉症など）	人	4.てんかん性精神病	人
2.統合失調症	人	5.その他（強迫性心因反応、神経症様反応など）	人
3.気分障害（周期性精神病、うつ病障害など）	人	計	人

［9］「てんかん」の状況

※てんかんとして現在服薬中の人数

人

［10］認知症の状況

1.医師により認知症と診断されている人数		2.医師以外の家族・支援員等が認知症を疑う人数	
	うちダウン症の人数		うちダウン症の人数
人	人	人	人

［11］矯正施設・更生保護施設・指定入院医療機関を退所・退院した利用者数

※矯正施設とは、刑務所、少年刑務所、拘置所、少年院、少年鑑別所、婦人補導院をさす（基準日現在）

1.矯正施設	2.更生保護施設	3.指定入院医療機関	計
人	人	人	人

［12］上記［11］のうち地域生活移行個別支援特別加算を受けている利用者数

※「18.施設入所支援」「自立訓練（宿泊型）」のみ回答のこと

人

[13]支援度	支援度の指標	1　級 常時全ての面で支援が必要	2　級 常時多くの面で支援が必要	3　級 時々又は一時的にあるいは一部支援が必要	4　級 点検，注意又は配慮が必要	5　級 ほとんど支援の必要がない	
[13]－A 日常生活面 ※[2]の人員計と一致すること	内　容	基本的生活習慣が形成されていないため，常時全ての面での介助が必要。それがないと生命維持も危ぶまれる。	基本的生活習慣がほとんど形成されていないため，常時多くの面で介助が必要。	基本的生活習慣の形成が不十分なため，一部介助が必要。	基本的生活習慣の形成が不十分ではあるが，点検助言が必要とされる程度。	基本的生活習慣はほとんど形成されている，自主的な生活態度の養成が必要。	計
	人　員	人	人	人	人	● 人	人
[13]－B 行動面 ※[2]の人員計と一致すること	内　容	多動，自他傷，拒食などの行動が顕著で常時付添い注意が必要。	多動，自閉などの行動があり，常時注意が必要。	行動面での問題に対し注意したり，時々指導したりすることが必要。	行動面での問題に対し多少注意する程度。	行動面にはほとんど問題がない。	計
	人　員	人	人	人	人	● 人	人
[13]－C 保健面 ※[2]の人員計と一致すること	内　容	身体健康に厳重な看護が必要。生命維持の危険が常にある。	身体的健康につねに注意，看護が必要。発作頻発傾向。	発作が時々あり，あるいは周期的精神変調がある等のため一時的又は時々看護の必要がある。	服薬等に対する配慮程度。	身体的健康にはほとんど配慮を要しない。	計
	人　員	人	人	人	人	● 人	人

[14]日常的に医療行為等を必要とする利用者数 ※事業所内（職員・看護師）によるもののみ計上のこと ※医療機関への通院による医療行為等は除く					
1．点滴の管理（持続的）　※1	人	7．気管切開の管理	人	13．浣腸 （市販の物以外の座薬も含む）	人
2．中心静脈栄養　※2 （ポートも含む）	人	8．喀痰吸引 （口腔・鼻腔・カニューレ内）	人	14．摘便	人
3．ストーマの管理　※3 （人工肛門・人工膀胱）	人	9．経管栄養の注入・水分補給 （胃ろう・腸ろう・経鼻経管栄養）	人	15．じょく瘡の処置	人
4．酸素療法	人	10．インシュリン療法	人	16．疼痛の管理 （がん末期のペインコントロール）	人
5．吸入	人	11．導尿	人	17．巻き爪，白癬爪の爪切り	人
6．人工呼吸器の管理　※4 （侵襲，非侵襲含む）	人	12．カテーテルの管理 （コンドーム・留置・膀胱ろう）	人	計	人

※1…長時間（24時間）にわたり点滴をおこない，針の刺し直し（針刺・抜針）も含む
※2…末梢からの静脈点滴が難しい方におこなう処置
※3…皮膚の炎症確認や汚物の廃棄
※4…カニューレ・気管孔の異常の発見と管理

[15]複数事業（所）利用者数 ※日中活動事業（所）・「02. 児童発達支援センター」のみ回答のこと ※定期的に利用する日中活動サービスが他にある場合のみ回答のこと ※同一事業を複数個所で利用している場合も計上のこと		人	※定期的に利用する日中活動サービスとは 療養介護，生活介護，自立訓練（宿泊型は除く），就労移行支援，就労継続支援A型，就労継続支援B型の6事業及び幼稚園，保育園とする

[16]日中活動利用者の生活の場の状況 ※[2] と人員計が一致すること ※日中活動事業（所）・「02. 児童発達支援センター」のみ回答のこと ※利用契約をしている利用者の実数を回答のこと	1．家庭（親・きょうだいと同居）	人	5．福祉ホーム	人
	2．アパート等（主に単身・配偶者有り）	人	6．施設入所支援	人
	3．グループホーム・生活寮等	人	7．その他	人
	4．自立訓練（宿泊型）	人	計	● 人

[17]施設入所支援利用者の日中活動の状況 ※[2] と人員計が一致すること ※「18. 施設入所支援」のみ回答のこと ※「01. 障害児入所施設（福祉型・医療型）」に併せて実施する経過的施設入所支援は除く	1．同一法人敷地内で活動	人
	2．同一法人で別の場所（敷地外）で活動	人
	3．他法人・他団体が運営する日中活動事業所等で活動	人
	4．その他の日中活動の場等で活動	人
	計	● 人

☆恐れ入りますが，調査票1ページ右下枠内の番号を転記してください。→　施設コード

[18]－A 平成29年度新規入所者の入所前（利用前）の状況
（29年4月1日～30年3月31日の1年間）

イ．家業の手伝いで低額であっても賃金を受け取る場合には一般就労とする
ロ．（1）と（2）の人員計が一致すること

※該当期間に他の事業種別に転換した事業所はすべての利用者について回答のこと

（1）生活の場		（人）		（2）活動の場		（人）
1.家庭（親・きょうだいと同居）	15.精神科病院		1.家庭のみ		15.老人福祉・保健施設	
2.アパート等（主に単身）	16.施設入所支援		2.一般就労		16.一般病院・老人病院（入院）	
3.グループホーム・生活寮等	17.自立訓練（宿泊型）		3.福祉作業所・小規模作業所		17.精神科病院（入院）	
4.社員寮・住み込み等	18.少年院・刑務所等の矯正施設		4.職業能力開発校		18.療養介護	
5.職業能力開発校寄宿舎	19.その他・不明		5.特別支援学校（高等部含む）		19.生活介護	
6.特別支援学校寄宿舎			6.小中学校（普通学級）		20.自立訓練	
7.障害児入所施設（福祉型・医療型）			7.小中学校（特別支援学級）		21.就労移行支援	
8.児童養護施設			8.その他の学校		22.就労継続支援A型	
9.乳児院			9.保育所・幼稚園		23.就労継続支援B型	
10.児童自立支援施設			10.障害児入所施設（福祉型・医療型）		24.地域活動支援センター等	
11.知的障害者福祉ホーム			11.児童発達支援センター・児童発達支援事業等		25.少年院・刑務所等の矯正施設	
12.救護施設			12.児童養護施設		26.その他・不明	
13.老人福祉・保健施設			13.乳児院			
14.一般病院・老人病院	計		14.救護施設		計	

[18]－B 平成29年度退所者の退所後（契約・措置解除後）の状況
（29年4月1日～30年3月31日の1年間）

イ．家業の手伝いで低額であっても賃金を受け取る場合には一般就労とする
ロ．（1）と（2）の人員計が一致すること
※退所後6か月程度で死亡したケースも記入すること

（1）生活の場		（人）		（2）活動の場		（人）
1.家庭（親・きょうだいと同居）	14.施設入所支援		1.家庭のみ		15.一般病院・老人病院（入院）	
2.アパート等（主に単身）	15.自立訓練（宿泊型）		2.一般就労		16.精神科病院（入院）	
3.グループホーム・生活寮等	16.少年院・刑務所等の矯正施設		3.福祉作業所・小規模作業所		17.療養介護	
4.社員寮・住み込み等	17.その他・不明		4.職業能力開発校		18.生活介護	
5.職業能力開発校寄宿舎	小計		5.特別支援学校（高等部含む）		19.自立訓練	
6.特別支援学校寄宿舎	18.死亡退所※		6.小中学校（普通学級）		20.就労移行支援	
7.障害児入所施設（福祉型・医療型）			7.小中学校（特別支援学級）		21.就労継続支援A型	
8.児童養護施設			8.その他の学校		22.就労継続支援B型	
9.知的障害者福祉ホーム			9.保育所・幼稚園		23.地域活動支援センター等	
10.救護施設			10.障害児入所施設（福祉型・医療型）		24.少年院・刑務所等の矯正施設	
11.老人福祉・保健施設			11.児童発達支援センター・児童発達支援事業等		25.その他・不明	
12.一般病院・老人病院			12.児童養護施設		小計	
13.精神科病院			13.救護施設		26.死亡退所※	
	計		14.老人福祉・保健施設		計	

[19]就職の状況
※「児童発達支援センター」、「自立訓練（宿泊型）」、「施設入所支援」は除く。職場適応訓練は除く。

イ．平成29年4月1日～平成30年3月31日の1年間を調査すること
ロ．家業の手伝いで低額であっても賃金を受け取る場合も記入のこと
ハ．「事業利用（在所）年月」の欄は、現事業（所）での利用（在所）期間を記入のこと
ニ．「知的障害の程度」は、児童相談所または更生相談所の判定より記入すること
ホ．〔18〕－B、（2）活動の場、2一般就労 の人数と一致すること

No.	就職時年齢	性別	事業利用（在所）年月	知的障害の程度（別表1より）	年金受給の有無（別表2より）	雇用先の業種	仕事の内容	就職時の給与（月額）	就職時の生活の場（別表3より）
例	20 歳	男	2年 か月	4	4	飲食店	接客・食器洗浄	￥ 80,000	1
1									
2									
3									
4									
5									
6									

No.	移行・併給 開始 年齢	性別	知的障害の程度 （別表1より）	障害 支援区分	移行前の生活の場 （別表4より）	移行後の生活の場 （別表5より）	介護認定区分 （別表6より）	移行・併給後に利用を開始した別 表（5）のうち4～7以外の介護 保険サービス （別表7より）複数選択可	移行・併給開始の 理由 （別表8より）
1	歳								
2									
3									
4									
5									
6									

[20]介護保険サービスへの移行・併給状況

※1ページ目施設・事業の種類「18.施設入所支援」は除く。生活介護と施設入所支援を行う事業所の重複回答を避けるため、両方の事業を行う場合は1ページ目「18.施設入所支援」と印字された調査票以外、回答のこと。

イ，平成29年4月1日～平成30年3月31日の1年間に新規に移行又は併給を開始した者を計上すること

[21]死亡の状況

※1ページ目施設・事業の種類「18.施設入所支援」は除く。生活介護と施設入所支援を行う事業所の重複回答を避けるため、両方の事業を行う場合は1ページ目「18.施設入所支援」と印字された調査票以外、回答のこと。

イ，平成29年4月1日～平成30年3月31日の1年間を調査すること

ロ，退所後6か月程度で死亡したケースも記入すること

ハ，〔18〕–B、（1）生活の場、18死亡退所　の人数と一致すること

No.	死亡時 年齢	性別	知的障害の程度 （別表1より）	死亡場所 （別表9より）	死因 （右より選択）	
1	歳					1．病気 2．事故 3．その他
2						
3						
4						
5						
6						

別表1	1．最重度　　2．重度　　3．中度　　4．軽度　　5．知的障害なし
別表2	1．有：1級　　2．有：2級　　3．有：その他（厚生年金・共済年金）　　4．無
別表3	1．家庭　　2．アパート等　　3．グループホーム・生活寮等　　4．社員寮等 5．自立訓練（宿泊型）　　6．福祉ホーム　　7．その他　　8．不明
別表4	1．家庭（親・きょうだいと同居）　　2．アパート等（主に単身）　　3．グループホーム・生活寮等 4．社員寮・住み込み等　　5．知的障害者福祉ホーム　　6．施設入所支援 7．自立訓練（宿泊型）　　8．その他・不明
別表5	1．家庭　　2．アパート　　3．グループホーム（障害福祉） 4．グループホーム（認知症対応）　　5．特別養護老人ホーム　　6．介護老人保健施設 7．介護療養型医療施設　　8．その他
別表6	1．要支援1　　2．要支援2　　3．要介護1 4．要介護2　　5．要介護3　　6．要介護4 7．要介護5
別表7	1．デイサービス・デイケア　　2．訪問・居宅介護（ホームヘルプサービス） 3．短期入所（ショートステイ）　　4．訪問看護　　5．その他
別表8	1．市町村等行政から65歳になったので移行指示があった。 2．加齢により支援が限界となったため事業所側から移行・併給を働きかけた 3．本人の希望により　　4．家族の希望により　　5．その他
別表9	1．施設　　2．病院　　3．家庭　　4．その他

〔障害児入所施設（福祉型・医療型）専門項目〕以下より障害児入所施設（福祉型・医療型）のみご回答ください

[22] 設置・経営主体（※）	□1．公立公営　（□ｱ．直営　□ｲ．事業団　□ｳ．事務組合）　□2．公立民営　□3．民立民営

※公立公営施設で指定管理者制度の場合は、受託が民間法人の場合は公立民営とする。また、民間移管により社会福祉法人に運営主体が完全に移行したものは民立民営とする。

[23]経過的障害者支援施設	□1．指定を受けている　　　□2．指定を受けていない

[24]在籍児の出身エリア	1．都道府県の数　（　　　）都道府県	2．区市町村の数　（　　　）か所
	3．措置・契約支給決定している児童相談所の数　（　　　）か所	

[25]在籍児（措置・契約）の入所時の年齢（平成30年6月1日現在の在籍児）

年齢	1	2	3	4	5	6	7	8	9	10	11	12	13	14	15	16	17	計
男	人	人	人	人	人	人	人	人	人	人	人	人	人	人	人	人	人	人
女	人	人	人	人	人	人	人	人	人	人	人	人	人	人	人	人	人	人
計	人	人	人	人	人	人	人	人	人	人	人	人	人	人	人	人	人	人

[26]平成29年度（平成29年4月1日～平成30年3月31日）の新規入所児童の年齢別状況（年齢は入所時の年齢）

	5歳以下	6～11歳	12～14歳	15～17歳	計
措置	人	人	人	人	人
契約	人	人	人	人	人

[27]入所理由（平成30年6月1日現在の在籍児）

※1. 理由が重複する場合は、それぞれの欄に数値を計上。入所理由の判断は、児童相談所の児童票のほかに家族との面談等により判断し、主たる要因とそれに付随する要因に分けて計上のこと。

※2. 29年度入所児の欄は、平成29年度（平成29年4月1日～平成30年3月31日）に新規入所した人についてのみ計上のこと。

内　容		在籍児・者全員				うち29年度入所児			
		主たる要因		付随する要因		主たる要因		付随する要因	
		措置	契約	措置	契約	措置	契約	措置	契約
家庭の状況等	1．親の離婚・死別	人	人	人	人	人	人	人	人
	2．家庭の経済的理由	人	人	人	人	人	人	人	人
	3．保護者の疾病・出産等	人	人	人	人	人	人	人	人
	4．保護者の養育力不足	人	人	人	人	人	人	人	人
	5．虐待・養育放棄	人	人	人	人	人	人	人	人
	6．きょうだい等家族関係	人	人	人	人	人	人	人	人
	7．住宅事情・地域でのトラブル	人	人	人	人	人	人	人	人
本人の状況等	1．ＡＤＬ・生活習慣の確立	人	人	人	人	人	人	人	人
	2．医療的ケア	人	人	人	人	人	人	人	人
	3．行動上の課題改善	人	人	人	人	人	人	人	人
	4．学校での不適応・不登校	人	人	人	人	人	人	人	人
	5．学校就学・通学のため	人	人	人	人	人	人	人	人
	6．その他	人	人	人	人	人	人	人	人

[28] 虐待による入所児の状況

①平成29年度の新規入所児童のうち虐待による入所児童（児童票や家庭での生活実態等から虐待と判断できるケースも含む）

	被虐待児	うち児童相談所から認定
男	人	人
女	人	人

② 虐待及びその恐れがあると判断される上記の入所児童のうち、契約で入所しているケース … 人

③ 虐待の内容（※重複計上可）

平成29年度入所	1．身体的虐待	2．性的虐待	3．ネグレクト	4．心理的虐待	計
男	人	人	人	人	人
女	人	人	人	人	人
計	人	人	人	人	人

④ 平成30年6月1日現在　被虐待児受入加算を受けている人数 … 人

⑤上記のほかに被虐待児受入加算を受けたことがある児童の人数 … 人

[29] 在籍児の就学・就園の状況（平成30年6月1日現在）

①就学前児童の状況（活動形態）

1．幼稚園への通園	人
2．保育所に通所	人
3．児童発達支援事業等療育機関	人
4．園内訓練	人
5．その他	人
計	人

②義務教育年齢の児童の状況（就学形態）

1．訪問教育	人
2．施設内分校・分教室	人
3．特別支援学校小・中学部	人
4．小中学校の特別支援学級	人
5．小中学校の普通学級	人
計	人

③義務教育修了後の児童の状況（就学・活動形態）

1．訪問教育	人	4．高等特別支援学校	人
2．施設内分校・分教室	人	5．特別支援学校専攻科	人
3．特別支援学校高等部	人	6．一般高校	人
計			人

④就学学年（平成30年6月1日現在）

小1	2	3	4	5	6	中1	2	3	高1	2	3	計
人	人	人	人	人	人	人	人	人	人	人	人	人

[30] 家庭の状況（平成30年6月1日在籍児童）※人数は兄弟姉妹の場合も各々カウント

家庭の状況	人数	その内措置人数
1．両親世帯	人	人
2．母子世帯	人	人
3．父子世帯	人	人
4．きょうだいのみ世帯	人	人
5．祖父母・親戚が保護者として対応の世帯	人	人
6．その他	人	人
計	人	人
7．兄弟姉妹で入所	世帯　　　人	世帯　　　人

[31]帰省について（平成29年度実績）

	1. 週末(隔週)ごとに帰省	2. 月に1回程度	3. 年に1〜2回程度	4. 帰省なし
措置	人	人	人	人
契約	人	人	人	人

「4. 帰省なし」の児童が帰省できない理由（主な理由）

1. 家族がいない	人
2. 地理的条件で困難	人
3. 本人の事情で帰らない	人
4. 家庭状況から帰せない	人
5. その他（理由　　　　　　　　　　　　　　　　　）	人

[32]面会等訪問の状況（平成29年度実績）

1. 家族の訪問なし	人
2. 週末（隔週）ごとに家族が訪問	人
3. 月に1回程度家族が訪問	人
4. 年に1〜2回程度家族が訪問	人
5. 職員が引率して家庭で面会	人
6. 面会の制限が必要な児童	人
計	人

[33]退所児・者の状況

①平成29年度の退所児・者数

	5歳以下	6〜11歳	12〜14歳	15〜17歳	18〜19歳	20〜29歳	30〜39歳	40歳以上	計
措置	人	人	人	人	人	人	人	人	人
契約	人	人	人	人	人	人	人	人	人

②平成29年度に契約児童で利用料等滞納のまま退所した児・者数　＿＿＿＿＿＿　人

③平成29年度に退所した児童のフォローアップ　※進路先への引継ぎ訪問、家庭訪問等を含む

　　　　□1. 実施した　＿＿＿＿＿＿　人　＿＿＿＿＿＿　回　　　□2. 実施していない

[34]障害の状況（平成30年6月1日現在）

①重度加算認定数	措置費	人	施設給付費（契約）	人
②強度行動障害加算認定数	措置	人	契約	人
③重度重複障害加算認定数	措置	人	契約	人

④行動上の困難さの状況　※重複計上可

行動特性	月1回程度	週1回以上	行動特性	月1回程度	週1回以上
1. 強いこだわり	人	人	10. 徘徊・放浪	人	人
2. 自傷行為	人	人	11. 盗癖	人	人
3. 他傷、他害	人	人	12. 性的問題	人	人
4. 奇声・著しい騒がしさ	人	人	13. 異食・過食・反すう・多飲水	人	人
5. 無断外出	人	人	14. 不潔行為（弄便・唾遊び等）	人	人
6. 器物破損等激しい破壊行為	人	人	15. 弄火	人	人
7. 著しい騒がしさ	人	人	16. 睡眠の乱れ	人	人
8. 多動・飛び出し行為	人	人	17. 緘黙	人	人
9. 寡動・行動停止	人	人	18. その他	人	人

[35] 服薬の状況（平成 30 年 6 月 1 日現在で服薬している人数：重複計上可）

① 服薬の内容

抗精神薬	1．抗てんかん薬	2．抗精神薬・抗不安薬	3．睡眠導入薬
	人	人	人

慢性疾患 （1ヶ月以上服用している場合）	1．心臓疾患	2．腎臓疾患	3．糖尿病
	人	人	人
	4．喘息	5．貧血	6．その他
	人	人	人

② 受診形態と受診科目の状況（平成 29 年度実績）※受診科目は平成 29 年度の実人員と延べ回数

受診科目	実人数	延べ回数
1．精神科・脳神経外科	人	回
2．小児科・内科	人	回
3．外科・整形外科	人	回
4．歯科	人	回
5．その他	人	回
合計	人	回

[36] 入院の状況　※該当する番号の□にレ点を記入

① 平成 29 年度の入院

□1．入院あり（＿＿＿＿人　延べ日数＿＿＿＿日（うち付添日数＿＿＿＿日）　□2．ない

② 健康保険の資格停止・無保険（契約児）

□1．いる（平成 29 年度延べ＿＿＿＿人　平成 30 年 6 月 1 日現在＿＿＿＿人）　□2．ない

③ 経済的負担で通院を見合わせた事例（平成 29 年度〜現在まで）

□1．ある（＿＿＿＿人　延べ＿＿＿＿回）　□2．ない

④ 医療費の支払いの滞納事例（平成 30 年 5 月末現在）

□1．いる（＿＿＿＿人　延べ＿＿＿＿＿＿＿＿円）　□2．ない

[37] 施設建物の形態について

※該当する番号の□にレ点を記入

※生活単位とは入所児と固定されたスタッフを中心に、衣食住など基本的な生活が営まれる基礎グループであり、
　環境・構造的にも独立した形態をもつ単位とする。

□1．居住棟一体型（多層構造や渡り廊下等で連なっている構造も含む）

□2．居住棟分離型（構造上は一体型であるが、出入口や仕切り等を設け、生活単位を分けて使用している構造）

□3．居住棟分棟型（生活単位がすべて敷地内に分散した形で設置されている構造）

□4．居住棟分離・分棟併用型（敷地内に上記2，3を合わせて設けている構造）

□5．敷地外に生活の場を設けている(自活訓練も含む)

　⇒SQ（　　　　　）か所、その場合、食事は（□1．本体施設から配食　□2．自前調理　□3．配食+自前調理 ）

[38] 居住スペースと生活援助スタッフの構成について

※生活単位の規模別の状況を下表に計上のこと。なお、上記設問[37]施設建物の形態について「□1．居住棟一体型」を
　選択した施設は、独立した援助（活動）単位を生活単位に置き換えて計上のこと。

※専任スタッフ数は、規模別に複数の単位がある場合はその合計数を計上のこと。

生活単位規模	〜5 人規模	6〜10 人規模	11〜15 人規模	16 人規模以上
1．生活単位の設置数				
2．その専任スタッフ数（人）				

[39]「自活訓練事業」及び準じた取り組み（平成30年6月1日現在）※該当する番号の□にレ点を記入

□1．実施している　　□2．今後実施する予定

自活訓練加算対象　　措置＿＿＿＿＿人　契約＿＿＿＿＿人　　加算対象外（独自の事業）＿＿＿＿＿人

[40]障害児等療育支援事業（都道府県の地域生活支援事業による事業等）及び療育相談事業等

□1．実施している　　□2．法人内の他施設が実施している　　□3．実施していない

実施している場合、事業内容別に平成29年度（平成29年4月～30年3月）の実施件数等

①訪問療育等指導事業		件
②外来療育等相談事業		件
③施設支援事業	保育所・幼稚園	件
	学校	件
	作業所	件
	その他	件

[41]日中一時支援事業の実施　　※該当する番号の□にレ点を記入

□1．実施している　　□2．実施していない

実施の市区町村数	日中一時支援事業の平成29年度の実績（実施している事業所のみ）（平成29年4月1日～30年3月31日）	
市区町村	実人員	延べ人数
	人	人

[42]福祉教育等の事業の実施　　※該当する番号の□にレ点を記入

□1．実施している　　□2．実施していない

⇒SQ　平成29年度（平成29年4月1日～30年3月31日）の受入れ

①小・中・高校生のボランティア・体験実習		人
②民間ボランティア		人
③学校教員・教職免許の体験実習		人
④単位実習	保育士	人
	社会福祉士・主事	人
⑤施設職員の現任訓練		人
⑥上記以外の受入れ（具体的内容）（　　　　　　　　　）		人

[43]地域との交流について　　※該当の全ての□にレ点を記入

□1．入所児の地域行事・地域活動等への参加　　　　□6．施設と地域が共同で防災・防犯訓練を実施
□2．地域住民の施設行事への参加　　　　　　　　　□7．子育てや障害に関する相談会・講演会の実施
□3．施設と地域との共催行事の実施　　　　　　　　□8．施設設備の開放や備品の貸し出し
□4．地域住民をボランティアとして受け入れ　　　　□9．その他（　　　　　　　　　　　　　　　　）
□5．地域の学校等との交流

[44]児童と直接支援職員の比率（平成30年6月1日現在）

※直接支援職員とは児童指導員・保育士・各種療法士をさし、非常勤の場合は、0．5人と数える。

　但し、それらの職種でも外来療育や巡回相談等入所児童以外を対象とした業務に専従している職員は除く。

※小数第2位以下を四捨五入すること

①定員との比率	定　　員	人	÷	直接支援職員数	人	＝	．
②在籍児童数との比率	在籍児童数	人	÷	直接支援職員数	人	＝	．

[45] 施設の運営費について

① 現行の加算について　※該当の全ての□にレ点を記入

□１．児童指導員等加配加算	□８．入院・外泊時加算
□２．職業指導員加算	□９．自活訓練加算
□３．重度障害児支援加算	□１０．入院時特別支援加算
□４．重度重複障害児加算	□１１．地域移行加算
□５．強度行動障害児特別支援加算	□１２．栄養士配置加算
□６．心理担当職員配置加算	□１３．栄養マネジメント加算
□７．看護職員配置加算	□１４．小規模グループケア加算

② 自治体の加算措置について　※公立施設は、国措置費・給付費を超えた運営費の場合は「ある」を選択

１．職員配置等の事務費の補助	□a．ある	□b．ない
２．事業費に対する加算措置	□a．ある	□b．ない

[46] 在所延長規定の廃止に伴う今後の児童施設としての計画について　※該当する番号の□にレ点を記入

① 今後の対応の方針

□１．児童施設として維持　　　□２．障害者支援施設を併設　　　□３．障害者支援施設に転換

② 児童施設の定員

□１．現行定員を維持する　　　□２．定員を削減する　⇒削減数　＿＿＿＿＿＿人

③ 障害種別の一元化に際し、他の障害の受入れに伴う設備・構造

□１．身体障害の車椅子対応 ⇒	□a．現状で可能	□b．改築等が必要	□c．受入れ困難
□２．盲・ろうあ児の受入れ ⇒	□a．現状で可能	□b．改築等が必要	□c．受入れ困難

[47] 在所延長している児童の今後の見通しについて（本人の能力等からみて）

１．家庭引き取り	人		
２．単身生活	人		
３．障害者支援施設の対象	人	⇒うち30年度末までに移行が可能な人	人
４．グループホームの対象	人	⇒うち30年度末までに移行が可能な人	人

[48] 児童相談所との関係　※該当する番号の□にレ点を記入

① 児童福祉司等の訪問	□１．平成29年度に訪問があった ⇒児童相談所数＿＿＿＿か所＿＿＿＿回 □２．児童福祉司等の訪問はない
② 児童相談所との連携	□１．県単位で児童相談所と施設の定期協議を行っている □２．定期的に児童相談所を訪問して協議を行っている □３．不定期であるが児童相談所を訪問して協議を行っている □４．特に行っていない
③ 措置児童の18歳以降の対応	□１．18歳到達日以降の措置延長は原則として認められない □２．高校（高等部）卒業までは措置延長が認められるが、それ以降は認められない □３．高校（高等部）卒業後も、事情により20歳までの措置延長が認められる
④ 契約児童の18歳以降の対応	□１．18歳到達日以降の支給期間の延長は原則として認められない □２．高校（高等部）卒業までは支給期間の延長が認められるが、それ以降は認められない □３．高校（高等部）卒業以降も、事情により20歳までの支給期間の延長が認められる □４．20歳以降も事情により支給期間の延長が認められる

[49] 利用者負担金の未収状況等

平成29年度の未収分	人	総額	円	うち平成28年度以前の未収分	人	総額	円

[50] 平成29年度の苦情受付の件数

件	その内容	１．施設運営に関すること	件	２．生活支援に関すること	件	３．その他	件

[51] 第三者委員等との相談の頻度　※該当する番号の□にレ点を記入

□１．月１回程度　　　□２．学期に１回程度　　　□３．年に１回程度　　　□４．相談の機会はない

ご協力いただき誠にありがとうございます

令和元年度

全国児童発達支援センター 実 態 調 査 報 告

公益財団法人日本知的障害者福祉協会
児童発達支援部会

は じ め に

　令和元年6月，本会では毎年本会に加入している児童発達支援センターを対象に児童発達支援センター実態調査を実施し，134事業所（昨年度134事業所）から回答を得ることができました。

　今年度調査は，昨年度に引き続き，児童発達支援センターの状況，利用する児童の状況，家族支援の状況，医療的ケアの実施状況，放課後等デイサービス事業，保育所等訪問支援事業，障害児相談支援事業など，児童発達支援センターに関する主な項目を盛り込み，今，どのような子どもが支援を必要としているのか，児童発達支援センターを利用する子どもの障害の状況や社会的養護を必要としている子どもの状況など，障害がある子どもが地域でどのような状況に置かれているのかを調査しました。

　本調査は，障害のある子どもを支える児童発達支援センターの現状や実態を把握するだけでなく，児童発達支援センターの役割と今後の課題を把握することができ，それらの課題解決に向けた大切なエビデンスになる大変有意義なものとなっています。

　今年度の調査結果をみると，児童発達支援センターを週5回以上利用する子どもが60.6％を占めるなかで，他の児童発達支援事業所との併行通園児は734人・12.7％と昨年度と大きな変化はなく，保育園との併行通園は579人・10％と3.4ポイント減少しています。保護者等への支援については，回答したすべての事業所で行っており，地域の障害のある子どもと家族のために，子どもだけでなく親子通園によるペアレントトレーニングを行う事業所やカウンセリングなど専門的な支援を行う事業所が増えてきています。保護者の置かれている状況を受け止め，寄り添い専門的な支援に努力していることが推察されます。社会的養護の必要な子どもについては，68.7％の事業所において通園している実態があり，昨年度より6ポイント増えており，今後は社会的養護が必要な子どもと家族の支援の知識とスキルがさらに求められています。地域支援の核である保育所等訪問支援事業を実施する事業所は72.4％と昨年度と比べて4.3ポイント増加し，少しずつ充実してきていることがわかります。医療的ケアが必要な子どもの人数は，1人が43.6％と最も多くなっていますが，加算対象とならない中であってもニーズに応えるため支援に努力していることが推察されます。

　障害のある子どもの最善の利益を守るための児童発達支援センターは，医療的ケアが必要な子ども，発達障害と愛着障害など様々な障害特性のある子どもたちと家族への支援が求められる時代になってきました。障害のある子どもたちが地域でいきいきと，そして家族が笑顔で子育てができるための児童発達支援センターとなっていくために，本調査が活かされることを願っています。

　お忙しい業務の中，ご協力をいただいた児童発達支援センターの皆様に心より感謝申し上げます。ありがとうございました。

　令和2年3月

児童発達支援部会

部会長　北　川　聡　子

目　　次

本調査は本会会員である児童発達支援センター187事業所に調査票を送付し，134事業所（30年度134事業所）から回答を得た。回収率は71.7％（30年度75.7％）となっている。

I　事業所の状況

1．設置主体

表1　設置主体

設置主体	事業所数	％
都道府県	7	5.2
市町村	46	34.3
民間	74	55.2
その他	7	5.2
計	134	100

　表1「設置主体」は，民間が74事業所55.2％を占めている。都道府県・市町村を合わせて公立は53事業所で39.5％となっている。なお，公立のみに焦点を当てると市町村立が86.8％となっている。

2．経営主体

表2　経営主体

経営主体	事業所数	％
公営	23	17.2
社会福祉事業団	15	11.2
社会福祉法人（社会福祉事業団を除く）	94	70.1
NPO法人	0	0
株式会社	0	0
その他	2	1.5
計	134	100

　表2「経営主体」は，公営が23事業所（17.2％），社会福祉事業団が15事業所（11.2％）と公的経営形態の事業所が38事業所（28.4％）で，民間の経営形態である社会福祉法人は94事業所（70.1％）となった。平成24年度の法改正において，NPO法人や株式会社も経営主体なることが可能となったものの，本調査では実態を把握することはできなかった。

3．設置年

表3　設置年

設置年	事業所数	％
～昭和36年（－1961）	8	6.0
昭和37年～昭和41年（1962-1966）	8	6.0
昭和42年～昭和46年（1967-1971）	13	9.7
昭和47年～昭和51年（1972-1976）	25	18.7
昭和52年～昭和56年（1977-1981）	21	15.7
昭和57年～昭和61年（1982-1986）	4	3.0
昭和62年～平成３年（1987-1991）	1	0.7
平成４年～平成８年（1992-1996）	10	7.5
平成９年～平成13年（1997-2001）	6	4.5
平成14年～平成18年（2002-2006）	10	7.5
平成19年～平成23年（2007-2011）	7	5.2
平成24年～（2012－）	21	15.7
計	134	100

　表3「設置年」をみると，「昭和47年～昭和51年」にかけて設置された事業所が25事業所（18.7％）と最も多く，「昭和52年～昭和56年」にかけて設置された21事業所（15.7％）を加えると，全体の34.3％を占めており，この時期に設置された事業所が多いことがみてとれる。なお，平成24年以降に設置された事業所は21事業所（15.7％）であった。

4．児童発達支援センターの実施する事業

表4　児童発達支援センターの実施事業（指定を受けている事業）

指定を受けている事業	事業所数	％
医療型児童発達支援事業	6	4.5
医療型児童発達支援事業の利用定員（人）	150	－
放課後等デイサービス事業	32	23.9
放課後等デイサービスの利用定員（人）	374	－
保育所等訪問支援事業	104	77.6
障害児相談支援事業	68	50.7
特定相談支援事業	44	32.8
一般相談支援事業	5	3.7
短期入所事業	2	1.5
日中一時支援事業	31	23.1
移動支援事業	0	0
居宅支援事業	1	0.7
障害児等療育支援事業	34	25.4
居宅訪問型児童発達支援事業	5	3.7
その他	1	0.7
実事業所数	134	100

　表4「児童発達支援センターの実施する事業」で，最も多いのが保育所等訪問支援事業（104事業所77.6％）で，続いて障害児相談支援事業（68事業所50.7％）となっており，この２事業が地域支援の中

心的事業として取り組まれていることが推察される。

　なお，放課後等デイサービス事業は，32事業所で利用定員374人，（30年度28事業所・利用定員358人）となっている。

５．事業所定員等

表5　定員規模別事業所数

定員規模	事業所数	％
20名以下	18	13.4
21名～30名	70	52.2
31名～40名	24	17.9
41名～50名	14	10.4
51名～60名	3	2.2
61名以上	5	3.7
計	134	100
定員合計（名）	4,581	—

表6　在籍児数

在籍児数	事業所数	％
20名以下	11	8.2
21名～30名	27	20.1
31名～40名	36	26.9
41名～50名	28	20.9
51名～60名	15	11.2
61名以上	17	12.7
計	134	100

表7　定員充足率

充足率	40％未満	40～60％未満	60～80％未満	80～100％未満	100％	100％超	計
事業所数	2	0	3	22	14	93	134
％	1.5	0	2.2	16.4	10.4	69.4	100

　表5「定員規模別事業所数」は，「21名～30名」が最も多く70事業所52.2％を占め，31名以上は46事業所34.3％となっている。

　表6「在籍児数」は，「31名～40名」が最も多く36事業所26.9％，次に「21名～30名」が27事業所20.1％，「41名～50名」が28事業所20.9％となっている。

　表7「定員充足率」については，「100％」及び「100％超」で107事業所79.9％となっており，人員配置や療育環境など支援の質がしっかり担保されているか検証していく必要があろう。

6．開所日数・利用形態

表8　平成30年度の年間開所日数

実施状況	事業所数	％
200日未満	1	0.7
200日～250日未満	74	55.2
250日～300日未満	46	34.3
300日以上	0	0
無回答	13	9.7
計	134	100

表8－2　平成30年度の開所日数・利用契約児童数及び措置児童数並びに延べ利用人数

実施事業		4月	10月	3月
開所日数	総　数	2,484	2,919	2,484
	事業所数	131	131	131
利用契約児童数	総　数	5,519	5,958	5,980
	事業所数	130	130	130
措置児童数	総　数	89	95	91
	事業所数	13	16	17
延べ利用人数	総　数	69,282	97,499	73,074
	事業所数	131	131	131

表9　利用契約児童の利用形態

利用形態	人数	％
週6日以上	382	6.6
週5日	3,462	60.0
週4日	204	3.5
週3日	387	6.7
週2日	546	9.5
週1日	628	10.9
週1日未満	158	2.7
無回答	5	0.1
計	5,772	100

　表8　「平成30年度の年間開所日数」をみると，「200日～250日未満」の事業所が74事業所
（55.2％），「250日～300日未満」の事業所が46事業所（34.3％）となっている。

　表9「利用契約児童（措置児童も含む）の利用形態」をみると，「週6日以上」と「週5日」の割合
が合わせて66.6％となっており，30年度調査（61.0％）比べると増加傾向している。

7. 障害児の処遇を協議する組織

表10 所在するエリア内の障害児の処遇を協議する組織（協議会もしくは委員会組織）

組織の有無	事業所数	％
有	110	82.1
無	15	11.2
不明・無回答	9	6.7
計	134	100

表11 関係機関との連携（地域自立支援協議会）

連携方法	事業所数	％
全体会の構成メンバーとして参加	51	46.4
専門部会の構成メンバーとして参加	94	85.5
事務局メンバーとして参加	13	11.8
その他	7	6.4
実事業所数	110	100

表11－2 関係機関（地域自立支援協議会）への参加か所数

	全体会構成メンバー		専門部会メンバー		事務局メンバー		その他メンバー	
	事業所数	％	事業所数	％	事業所数	％	事業所数	％
1か所	45	88.2	77	81.9	12	92.3	7	100
2か所	5	9.8	11	11.7	1	7.7	0	0
3か所以上	1	2.0	6	6.4	0	0	0	0
計	51	100	94	100	13	100	7	100

表12 関係機関との連携（要保護児童対策地域協議会）

連携方法	事業所数	％
全体会の構成メンバーとして参加	25	22.7
事務局メンバーとして参加	0	0
その他	11	10
実事業所数	110	100

　表10「所在するエリア内の障害児の処遇を協議する組織（協議会もしくは委員会組織）」は，110事業所82.1％（30年度111事業所82.8％）が協議する組織があると回答した一方で，協議する組織がないと回答した事業所が15事業所11.2％あった。30年度調査（13事業所9.7％）とほぼ同じであるものの，エリアによっては障害児の処遇を協議する組織づくりが進んでいないことが推察される。

　表11「関係機関との連携（地域自立支援協議会）」は，全体会の構成メンバーとしての参加が51事業所46.4％（30年度54事業所48.6％），専門部会の構成メンバーとしての参加が94事業所85.5％（30年度91事業所82.0％）となっている。

　表11－2「関係機関（地域自立支援協議会）への参加か所数」では，「全体会」は，1か所が45事業所88.2％（30年度48事業所88.9％），2か所が9.8％（30年度9.3％），「専門部会」は，1か所が77事業所81.9％（30年度75事業所82.4％），2か所が11.7％（30年度9.9％）であった。アウトリーチの足がかりと

なる関係機関との連携について注視していくことが必要であろう。

表12「関係機関との連携（要保護児童対策地域協議会）」は，全体会の構成メンバーとしての参加が25事業所（30年度27事業所），事務局メンバーとしての参加が0事業所（30年度1事業所）であった。地域の事情によって困難な場合もあるが，児童発達支援センターが社会的養護の役割を担っているという認識を持ち，要保護児童対策関係会議への参加を働きかけていくことが重要であろう。

8．併行通園の状況

表13　併行通園の状況

児童の在籍先	保育所	幼稚園	認定こども園	児童発達支援事業所	病院・医療機関入院	他の児童発達支援センター	その他の機関	実数
人数	579	567	234	734	2	58	58	5,772
％	10.0	9.8	4.1	12.7	0.0	1.0	1.0	100
事業所数	57	56	35	78	2	18	18	134
％	42.5	41.8	26.1	58.2	1.5	13.4	13.4	100

表13「併行通園の状況」は，児童発達支援事業所との併行利用が12.7％734人（30年度11.4％）と最も多く，続いて保育所が10.0％579人（30年度13.4％），幼稚園が9.8％567人（30年度11.5％），認定こども園が4.1％234人（30年度3.2％）となっている。

また，他の児童発達支援センターとの併行利用は1.0％58人（30年度1.0％）であった。なお，幼児教育無償化に伴う影響等については今後注視していく必要があろう。

9．加算・減算の状況

表14　加算の状況

	事業所数	％
人工内耳装用児支援加算	0	0
利用者負担上限額管理加算	107	79.9
特別支援加算	41	30.6
児童指導員等加配加算	90	67.2
家庭連携加算	77	57.5
欠席時対応加算	120	89.6
事業所内相談支援加算	65	48.5
延長支援加算	15	11.2
栄養士配置加算	85	63.4
訪問支援特別加算	26	19.4
医療連携体制加算	3	2.2
食事提供加算	124	92.5
関係機関連携加算	47	35.1
看護職員加配加算	13	9.7
実事業所数	134	100

表14「加算の状況」は，食事提供加算（92.5％，30年度92.5％），欠席時対応加算（89.6％，30年度82.8％）については約９割の事業所が，利用者負担上限額管理加算は（79.9％，30年度81.3％）約８割の事業所が取得している。人工内耳装用児支援加算０％（30年度０％），医療連携体制加算2.2％（30年度3.0％），看護職員加配加算9.7％（30年度7.5％）と医療的な配慮の充実に資する加算を取得している事業所の割合が少なく，医療的ケアの必要な児の受け入れ体制などについて今後の動向を注視していく必要があろう。なお，特別支援加算30.6％（30年度29.1％），事業所内相談支援加算48.5％（30年度42.5％），延長支援加算11.2％（30年度10.4％），訪問支援特別加算19.4％（30年度22.4％），関係機関連携加算35.1％（30年度31.3％）についても，各事業所において加算できる体制づくりを進めていく必要があろう。

表15　平成30年度の減算の状況

	事業所数	％
利用者の数が利用定員を超える場合 （定員超過利用減算）	5	3.7
通所支援計画が作成されない場合 （児童発達支援計画未作成減算）	2	1.5
指導員又は保育士の員数が基準に満たない場合 （サービス提供職員欠如減算）	0	0
実事業所数	134	100

表15「平成30年度の減算の状況」は，定員超過利用減算が５事業所3.7％（29年度６事業所4.5％），児童発達支援計画未作成減算が２事業所1.5％（29年度３事業所2.2％），サービス提供職員欠如減算が０事業所（29年度１事業所0.7％）であった。

10. 障害児支援利用計画の作成状況

表16　障害児支援利用計画の作成状況

	計	％
障害児相談支援事業所で作成	4,676	81.0
セルフプランで作成	1,024	17.7
未だ作成されていない	20	0.3
不明・無回答	52	0.9
計	5,772	100

表16「障害児支援利用計画の作成状況」は，障害児相談支援事業所で作成が4,676人81.0％（30年度4,982人77.6％），セルフプランで作成が1,024人17.7％（30年度1,331人20.7％）となった。30年度調査に比してセルフプランでの作成は若干減少しているものの，今後も注視していく必要があろう。

Ⅱ　児童の状況

1．児童の年齢別状況

表17　在籍児の年齢状況

	人数	％
0歳～2歳	345	6.0
3歳～5歳	5,167	89.5
6歳～11歳	239	4.1
12歳～14歳	1	0.0
15歳～17歳	20	0.3
18歳～	0	0
計	5,772	100

　　表17「在籍児の年齢状況」は，「3歳～5歳」が5,167人89.5％（30年度87.6％），「0歳～2歳」が345人6.0％（30年度7.2％），小学生以上の利用については260人4.5％（30年度5.2％）となっている。

2．入退園の状況

表18　平成30年度新入園児の入園時点における年齢（年次）構成

年齢（年次）	人数	％
0歳	4	0.2
1歳	69	3.1
2歳	419	19.0
3歳（年少）	945	42.8
4歳（年中）	553	25.1
5歳（年長）	209	9.5
6歳（就学前）	7	0.3
計	2,206	100

　　表18「平成30年度新入園児の入園時点における年齢（年次）構成」は，3歳（年少）が最も多く，次いで4歳（年中），2歳と続き，これらを合わせると86.9％（29年度81.4％）を占める。3歳児を中心に4歳児と2歳児が多い傾向は例年と変わりない。また割合としては少ないが「0歳」「1歳」の入園，「6歳（就学前）」での入園もみられる。

表19　在籍児の入園前の状況

入園前の状況	人数	％
在宅のままで，特に指導を受けていなかった	933	16.2
児童相談所で継続的な指導を受けていた	8	0.1
保健所で継続的な指導を受けていた	169	2.9
医療機関（病院等）で継続的な指導を受けていた	311	5.4
放課後等デイ等で継続的な指導を受けていた	150	2.6
現在のセンターで継続的な指導を受けていた（未契約）	945	16.4
他のセンターで継続的な指導を受けていた（契約，未契約）	632	10.9
保育所，幼稚園に通っていた	1,488	25.8
学校に通っていた	32	0.6
他の児童福祉施設に措置されていた	11	0.2
その他	632	10.9
不明・無回答	461	8.0
計	5,772	100

　表19「在籍児の入園前の状況」をみると，「保育所，幼稚園に通っていた」が1,488人25.8％と30年度調査（1,610人25.1％）と同様に最も多かった。また，入園前に何らかの「指導を受けていた」児童は2,415人38.4％（30年度2,073人32.3％）で，30年度と比較してわずかに増加している。在宅のままで，特に指導を受けていなかった児童は933人16.2％（30年度1,073人16.7％）で，30年度調査とほぼ同じ割合であった。

表20　退園した児童の退園理由

退園理由	人数	％
一般就労	4	0.2
就学	1,500	68.4
就園	519	23.7
他施設・事業所	123	5.6
長期入院	0	0
在宅	34	1.5
死亡	3	0.1
その他・不明	11	0.5
計	2,194	100

　表20「退園した児童の退園理由」をみると，「就学」が1,500人68.4％（30年度1,273人57.8％）で最も多くを占めている。「就園」については，519人23.7％（30年度527人23.9％）でほぼ同じ割合であった。児童発達支援センターの次のステージが就学のみならず，就園のウエイトも大きくなってきていることから，今後どのような役割を担っていくのか，さらに検討していく必要があろう。

３．療育手帳・身体障害者手帳・精神障害者保健福祉手帳の所持状況

表21　療育手帳の所持状況

区分	人数	％
最重度・重度	775	13.4
中軽度	2,101	36.4
未所持・不明	2,667	46.2
無回答	229	4.0
計	5,772	100

表22　身体障害者手帳の所持状況

区分	人数	％
1級	226	58.5
2級	85	22.0
3級	38	9.8
4級	18	4.7
5級	3	0.8
6級	16	4.1
計	386	100

表23　精神障害者保健福祉手帳の所持状況

区分	人数	％
1級	7	38.9
2級	8	44.4
3級	3	16.7
計	18	100

　　表21「療育手帳の所持状況」は，未所持・不明が2,667人46.2％（30年度3,078人48.0％）である。今年度も非該当の調査を実施しなかったが，未所持・不明のうち「非該当」が一定程度含まれていることが推察される。

　　表22「身体障害者手帳の所持状況」をみると，386人（30年度481人）が所持しており，そのうち1級・2級の手帳所持者は311人80.6％（30年度362人75.3％）と多数を占めている。

　　表23「精神障害者保健福祉手帳の所持状況」は，18人0.3％（30年度17人0.3％）と少数ではあるが所持児童がいることから，今後の推移について注視していく必要があろう。

4．利用契約児童（措置児童も含む）の障害状況

表24　利用契約児童（措置児童も含む）の障害状況

	人数	％
知的障害	3,768	65.3
発達障害※	1,166	20.2
肢体不自由	173	3.0
聴覚障害	35	0.6
重症心身障害	92	1.6
難病	25	0.4
その他障害	366	6.3
不明・無回答	147	2.5
計	5,772	100

※発達障害…広汎性発達障害，注意欠陥・多動性障害，学習障害とする。

表24「利用契約児童（措置児童も含む）の障害状況」をみると，主たる障害が「知的障害」が65.3％（30年度56.5％），「発達障害」が20.2％（30年度17.0％）となっており，あわせて85.5％（30年度73.5％）を占めている。また「肢体不自由」が3.0％（30年度2.4％），「重症心身障害」が1.6％（30年度1.8％）となっている。「知的障害」「発達障害」が増加しており，「その他の障害」11.9％（30年度12.8％）については微減している。児童発達支援センターにおける在籍児童の障害状況については今後も動向を注視していく必要があろう。

表25　てんかんの状況

	人数	％
「てんかん」として現在服薬している	254	4.4
実人数	5,772	100

表25「てんかんの状況」をみると，「てんかん」として現在服薬している児童が254人4.4％（30年度295人4.6％）であった。重複障害・合併障害の状況については調査をしていないが，視覚障害・聴覚障害・内部障害など様々な合併症のある児童も利用していることから，その受け入れ状況や療育状況なども把握していく必要があろう。

5．介助度

表26　介助度　　　　　　　　　　　　　　　　　　　　　　　　　　　　　＜人・下段は％＞

介　助　度		食事	排泄	着脱衣	移動	言語	自己統制	対人関係
1	（全介助）	326	1,747	298	96	553	868	163
		5.6	30.3	5.2	1.7	9.6	15.0	2.8
2		263	1,516	1,044	192	751	1,547	1,004
		4.6	26.3	18.1	3.3	13.0	26.8	17.4
3		2,425	787	1,599	131	1,292	1,531	1,450
		42.0	13.6	27.7	2.3	22.4	26.5	25.1
4		1,951	1,106	1,640	432	1,353	1,224	2,067
		33.8	19.2	28.4	7.5	23.4	21.2	35.8
5	（自　立）	801	599	1,148	4,892	1,812	576	1,052
		13.9	10.4	19.9	84.8	31.4	10.0	18.2
不　明		6	17	43	29	11	26	36
		0.1	0.3	0.7	0.5	0.2	0.5	0.6
計		5,772	5,772	5,772	5,772	5,772	5,772	5,772
		100	100	100	100	100	100	100

　表26「介助度」は，児童発達支援計画を作成していく上で指標となるものであるが，例年同様の傾向にあるといえる。介助度は1から5までの5段階としており，1が全介助で5が自立となる。

　「排泄」については介助度1・2が全体の56.5％（30年度55.5％）を占めている。「自己統制」では介助度1・2・3で68.4％（30年度65.6％）を占め，自己統制力の弱い子どもが多いことがうかがえる。「言語」は介助度1・2・3で45.0％（30年度43.5％），「対人関係」の介助度1・2・3で45.3％（30年度44.7％），どちらも半数近く占める結果となった。

　児童とのコミュニケーションや社会性に関する支援とアプローチの専門性が必要であり，児童発達支援計画を作成していく上で，子どもの発達課題を明確にして，保護者と情報共有を図りながら，丁寧なプロセスで支援していくことが求められている。

Ⅲ　職員及びクラス編成

1．児童と直接支援職員の比率

表27　定員との比率

児：職	～1：1	～2：1	～3：1	～4：1	～5：1	～6：1	～7：1	～7.5：1	無回答	合計
事業所数	1	22	63	35	6	0	0	0	7	134
％	0.7	16.4	47.0	26.1	4.5	0	0	0	5.2	100

表27－2　在籍児数との比率

児：職	～1：1	～2：1	～3：1	～4：1	～5：1	～6：1	～7：1	～7.5：1	無回答	合計
事業所数	0	13	43	40	11	4	0	0	23	134
％	0	9.7	32.1	29.9	8.2	3.0	0	0	17.2	100

　　表27「定員との比率」をみると，3：1の配置をしている事業所が63事業所47.0％（30年度65事業所48.5％）と最も多く，次いで4：1の事業所が35事業所26.1％（30年度30事業所22.4％），2：1の事業所が22事業所16.4％（30年度19事業所14.2％）となっている。

　　表27－2「在籍児数との比率」をみると，最低基準4：1以上の配置をしている事業所が96事業所71.6％（30年度95事業所70.9％）となっている。最低基準をクリアしていない事業所が15事業所11.2％（30年度16事業所11.9％）みられることから，今後検討が必要であろう。

2．クラス編成の状況

表28　クラス編成の状況

クラス編成の有無	事業所数	％
クラス編成をしている	126	94.0
クラス編成をしていない	8	6.0
計	134	100

表28－2　クラス編成の考え方

編成内容	事業所数	％
年齢	71	56.3
発達段階	73	57.9
入園年次	17	13.5
障害	35	27.8
その他	3	2.4
特にない	11	8.7
クラス編成している事業所数	126	100

表28－3　人数編成別クラス数

1クラスの人数	クラス数	％
5人以下	39	6.8
6人～8人	194	33.7
9人～12人	295	51.3
13人以上	47	8.2
計	575	100

表28－4　担任職員数別クラス数

1クラスの担任職員数	クラス数	％
1人担任	6	1.0
2人担任	99	17.2
3人担任	270	47.0
4人担任	137	23.8
5人担任	27	4.7
その他	18	3.1
無回答	18	3.1
計	575	100

表28－5　午前と午後に分けたクラス編成

午前と午後に分けたクラス編成	事業所数	％
分けたクラス編成をしている	13	10.3
分けたクラス編成をしていない	75	59.5
無回答	38	30.2
計	126	100

　表28「クラス編成の状況」をみると，126事業所94.0％（30年度126事業所94.0％）が編成していると回答している。

　表28－2「クラス編成の考え方」をみると，30年度調査と比べて大きな変化はみられない。「発達段階」による編成が57.9％（30年度58.7％），「年齢」56.3％（30年度61.9％），「障害」27.8％（30年度24.6％），「入園年次」13.5％（30年度11.9％）の順に続いている。入園児の状況やそれぞれの事業所の方針によりクラスの編成を変更していることが推察される。

　表28－3「人数編成別クラス数」をみると，「9～12人」のクラスが51.3％（30年度41.9％），「6～8人」のクラスが33.7％（30年度37.9％）となっており，85.0％（30年度79.7％）が6～12人規模のクラスを編成している。指定基準の「1クラスの数は概ね10名とする」が目安になっているが，「5人以下」が6.8％（30年度12.8％）と，少人数のクラス編成をしている事業所は減少している。

　表28－4「担任職員数別クラス数」をみると，「3人担任」のクラスが47.0％（30年度40.7％），「4人担任」のクラスが23.8％（30年度32.8％）で，併せて70.8％（30年度73.5％）となった。「2人担任」と「1人担任」を合わせると18.3％（30年度17.0％），「5人担任」は4.7％（30年度4.9％）であった。

　障害の程度如何を問わず，子どもへのより適切な支援のためには複数の職員配置が望ましい。担任職員数が少ないことによって，円滑なクラス運営や療育の質に影響が生じることがないか今後も検証が必要であろう。

表29　1日の指導時間別クラス数・児童数

1日の指導時間	クラス数	%	人数	%
2時間未満	15	2.6	87	1.5
2時間〜3時間未満	21	3.7	117	2.0
3時間〜4時間未満	33	5.7	224	3.9
4時間〜5時間未満	203	35.3	1,836	31.8
5時間〜6時間未満	156	27.1	1,462	25.3
6時間以上	145	25.2	1,353	23.4
その他	0	0	0	0
無回答	2	0.3	693	12.0
計	575	100	5,772	100

表30　登園日　　　　　　　　　　　　　　（複数回答あり）

登園形態	事業所数	%
全員一律毎日登園	82	61.2
登園日を指定	51	38.1
無回答	6	4.5
実事業所数	134	100

表31　登園形態　　　　　　　　　　　　　（複数回答あり）

登園形態	事業所数	%
単独通園	82	61.2
親子通園	1	0.7
両方を実施	46	34.3
無回答	5	3.7
実事業所数	134	100

表32　指導形態

登園形態	事業所数	%
全クラス同一時間帯	101	75.4
クラスによって異なる時間帯	16	11.9
年齢や発達段階により異なる時間帯	10	7.5
無回答	7	5.2
計	134	100

　表29「1日の指導時間別クラス数・児童数」をみると，4時間から6時間未満の指導時間としているクラスが62.4％（30年度57.5％）を占めている。1日の指導時間別児童数は，4時間から6時間未満が55.8％（30年度55.3％），4時間未満が7.4％（30年度17.8％）となっている。

　表30「登園日」をみると，「全員一律毎日登園」は61.2％（30年度59.7％）で，「登園日を指定」が38.1％（30年度36.6％）であった。

　表31「登園形態」は，「単独通園」は61.2％（30年度59.7％），「親子通園」は0.7％（30年度3.7％），「両方を実施」は34.3％（30年度32.8％）であった。

　表32「指導形態」をみると，「全クラス同一時間帯」が75.4％（30年度79.3％），「クラスによって異なる時間帯」が11.9％（30年度14.9％），「年齢や発達段階により異なる時間帯」が7.5％（30年度7.5％）となっている。年度によって変動はあるが，児童の状態に合わせて，指導形態を柔軟に変えていることが推察される。

Ⅳ　保護者等への支援の状況

1．保護者等への支援

表33　保護者等への支援

支援等の形態	事業所数	%
講演会・学習会などの開催	119	88.8
懇談等を通じた研修	82	61.2
親子通園によるペアレントトレーニング等の実施	55	41.0
保護者同士の交流会の実施	115	85.8
個別的訓練の実施や指導方法の学習会等の開催	66	49.3
個別にカウンセリング等の時間を持つ	82	61.2
家庭訪問の実施	98	73.1
ホームヘルプやショートステイの案内	35	26.1
メンタルヘルス支援（カウンセリング）の実施	21	15.7
送迎バスのコース，乗降場所，乗降時間の配慮	106	79.1
休日預りの実施	2	1.5
他の支援事業者の紹介	63	47.0
その他	12	9.0
家族・保護者支援は行っていない	0	0
実事業所数	134	100

　表33「保護者等への支援」は，「講演会・学習会などの開催」が88.8％，「保護者同士の交流会の実施」が85.8％，「送迎バスのコース，乗降場所，乗降時間の配慮」が79.1％となっている。ペアレントトレーニングや指導方法の学習会など，保護者に対し，様々な知識や情報提供を含めた支援が多くの事業所で行われていることがみてとれる。また，個々にカウンセリング（61.2％）やメンタルヘルス支援（15.7％）を実施しているところもあり，保護者一人ひとりの置かれている状況や思いを受け止め，寄り添いながら，より専門的な支援を行っていることが推察される。

２．社会的養護が必要な児童

表34　通所支援児童のうち，社会的養護が必要な児童

社会的養護の必要な児童	事業所数	％
いる	92	68.7
いない	37	27.6
無回答	5	3.7
計	134	100

表34－２　社会的養護が必要な児童数

児童数	事業所数	％
1人	22	23.9
2人	17	18.5
3人	6	6.5
4人	4	4.3
5人以上	5	5.4
無回答	38	41.3
社会養護が必要な児童いる事業所数	92	100

表34－３　社会的養護が必要な児童に対する連携機関

連携機関	事業所数	％
児童相談所	68	73.9
子ども家庭支援センター	23	25
保健所	40	43.5
病院	16	17.4
相談支援事業所	55	59.8
要保護児童対策地域協議会	38	41.3
福祉課	52	56.5
その他	16	17.4
連携機関なし	0	0
社会養護が必要な児童いる事業所数	92	100

　表34「通所支援児童のうち，社会的養護が必要な児童」については，「いる」と回答した事業所が92事業所68.7％（30年度84事業所62.7％）と増加しており，より一層社会的養護の必要な児童への支援が求められている。

　表34－２「社会的養護が必要な児童数」は，１人が23.9％（30年度27.4％），２人が18.5％（30年度19.0％），３人が6.5％（30年度3.6％）であった。

　表34－３「社会的養護が必要な児童に対する連携機関」は，児童相談所が68事業所73.9％（30年度65事業所77.4％）と最も多く，続いて相談支援事業所が55事業所59.8％（30年度44事業所52.4％），福祉課52事業所56.5％（30年度55事業所65.5％），保健所40事業所43.5％（30年度34事業所40.5％），要保護児童対策地域協議会38事業所41.3％（30年度29事業所34.5％），子ども家庭支援センター23事業所25％（30年度19事業所22.6％）と必要に応じて複数機関との連携が進められていることが推察される。

V　医療的ケアの実施状況

1．医療的ケアの実施

表35　医療的ケアの実施状況

実施状況	事業所数	％
実施している	39	29.1
実施していない	90	67.2
無回答	5	3.7
計	134	100

表35－2　医療的ケアの必要な児童数

児童数	事業所数	％
1人	17	43.6
2人	9	23.1
3人	5	12.8
4人	5	12.8
無回答	3	7.7
医療的ケアを実施している事業所数	39	100

　表35「医療的ケアの実施状況」は，「実施している」が39事業所29.1％（30年度35事業所26.1％），「実施していない」が90事業所67.2％（30年度94事業所70.1％）であった。

　表35－2「医療的ケアの必要な児童数」は，1人が17事業所43.6％，2人が9事業所23.1％，3人以上いる事業所が10事業所は25.6％であった。

2．介護職員等のたん吸引の研修の実施

表36　特定利用者への吸引などの研修等

受講状況	事業所数	％
受講している	6	4.5
受講していない	74	55.2
無回答	54	40.3
計	134	100

表36－2　特定利用者への吸引などの研修等の受講予定

受講予定	事業所数	％
ある	1	1.4
ない	48	64.9
無回答	25	33.8
特定利用者への吸引等の研修等を受講していない事業所数	74	100

　表36「特定利用者への吸引などの研修等」は，6事業所4.5％（30年度11事業所8.2％）が受講しており，74事業所55.2％（30年度64事業所47.8％）が受講していない状況にある。

表36-2「特定利用者への吸引などの研修等の受講予定」は，「ある」と回答した事業所が1事業所1.4％（30年度1事業所1.6％）と少ない状況にあることから，事業所の受け入れ体制づくり等の課題があるといえよう。

表37　非特定利用者への吸引などの研修等

受講状況	事業所数	％
受講している	4	3.0
受講していない	74	55.2
無回答	56	41.8
計	134	100

表37-2　非特定利用者への吸引などの研修等の受講予定

受講予定	事業所数	％
ある	0	0
ない	48	64.9
無回答	26	35.1
非特定利用者への吸引等の研修等を受講していない事業所数	74	100

表37「非特定利用者への吸引などの研修等」は，4事業所3.0％が受講しており，74事業所55.2％が受講していない状況で特定利用者の研修状態と同様である。

表37-2「非特定利用者への吸引などの研修等の受講予定」は，「ある」と回答した事業所はなく，特定利用者の研修と同様に事業所の受け入れ体制づくり等の課題があるといえよう。

Ⅵ 保育所等訪問支援事業の実施状況

表38 児童発達支援センターでの保育所等訪問支援事業の実施状況

実施状況	事業所数	%
実施している	96	71.6
実施していない	35	26.1
無回答	3	2.2
計	134	100

表38－2 保育所等訪問支援事業の訪問状況（30年度実績）

訪問先		計	%
保育所・幼稚園・認定こども園	か所数	696	81.0
	実人数	1,220	86.3
	延べ人数	4,418	86.4
乳児院・養護施設等	か所数	1	0.1
	実人数	1	0.1
	延べ人数	14	0.3
学校	か所数	157	18.3
	実人数	187	13.2
	延べ人数	669	13.1
その他（放課後児童クラブなど）	か所数	5	0.6
	実人数	5	0.4
	延べ人数	10	0.2
計	か所数	859	100
	実人数	1,413	100
	延べ人数	5,111	100

　表38「児童発達支援センターでの保育所等訪問支援事業の実施状況」は，実施している事業所が96事業所71.6％（30年度72.4％，29年度68.1％，）で微減している。

　表38－2「保育所等訪問支援事業の訪問状況（30年度実績）」は，保育所・幼稚園・認定こども園への支援は，81.0％（696か所1,220人，延べ4,418人）（29年度実績79.8％792か所1,117人，延べ4,667人）に実施しており，学校への支援も18.3％（157か所187人，延べ669人）（29年度実績19.7％196か所241人，延べ385人）に実施している。

　実施事業所数が僅かながら減少したことは，この事業の必要性を重視し精力的に取り組もうとしているものの人的配置などに難しさがあることが推察される。今後実績数が更に増加することが望まれる。

表38－3　保育所等訪問支援事業の職員体制

職員体制		事業所数	％
管理者	専任	7	7.3
	兼任	76	79.2
	無回答	13	13.5
児童発達管理責任者	専任	23	24.0
	兼任	64	66.7
	無回答	9	9.4
訪問支援員	専任	23	24.0
	兼任	54	56.3
	専任＋兼任	5	5.2
	無回答	14	14.6
保育所等訪問支援事業を実施している事業所数		96	100

　表38－3「保育所等訪問支援の職員体制」は，管理者・児童発達管理責任者・訪問支援員のすべてにおいて兼任が専任を上回っている。専任での職員配置に苦慮している状況が続いていることが推察される。

Ⅶ 放課後等デイサービス事業の実施状況

表39 児童発達支援センターでの放課後等デイサービス事業の実施状況

実施状況	事業所数	%
実施している	30	22.4
実施していない	93	69.4
無回答	11	8.2
計	134	100

表39－2 放課後等デイサービス事業の実施定員

実施定員	事業所数	%
10名以下	18	60
11名～20名	11	36.7
21名以上	1	3.3
事業実施事業所数	30	100

　表39「児童発達支援センターでの放課後等デイサービス事業の実施状況」をみると，実施している事業所が30事業所22.4％（30年度19.4％）で，実施していない事業所は93事業所69.4％（30年度73.1％）であった。

　表39－2「放課後等デイサービス事業の実施定員」は，事業を実施している30事業所のうち「10名以下」が18事業所60％（30年度61.5％），「11名～20名」が11事業所36.7％（30年度26.9％）であった。

表39－3　放課後等デイサービス事業の利用状況

※利用契約人数は令和元年6月1日現在
※延べ利用回数は平成30年4月1日～31年3月31日の1年間

			人数	％
小学生	利用契約人数	平日	717	79.6
		休日	506	79.1
	延べ利用回数	平日	37,046	74.1
		休日	11,675	76.9
中学生	利用契約人数	平日	98	10.9
		休日	62	9.7
	延べ利用回数	平日	6,463	12.9
		休日	1,870	12.3
高校生	利用契約人数	平日	86	9.5
		休日	72	11.3
	延べ利用回数	平日	6,495	13.0
		休日	1,641	10.8
未学籍	利用契約人数	平日	0	0
		休日	0	0
	延べ利用回数	平日	0	0
		休日	0	0
19・20歳	利用契約人数	平日	0	0
		休日	0	0
	延べ利用回数	平日	0	0
		休日	0	0
合計	利用契約人数	平日	901	100
		休日	640	100
	延べ利用回数	平日	50,004	100
		休日	15,186	100

　表39－3「放課後等デイサービス事業の利用状況」は，平日の利用契約人数は小学生が717人79.6％（30年度84.0％）と最も多く，次いで中学生が98人10.9％（30年度9.2％），高校生が86名9.5％（30年度6.9％），未学籍と19・20歳はともに0人となっている。休日の利用契約人数は，小学生が506人79.1％（30年度76.9％），中学生が62人9.7％（30年度13.6％），高校生が72人11.3％（30年度9.4％）となっている。

　小学生の休日の利用契約人数が179人，述べ利用回数4,716回増加していることは，注目すべきことであり，今後の動向を見守っていく必要があろう。

Ⅷ　障害児相談支援事業の実施状況

表40　児童発達支援センターでの障害児相談支援事業の実施状況

実施状況	事業所数	%
実施している	72	53.7
実施していない	58	43.3
無回答	4	3.0
計	134	100

　表40「児童発達支援センターでの障害児相談支援事業の実施状況」は，実施している事業所が72事業所53.7%（30年度74事業所55.2%），実施していない事業所が58事業所43.3%（30年度54事業所40.3%）となっている。

表40－2　障害児相談支援事業の実施内容

	事業所数	%
障害児相談支援	68	94.4
特定相談支援	48	66.7
一般相談支援	6	8.3
障害児相談支援事業を実施する事業所数	72	100

表40－3　障害児相談支援事業の一般相談支援の実施内容

	事業所数	%
地域移行支援	4	66.7
地域定着支援	4	66.7
無回答	2	33.3
一般相談支援を実施する事業所数	6	100

　表40－2「障害児相談支援事業の実施内容」は，障害児相談支援を行っている事業所が68事業所94.4%（30年度71事業所95.9%）となっている。

　表40－3「障害児相談支援事業の一般相談支援の実施内容」は，地域移行支援を実施している事業所は4事業所（30年度2事業所），地域定着支援は4事業所（30年度2事業所）となっている。

表40－4　障害児相談支援事業の職員体制

職員体制		事業所数	%
管理者	専任	6	8.1
	兼任	61	82.4
	無回答	7	9.5
相談支援専門員	専任	35	47.3
	兼任	17	23.0
	専任＋兼任	14	18.9
	無回答	8	10.8
障害児相談支援事業を実施している事業所数		74	100

　表40－4「障害児相談支援事業の職員体制」については，管理者の専任が6事業所8.1%（30年度3事業所4.1%），相談支援専門員の専任は35事業所47.3%（30年度37事業所50.0%）となっており，保育所等訪問支援事業と同様に安定した事業運営には至っていないことが推察される。

Ⅸ　障害児等療育支援事業の実施状況

表41　児童発達支援センターでの障害児等療育支援事業の実施状況

	事業所数	％
従来どおり実施している	50	37.3
自治体により別名称に変わったが同様事業を受託している	8	6.0
再委託を受けた内容のみ実施している	1	0.7
実施していない	60	44.8
無回答	15	11.2
計	134	100

　表41「児童発達支援センターでの障害児等療育支援事業の実施状況」は，従来どおり実施している事業所が50事業所37.3％（30年度44事業所32.8％），実施していない事業所が60事業所44.8％（30年度69事業所51.5％）となっている。

X　通園の状況

1．通園児の通園形態

表42　通園児の通園形態

通園形態	人数	％
通園バスで通園している	3,615	62.6
自家用車で通園している	1,551	26.9
公共交通機関で通園している	56	1.0
徒歩あるいは自転車で通園している	133	2.3
その他	67	1.2
不明・無回答	350	6.1
計	5,772	100

　表42「通園児の通園形態」は，通園バスでの通園が62.6％（30年度59.7％）で，自家用車での通園が26.9％（30年度26.3％）となっている。

2．通園バス等の運行状況

表43　通園バス等の運行状況

通園バス等の運行	事業所数	％
運行している	122	91.0
運行していない	12	9.0
計	134	100

表44　1日の走行キロ数

走行キロ数	事業所数	％
～25km 未満	13	10.7
25km～50km 未満	42	34.4
50km～75km 未満	27	22.1
75km～100km 未満	11	9.0
100km～125km 未満	7	5.7
125km～150km 未満	1	0.8
150km～175km 未満	1	0.8
175km～200km 未満	2	1.6
200km～	2	1.6
無回答	16	13.1
通園バス等を運行している事業所数	122	100

表45　片道平均所要時間

平均所要時間	事業所数	%
〜30分	8	6.6
31分〜60分	38	31.1
61分〜90分	56	45.9
91分〜120分	11	9.0
無回答	9	7.4
通園バス等を運行している事業所数	122	100

　表43「通園バス等の運行状況」をみると91.0％（30年度93.3％）の事業所で通園バス等を運行している。

　表44「1日の走行キロ数」は，「25km〜50km 未満」が42事業所34.4％（30年度17.6％）と最も多く，次いで「50km〜75km 未満」が27事業所22.1％（30年度12.0％）となっている。

　表45「片道平均所要時間」は，「61分〜90分」が一番多く，56事業所45.9％（30年度45.6％）で，「60分以下」で区切ると46事業所37.7％（30年度45事業所36.0％）で，「90分以下」が全体の102事業所83.6％（30年度102事業所81.6％）を占める。また，依然として2時間近く運行する事業所が11事業所9.0％（30年度13事業所10.4％）あることは，子どもの体力や年齢からみて，今後の課題であり，身近なところで支援を受けることや家族支援の視点から考えると矛盾点といえるため，何らかの対策を講じる必要があろう。

表46　運転者の状況

	人数	%
専任運転手	121	36.0
職員の兼務	104	31.0
嘱託運転手	111	33.0
計	336	100

表47　添乗者の状況

	事業所数	%
添乗者あり	112	91.8
添乗者なし	10	8.2
通園バス等を運行している事業所数	122	100

表47−2　1台あたりの添乗者数

添乗者数	事業所数	%
1人	62	55.4
2人	45	40.2
3人	6	5.4
無回答	9	8.0
添乗ありの事業所数	112	100

　表46「運転者の状況」は，「専任運転手」が121人36.0％（30年度40.7％），「嘱託運転手」が111人33.0％（30年度28.9％），「職員の兼務」が104人31.0％（30年度30.4％）と，職員の兼務が3割を超えてい

る。職員の過労に繋がらないよう，健康管理や安全面にも留意していく必要があろう。

　表47「添乗者の状況」は，「添乗者あり」が112事業所91.8％（30年度94.4％）で，「添乗者なし」が10事業所8.2％（30年度5.6％）であった。「添乗者なし」の事業所については，乗降車の際など安全管理が十分にできているかなど検証が必要であろう。

　表47－2「1台あたりの添乗者数」は，「1人」が62事業所55.4％（30年度50.8％）で，「2人」は45事業所40.2％（30年度39.0％）となった。さまざまな行動特徴のある子どもたちの乗車についての安全確保は，神経を使う業務であり，添乗者の負担は大きいことから今後検証が必要であろう。

XI　　給食の状況

表48　給食の状況

給食の状況	事業所数	％
自園で調理している（調理室がある）	100	74.6
外部委託をしている	30	22.4
給食の提供はしていない	1	0.7
その他	3	2.2
計	134	100

表48－2　外部委託の状況

委託の状況	事業所数	％
全て外部委託	5	16.7
自園内調理	20	66.7
加熱程度はできる	5	16.7
その他	0	0
外部委託している事業所数	30	100

　表48「給食の状況」をみると，自園の調理室で調理している事業所が100事業所74.6％（30年度79.9％），外部委託が30事業所22.4％（30年度16.4％），給食の提供はしていない事業所が1事業所0.7％（30年度1事業所0.7％）であった。

　表48－2「外部委託の状況」では，全て外部委託は5事業所16.7％，自園内調理が20事業所66.7％，加熱程度はできるが5事業所16.7％であった。

表49　特別食の状況

実　施　内　容	事業所数	％
障害に合わせてきざみ・流動食などを提供している	108	81.2
偏食児には別メニュー等で対応している	51	38.3
行事食を提供している	106	79.7
選択メニューを用意している	18	13.5
おやつを提供している	81	60.9
アレルギー食に対応している	114	85.7
エピペンを常備している	7	5.3
経管栄養に対応している	20	15.0
その他	4	3.0
実事業所数	133	100

表49-2　アレルギー食の対象児数

対象児数	事業所数	%
1人	26	22.8
2人	36	31.6
3人	9	7.9
4人	10	8.8
5人	3	2.6
6人以上	6	5.3
無回答	24	21.1
アレルギー食の対応している事業所数	114	100

　表49「特別食の状況」では，「アレルギー食に対応している」が114事業所85.7％（30年度85.7％），「障害に合わせてきざみ・流動食などを提供している」が108事業所81.2％（30年度83.5％），「行事食を提供している」が106事業所79.7％（30年度78.9％），「経管栄養に対応している」が20事業所15.0％（30年度12.0％）という状況であった。

　表49-2「アレルギー食の対象児数」は，1人が26事業所22.8％（30年度23.7％），2人が36事業所31.6％（30年度13.2％），3人が9事業所7.9％（30年度25事業所21.9％），4人が10事業所8.8％（30年度5.3％），5人以上対応している事業所は9事業所7.9％（30年度16.6％）であった。

表50　エピペン使用対象児数

対象児数	事業所数	%
1人	4	57.1
2人	2	28.6
無回答	1	14.3
エピペンを常備している事業所数	7	100

表51　経管栄養の対象児数

対象児数	事業所数	%
1人	11	55
2人	5	25
3人以上	3	15
無回答	1	5
経管栄養に対応している事業所数	20	100

表52　給食の提供場面

提供場面の状況	事業所数	%
クラスごとに食べている	109	82.0
園全体で食べている	19	14.3
障害の状況やグループによって食べている	13	9.8
子どもの状況によりマンツーマンで対応している	49	36.8
給食提供をしている事業所計	133	100

表50「エピペン使用対象児数」は，7事業所中「1人」が4事業所，「2人」2事業所となっている（30年度は16事業所中「1人」12事業所，「2人」2事業所）。

　表51「経管栄養の対象児数」は，20事業所中「1人」が11事業所，「2人」5事業所，「3人以上」3事業所となっている（30年度は16事業所中「1人」が7事業所，「2人」3事業所，「3人以上」3事業所）。

　表52「給食の提供場面」は，「クラスごとに食べている」が109事業所82.0％（30年度80.5％）となっているが，「子どもの状況によりマンツーマンで対応している」が49事業所36.8％（30年度31.6％）あり，子どもの状況や障害の状況に合わせて対応していることもみてとれる。

表52－2　マンツーマンで対応している子どもの人数

子どもの人数	事業所数	％
1～2人	16	32.7
3～4人	8	16.3
5～6人	3	6.1
7人以上	14	28.6
無回答	8	16.3
マンツーマンで対応している事業所数	49	100

　表52－2　「マンツーマンで対応している子どもの人数」をみると，49事業所のうち「1～2人」が16事業所32.7％（30年度23.8％），「3～4人」が8事業所16.3％（30年度19.0％）となっており，「7人以上」については14事業所28.6％（30年度26.2％）であった。

※この調査票は、児童発達支援センター、のみご回答ください。

全国知的障害児・者施設・事業 利用者実態調査票【事業利用単位】

（令和元年6月1日現在）

記入責任者		職　名	
氏　　名			

《留意事項》

1．本調査は児童発達支援センターで実施する児童発達支援を対象としています。
　　当該事業を利用する利用者の状況についてご回答ください。

①児童発達支援センターで実施する事業についてご回答ください。
　　※児童発達支援事業所や、保育所等訪問支援、放課後等デイサービス、障害児相談支援であっても、児童発達支援センターが
　　　実施していないものは調査対象外です。

②児童発達支援センターの実施する児童発達支援事業が「多機能型」の場合には、個々の事業ごとに各々作成してください。
　　例２：「多機能型」で児童発達支援事業と生活介護の事業を実施
　　　　→　調査票は２部作成（「児童発達支援センター」で 調査票D を１部・「生活介護」で 調査票B を１部）

③従たる事業については、当該事業の利用者を主たる事業に含めてご回答ください。

2．設問は特別の指示がない場合にはすべて令和元年6月1日現在でご回答ください。

3．マークのある欄は同じ数値が入ります。指示のない限り整数でご回答ください。
　　※人数等に幅（1～2人など）を持たせないでください。

4．本調査の結果は、統計的に処理をするためご回答いただいた個別の内容が公表されることはありません。

☆下記の印字内容に誤り若しくは変更がございましたら、赤ペン等で修正してください。（印字がない部分はご記入ください。）

施設・事業所の名称		電　話	
上記の所在地			
経営主体の名称			

施設・事業の種類 ※1つの事業所で2つ以上の事業を実施している場合は、1事業ごとに調査票（コピー）を作成してください。	※施設・事業の種類に誤り若しくは変更がある場合には、右枠より該当の番号を選択してください。	01．障害児入所施設（福祉型・医療型） 02．児童発達支援センター（福祉型・医療型）　　20．多機能型 11．療養介護　　　　　　　　　　　　　　20-11．療養介護 12．生活介護　　　　　　　　　　　　　　20-12．生活介護 13．自立訓練（生活訓練・機能訓練）　　　20-13．自立訓練（生活訓練・機能訓練） 14．自立訓練（宿泊型）　　　　　　　　　20-14．自立訓練（宿泊型） 15．就労移行支援　　　　　　　　　　　　20-15．就労移行支援 16．就労継続支援Ａ型　　　　　　　　　　20-16．就労継続支援Ａ型 17．就労継続支援Ｂ型　　　　　　　　　　20-17．就労継続支援Ｂ型 18．施設入所支援

該当する場合にはチェックをしてください。　上記事業に付帯して、□居宅訪問型児童発達支援 を行っている。

[1]定　員	人	開設年月		移行年月	

☆恐れ入りますが、調査票3ページ右下枠内に番号を転記してください。→　　施設コード　[　　　　　　]

<table>
<tr><td rowspan="2" colspan="2">[2]
現在員

(1)(2)
(4)
の男女別
人員計は
一致する
こと</td><td colspan="16">（1）契約・措置利用者数（合計）</td></tr>
</table>

	（1）契約・措置利用者数（合計）	①男 ★ 人	②女 ☆ 人	計 ● 人

[2] 現在員

(1)(2)(4)の男女別人員計は一致すること

（2）年齢別在所者数 ※（ ）は就学前児数を計上のこと

年齢	2歳以下	3～5歳	6～11歳	12～14歳	15～17歳	18～19歳	20～29歳	30～39歳	40～49歳	50～59歳	60～64歳	65～69歳	70～74歳	75～79歳	80歳以上	計
1.男			※（ ）													★
2.女			※（ ）													☆
計	人	人	人 ※（ ）	人	人	人	人	人	人	人	人	人	人	人	人	● 人
うち措置児・者	人	人	人 ※（ ）	人	人	人	人	人	人	人	人	人	人	人	人	人

（3）平均年齢 ※小数点第2位を四捨五入すること　　．　歳

（4）利用・在籍年数別在所者数※障害者自立支援法事業の施行（平成18年10月）による新たな事業への移行から利用・在籍している年数で計上のこと
※「18.施設入所支援」，「01.障害児入所施設（福祉型・医療型）」は旧法施設からの利用・在籍年数で計上のこと

在所年数	0.5年未満	0.5～1年未満	1～2年未満	2～3年未満	3～5年未満	5～10年未満	10～15年未満	15～20年未満	20～30年未満	30～40年未満	40年以上	計
1.男												★
2.女												☆
計	人	人	人	人	人	人	人	人	人	人	人	● 人

[3] 障害支援区分別在所者数
※「療養介護」，「生活介護」，「18.施設入所支援」のみ回答のこと
※[2]の人員計と一致すること
※「01.障害児入所施設（福祉型・医療型）」に併せて経過的施設入所支援，経過的生活介護を実施する場合は対象者のみ計上のこと

	非該当	区分1	区分2	区分3	区分4	区分5	区分6	不明・未判定	計
	人	人	人	人	人	人	人	人	● 人

[4] 療育手帳程度別在所者数
※[2]の人員計と一致すること

1. 最重度・重度	2. 中軽度	3. 不所持・不明	計
人	人	● 人	人

[5] 身体障害の状況
※身体障害者手帳所持者についてのみ回答のこと

手帳所持者実数 ○　人	手帳に記載の障害の内訳 ※重複計上可	1. 視覚	2. 聴覚	3. 平衡	4. 音声・言語又は咀嚼機能	5. 肢体不自由	6. 内部障害
		人	人	人	人	人	人

[6] 身体障害者手帳程度別在所者数
※[5]の手帳所持実数と一致すること
※重複の場合は総合等級を回答

1 級	2 級	3 級	4 級	5 級	6 級	計
人	人	人	人	人	人	○ 人

[7] 精神障害者保健福祉手帳の程度別在所者数

1 級	2 級	3 級	計
人	人	人	人

[8] 精神障害の状況
※医師の診断名がついているもののみ記入すること
※てんかんとてんかん性精神病は区別し，てんかん性精神病のみ計上のこと
※その他の欄に精神遅滞は計上しないこと

1. 自閉スペクトラム症（広範性発達障害、自閉症など） 人	4. てんかん性精神病 人
2. 統合失調症 人	5. その他（強迫性心因反応、神経症様反応など） 人
3. 気分障害（周期性精神病、うつ病障害など） 人	計

[9]「てんかん」の状況
※てんかんとして現在服薬中の人数　　人

[10]認知症の状況

1. 医師により認知症と診断されている人数		2. 医師以外の家族・支援員等が認知症を疑う人数	
	うちダウン症の人数		うちダウン症の人数
人	人	人	人

[11]矯正施設・更生保護施設・指定入院医療機関を退所・退院した利用者数
※矯正施設とは、刑務所、少年刑務所、拘置所、少年院、少年鑑別所、婦人補導院をさす（基準日現在）

1. 矯正施設		2. 更生保護施設		3. 指定入院医療機関		計	
	うち3年以内		うち3年以内		うち3年以内		うち3年以内
人	人	人	人	人	人	人	人

[12]上記[11]のうち地域生活移行個別支援特別加算を受けている利用者数
※「18.施設入所支援」「自立訓練（宿泊型）」のみ回答のこと
　　　　人

[13]支援度	支援度の指標	1　級 常時全ての面で支援が必要	2　級 常時多くの面で支援が必要	3　級 時々又は一時的にあるいは一部支援が必要	4　級 点検，注意又は配慮が必要	5　級 ほとんど支援の必要がない	
[13]－A 日常生活面 ※[2]の人員計と一致すること	内　容	基本的生活習慣が形成されていないため，常時全ての面での介助が必要。それがないと生命維持も危ぶまれる。	基本的生活習慣がほとんど形成されていないため，常時多くの面で介助が必要。	基本的生活習慣の形成が不十分なため，一部介助が必要。	基本的生活習慣の形成が不十分ではあるが，点検助言が必要とされる程度。	基本的生活習慣はほとんど形成されている，自主的な生活態度の養成が必要。	計
	人　員	人	人	人	人	● 人	人
[13]－B 行動面 ※[2]の人員計と一致すること	内　容	多動，自他傷，拒食などの行動が顕著で常時付添い注意が必要。	多動，自閉などの行動があり，常時注意が必要。	行動面での問題に対し注意したり，時々指導したりすることが必要。	行動面での問題に対し多少注意する程度。	行動面にはほとんど問題がない。	計
	人　員	人	人	人	人	● 人	人
[13]－C 保健面 ※[2]の人員計と一致すること	内　容	身体的健康に厳重な看護が必要。生命維持の危険が常にある。	身体的健康につねに注意，看護が必要。発作頻発傾向。	発作が時々あり，あるいは周期的精神変調がある等のため一時的又は時々看護の必要がある。	服薬等に対する配慮程度。	身体的健康にはほとんど配慮を要しない。	計
	人　員	人	人	人	人	● 人	人

[14]日常的に医療行為等を必要とする利用者数 ※事業所内（職員・看護師）によるもののみ計上のこと ※医療機関への通院による医療行為等は除く		
1．点滴の管理（持続的）　※1　　人	6．人工呼吸器の管理　※4 （侵襲、非侵襲含む）　　人	11．導尿　　人
2．中心静脈栄養　※2 （ポートも含む）　　人	7．気管切開の管理　　人	12．カテーテルの管理 （コンドーム・留置・膀胱ろう）　人
3．ストーマの管理　※3 （人工肛門・人工膀胱）　人	8．喀痰吸引 （口腔・鼻腔・カニューレ内）人	13．摘便　　人
4．酸素療法　　人	9．経管栄養の注入・水分補給 （胃ろう・腸ろう・経鼻経管栄養）人	14．じょく瘡の処置　　人
5．吸入　　人	10．インシュリン療法　　人	15．疼痛の管理 （がん末期のペインコントロール）人
※1…長時間（24時間）にわたり点滴をおこない、針の刺し直し（針刺・抜針）も含む ※2…末梢からの静脈点滴が難しい方におこなう処置 ※3…皮膚の炎症確認や汚物の廃棄 ※4…カニューレ・気管孔の異常の発見と管理		計　　　人

[15]複数事業（所）利用者数 ※日中活動事業（所）・「02.児童発達支援センター」のみ回答のこと ※定期的に利用する日中活動サービスが他にある場合のみ回答のこと ※同一事業を複数個所で利用している場合も計上のこと	人	※定期的に利用する日中活動サービスとは 療養介護，生活介護，自立訓練（宿泊型は除く），就労移行支援，就労継続支援A型，就労継続支援B型の6事業及び幼稚園，保育園とする

[16]日中活動利用者の生活の場の状況 ※[2]と人員計が一致すること ※日中活動事業（所）・「02.児童発達支援センター」のみ回答のこと ※利用契約をしている利用者の実数を回答のこと		
	1．家庭（親・きょうだいと同居）　人	5．福祉ホーム　　人
	2．アパート等（主に単身・配偶者有り）人	6．施設入所支援　　人
	3．グループホーム・生活寮等　人	7．その他　　人
	4．自立訓練（宿泊型）　　人	計　●　人

[17]施設入所支援利用者の日中活動の状況 ※[2]と人員計が一致すること ※「18.施設入所支援」のみ回答のこと ※「01.障害児入所施設（福祉型・医療型）」に併せて実施する経過的施設入所支援は除く	
1．同一法人敷地内で活動	人
2．同一法人で別の場所（敷地外）で活動	人
3．他法人・他団体が運営する日中活動事業所等で活動	人
4．その他の日中活動の場等で活動	人
計	●　人

[18]成年後見制度の利用者数 ※当該事業の利用者のみ対象	1．後見	2．保佐	3．補助
	人	人	人

☆恐れ入りますが、調査票1ページ右下枠内の番号を転記してください。→　施設コード　□

[19]－A 平成30年度新規入所者の入所前（利用前）の状況
（平成30年4月1日～平成31年3月31日の1年間）
イ．家業の手伝いで低額であっても賃金を受け取る場合には一般就労とする
ロ．（1）と（2）の人員計が一致すること

※該当期間に他の事業種別に転換した事業所はすべての利用者について回答のこと

（1）生活の場		（人）		（2）活動の場		（人）	
1.家庭（親・きょうだいと同居）	15.精神科病院			1.家庭のみ	15.老人福祉・保健施設		
2.アパート等（主に単身）	16.施設入所支援			2.一般就労	16.一般病院・老人病院（入院）		
3.グループホーム・生活寮等	17.自立訓練（宿泊型）			3.福祉作業所・小規模作業所	17.精神科病院（入院）		
4.社員寮・住み込み等	18.少年院・刑務所等の矯正施設			4.職業能力開発校	18.療養介護		
5.職業能力開発校寄宿舎	19.その他・不明			5.特別支援学校（高等部含む）	19.生活介護		
6.特別支援学校寄宿舎				6.小中学校（普通学級）	20.自立訓練		
7.障害児入所施設（福祉型・医療型）				7.小中学校（特別支援学級）	21.就労移行支援		
8.児童養護施設				8.その他の学校	22.就労継続支援A型		
9.乳児院	※前年度1年間に新規で入所され			9.保育所・幼稚園	23.就労継続支援B型		
10.児童自立支援施設	た方の状況のみ計上してください。			10.障害児入所施設（福祉型・医療型）	24.地域活動支援センター等		
11.知的障害者福祉ホーム				11.児童発達支援センター・児童発達支援事業等	25.少年院・刑務所等の矯正施設		
12.救護施設				12.児童養護施設	26.その他・不明		
13.老人福祉・保健施設				13.乳児院			
14.一般病院・老人病院	計			14.救護施設	計		

[19]－B 平成30年度退所者の退所後（契約・措置解除後）の状況
（平成30年4月1日～平成31年3月31日の1年間）
イ．家業の手伝いで低額であっても賃金を受け取る場合には一般就労とする
ロ．（1）と（2）の人員計が一致すること
※退所後6か月程度で死亡したケースも記入すること

（1）生活の場		（人）		（2）活動の場		（人）	
1.家庭（親・きょうだいと同居）	14.施設入所支援			1.家庭のみ	15.一般病院・老人病院（入院）		
2.アパート等（主に単身）	15.自立訓練（宿泊型）			2.一般就労	16.精神科病院（入院）		
3.グループホーム・生活寮等	16.少年院・刑務所等の矯正施設			3.福祉作業所・小規模作業所	17.療養介護		
4.社員寮・住み込み等	17.その他・不明			4.職業能力開発校	18.生活介護		
5.職業能力開発校寄宿舎	小計			5.特別支援学校（高等部含む）	19.自立訓練		
6.特別支援学校寄宿舎	18.死亡退所※			6.小中学校（普通学級）	20.就労移行支援		
7.障害児入所施設（福祉型・医療型）				7.小中学校（特別支援学級）	21.就労継続支援A型		
8.児童養護施設				8.その他の学校	22.就労継続支援B型		
9.知的障害者福祉ホーム				9.保育所・幼稚園	23.地域活動支援センター等		
10.救護施設	※前年度1年間に退所された方の			10.障害児入所施設（福祉型・医療型）	24.少年院・刑務所等の矯正施設		
11.老人福祉・保健施設	状況のみ計上してください。			11.児童発達支援センター・児童発達支援事業等	25.その他・不明		
12.一般病院・老人病院				12.児童養護施設	小計		
13.精神科病院				13.救護施設	26.死亡退所※		
	計			14.老人福祉・保健施設	計		

[20]就職の状況 ※「児童発達支援センター」、「自立訓練（宿泊型）」、「施設入所支援」は除く。職場適応訓練は除く。

イ．平成30年4月1日～平成31年3月31日の1年間を調査すること
ロ．家業の手伝いで低額であっても賃金を受け取る場合も記入のこと
ハ．「事業利用（在所）年月」の欄は、現事業（所）での利用（在所）期間を記入のこと
ニ．「知的障害の程度」は、児童相談所または更生相談所の判定より記入すること
ホ．〔19〕－B、（2）活動の場、2一般就労 の人数と一致すること

No.	就職時 年齢	性別	事業利用（在所）年月	知的障害の程度（別表1より）	年金受給の有無（別表2より）	雇用先の業種	仕事の内容	就職時の給与（月額）	就職時の生活の場（別表3より）
例	20 歳	男	2年 か月	4	4	飲食店	接客・食器洗浄	¥ 80,000	1
1									
2									
3									
4									
5									
6									

[21]介護保険サービスへの移行・併給状況

※1ページ目施設・事業の種類「18.施設入所支援」は除く。生活介護と施設入所支援を行う事業所の重複回答を避けるため、両方の事業を行う場合は1ページ目「18.施設入所支援」と印字された調査票以外、回答のこと。

イ．平成30年4月1日～平成31年3月31日の1年間に新規に移行又は併給を開始した者を計上すること

No.	移行・併給開始年齢	性別	知的障害の程度（別表1より）	障害支援区分	移行前の生活の場（別表4より）	移行後の生活の場（別表5より）	介護認定区分（別表6より）	移行・併給後に利用を開始した別表（5）のうち4～7以外の介護保険サービス（別表7より）複数選択可	移行・併給開始の理由（別表8より）
1	歳								
2									
3									
4									
5									
6									

[22]死亡の状況

※1ページ目施設・事業の種類「18.施設入所支援」は除く。生活介護と施設入所支援を行う事業所の重複回答を避けるため、両方の事業を行う場合は1ページ目「18.施設入所支援」と印字された調査票以外、回答のこと。

イ．平成30年4月1日～平成31年3月31日の1年間を調査すること

ロ．退所後6か月程度で死亡したケースも記入すること

ハ．〔19〕－B、（1）生活の場、18死亡退所　の人数と一致すること

No.	死亡時年齢	性別	知的障害の程度（別表1より）	死亡場所（別表9より）	死因（右より選択）	
1	歳					1．病気
2						2．事故
3						3．その他
4						
5						
6						

別表1	1．最重度　　2．重度　　3．中度　　4．軽度　　5．知的障害なし
別表2	1．有：1級　　2．有：2級　　3．有：その他（厚生年金・共済年金）　　4．無
別表3	1．家庭　　2．アパート等　　3．グループホーム・生活寮等　　4．社員寮等 5．自立訓練（宿泊型）　　6．福祉ホーム　　7．その他　　8．不明
別表4	1．家庭（親・きょうだいと同居）　　2．アパート等（主に単身）　　3．グループホーム・生活寮等 4．社員寮・住み込み等　　5．知的障害者福祉ホーム　　6．施設入所支援 7．自立訓練（宿泊型）　　8．その他・不明
別表5	1．家庭　　2．アパート　　3．グループホーム（障害福祉） 4．グループホーム（認知症対応）　　5．特別養護老人ホーム　　6．介護老人保健施設 7．介護療養型医療施設　　8．その他
別表6	1．要支援1　　2．要支援2　　3．要介護1 4．要介護2　　5．要介護3　　6．要介護4 7．要介護5
別表7	1．デイサービス・デイケア　　2．訪問・居宅介護（ホームヘルプサービス） 3．短期入所（ショートステイ）　　4．訪問看護　　5．その他
別表8	1．市町村等行政から65歳になったので移行指示があった。 2．加齢により支援が限界となったため事業所側から移行・併給を働きかけた 3．本人の希望により　　4．家族の希望により　　5．その他
別表9	1．施設　　2．病院　　3．家庭　　4．その他

〔児童発達支援センター専門項目〕以下より児童発達支援センターのみご回答ください

[23] 設置主体	□1．都道府県立　□2．市町村立　□3．民間立　□4．その他（　　　　　　　　　　　　　　）
[24] 経営主体	□1．公営　　　　　□2．社会福祉事業団　　　□3．社会福祉法人（社会福祉事業団は除く） □4．NPO法人　　□5．株式会社等　　　　□6．その他（　　　　　　　　　　　　　　　　　　）

[25]児童発達支援センターでの実施事業（指定を受けている事業）　※児童発達支援センターで実施する児童発達支援事業を除く

□①医療型児童発達支援事業　（利用定員　　　　名）	□⑧日中一時支援事業
□②放課後等デイサービス事業（利用定員　　　　名）	□⑨移動支援事業
□③保育所等訪問支援事業	□⑩居宅支援事業
□④障害児相談支援事業	□⑪障害児等療育支援事業
□⑤特定相談支援事業	□⑫居宅訪問型児童発達支援事業
□⑥一般相談支援事業	□⑬その他（　　　　　　　　　　　　）
□⑦短期入所事業	

[26]平成30年度の開所日数、利用契約児童数及び措置児童数並びに延べ利用人数等

※開所日数と延べ利用人数は月末締めの人数で計上すること

※延べ利用人数とは、当該月における開所日に実際に利用した児童（措置児童も含む）の合計数とすること

平成30年度の年間開所日数＿＿＿＿＿日

		平成30年4月	平成30年10月	平成31年3月
	1．開所日数	日	日	日
	2．利用契約児童数	人	人	人
	3．措置児童数	人	人	人
	4．延べ利用人数	人	人	人

[27]利用契約児童（措置児童も含む）の利用形態（令和元年6月1日現在）

※記号部分（●）は、2ページ目現在員●と数をあわせること

	週6日以上	週5日	週4日	週3日	週2日	週1日	週1日未満	合　計
人　数	人	人	人	人	人	人	人	●　　人

[28]所在するエリア内の障害児の処遇を協議する組織

1．協議会もしくは委員会組織	□①有　　　　　　　□②無	
2．地域自立支援協議会	□①全体会の構成メンバーとして参加	か所
	□②専門部会（子ども、子育て、療育、発達支援等）の構成メンバーとして参加	か所
	□③事務局のメンバーとして参加	か所
	□④その他（　　　　　　　　　　　　　　　　　　　　　　　　　）	か所
3 要保護児童対策地域協議会	□①全体会の構成メンバー　　□②事務局のメンバー　　□③その他（　　　　　　　　　）	

[29]併行通園の状況（令和元年6月1日現在の在籍児の状況）

1．保育所在籍児童	□①有＿＿＿人　□②無	5．病院・医療機関入院児童	□①有＿＿＿人　□②無
2．幼稚園在籍児童	□①有＿＿＿人　□②無	6．他の児童発達支援センター利用児童	□①有＿＿＿人　□②無
3．認定こども園在籍児童	□①有＿＿＿人　□②無	7．その他機関（　　　）利用児童	□①有＿＿＿人　□②無
4．児童発達支援事業所利用児童	□①有＿＿＿人　□②無		

[30]加算の状況（令和元年6月1日～6月30日の状況）　※貴センターで取得している加算についてすべて選択のこと

□①人工内耳装用児支援加算	□⑤家庭連携加算	□⑨栄養士配置加算	□⑬関係機関連携加算
□②利用者負担上限額管理加算	□⑥欠席時対応加算	□⑩訪問支援特別加算	□⑭看護職員加配加算
□③特別支援加算	□⑦事業所内相談支援加算	□⑪医療連携体制加算	
□④児童指導員等加配加算	□⑧延長支援加算	□⑫食事提供加算	

[31]平成 30 年度の減算の状況

※貴センターで減算された全ての項目について選択のこと

□①利用者の数が利用定員を超える場合（定員超過利用減算）

□②通所支援計画等が作成されない場合（児童発達支援計画未作成減算）

□③配置すべき従業者の員数が基準に満たない場合（サービス提供職員欠如減算）

[32]障害児支援利用計画作成状況

※令和元年 6 月 1 日現在、貴センターでの通所支援を利用している契約児童について計上のこと

□①障害児相談支援事業所で作成されている ＿＿＿＿＿人

□②セルフプランで作成されている ＿＿＿＿＿人

□③未だ作成されていない ＿＿＿＿＿人

[33]介助度（令和元年 6 月 1 日現在）

※それぞれの計（●）は 2 ページ目現在員●に一致すること。

		1	2	3	4	5	計
食事		自分で食べられないため食べさせてもらう。	手づかみでは食べるがスプーンは使えない。	手づかみやスプーンで食べる。	スプーンやにぎりばしで食べられる。	はしを使って食べられる。	
		人	人	人	人	人	● 人
排泄		オムツを必要とする段階。	大小便とも時間を決めてつれていく。（失敗があってもよい）	大小便とも予告できる。（時に失敗があってもよい）	大小便ともほぼ自立するが、後処理不完全。	大小便とも自立。	
		人	人	人	人	人	● 人
着脱衣		すべて介助が必要。（協力動作なし）	介助すれば協力しようとする。	かんたんなものは自分で脱げる。	着脱はほぼできるが、ボタンかけ等は困難。	着脱ができ、ボタンかけ等も自分でできる。	
		人	人	人	人	人	● 人
移動		自力移動殆ど不能。寝たきりの状態。	なんらかの自力移動可能。	独歩不能なるもつたい歩き可。（手をつなげば歩ける）	独歩可能なるも危なっかしい。	歩行可能又は不自由さはあるが皆と同様に歩ける。	
		人	人	人	人	人	● 人
言語		話せないし、相手の言うこともわからない。	話すことはできないが相手の言うことはわかる。	身振りや声で表現し伝えようとする。	単語程度で意思交換可能。	大体のことは言葉で通じあえる。	
		人	人	人	人	人	● 人
自己統制		全く指示の理解もできず、従えない。危険もわからない。	ある程度危険を避けられるが目を離すと不安なことが多い。	くりかえし指示を与えれば何とか従える。	ほぼ、指示や説明を理解し行動できる。	自発性もありごく日常的な生活には対応できる。	
		人	人	人	人	人	● 人
対人関係		無関心、呼ばれても反応を示さない。	呼ばれれば反応を示す。特定の人や物には一応関心がもてる。	人や物に関心をもち、表情や動作にあらわす。	一方的ながら、人や物に対して働きかけ、初歩的な関係がもてる。	友だちの世話をしたり、協力して遊んだりもする。	
		人	人	人	人	人	● 人

[34]在籍児の入園前の状況について（令和元年6月1日現在）

※主たる項目（1人につき1項目）に計上のこと

①在宅のままで，特に支援を受けていない	人	⑦他のセンターで継続的な支援を受けていた（契約、未契約）	人
②児童相談所で継続的な支援を受けていた	人	⑧保育所，幼稚園等に通っていた	人
③保健所で継続的な支援を受けていた	人	⑨学校に通っていた	人
④医療機関（病院等）で継続的な支援を受けていた	人	⑩他の児童福祉施設に措置されていた	人
⑤放課後等デイ等で継続的な支援を受けていた	人	⑪その他（　　　　　　　　　　　　）	人
⑥現在のセンターで継続的な支援を受けていた（未契約）	人	計	人

[35]利用契約児童（措置児童も含む）の障害状況

※令和元年6月1日現在の利用契約児童（措置児童も含む）について計上のこと

※「主たる障害」は1人1障害として計上すること。「主たる障害」の合計数（●）は2ページ目現在員●と一致のこと

※「発達障害」には、知的障害を伴わない（IQが概ね70以上）「自閉スペクトラム症（ＡＳＤ）」の子どもの人数を計上のこと

　なお、知的障害を伴う発達障害は「知的障害」の欄に計上のこと

※重症心身障害については、右記の「大島分類」を参照のこと

　IQに関しては、厳密な数値と捉えず、参考程度にして差し支えない

　なお、運動機能獲得月齢に達していないときは、その障害像より予測すること

※重症心身障害には、重度の知的障害と重度の肢体不自由が含まれるため、
　重複選択に注意して計上のこと

※右表の1，2，3，4の範囲に入るものを重症心身障害とすること

					(IQ)
21	22	23	24	25	80
20	13	14	15	16	70
19	12	7	8	9	50
18	11	6	3	4	35
					20
17	10	5	2	1	0

走れる　歩ける　歩行障害　座れる　寝たきり

主たる障害	①知的障害	②発達障害	③肢体不自由	④聴覚障害	⑤重症心身障害	⑥難病	⑦その他	合計
	人	人	人	人	人	人	人	● 人

[36]平成30年度（平成30年4月1日〜平成31年3月31日）新入園児の入園時点での年齢（年次）構成

※平成30年度の新入園児のみ計上すること

年齢	0歳児	1歳児	2歳児	3歳児（年少）	4歳児（年中）	5歳児（年長）	6歳児（就学前）	計
人数	人	人	人	人	人	人	人	人

[37]児童と直接支援職員の比率（令和元年6月1日現在）

※直接支援職員とは児童指導員・指導員・保育士・各種療法士をさし、非常勤の場合は常勤換算すること

　但し、それらの職種でも外来療育や巡回療育相談等利用契約児童（措置児童も含む）以外を対象とした業務に専従している職員は除く。

※小数第2位以下を四捨五入すること

①定員との比率	定員数	人	÷	直接支援職員数	人	＝	．
②在籍児童との比率	在籍児数	人	÷	直接支援職員数	人	＝	．

[38]クラス編成の状況（令和元年6月1日現在）

1．クラス編成		□①している　　　　□②していない					

| ⇒編成している場合の考え方 | □①年齢　□②発達段階　□③入園年次　□④障害　□⑤特になし　□⑥その他（　　　　） |

⇒編成している場合の1クラスの人数	5人以下	6〜8人	9〜12人	13人以上	計
	クラス	クラス	クラス	クラス	クラス

⇒編成している場合の1クラスの担任数	1人担任	2人担任	3人担任	4人担任	5人担任	その他	計
	クラス	クラス	クラス	クラス	クラス	クラス	クラス

⇒午前と午後に分けた編成	□①している　　　　□②していない

2．1日の支援時間	支援時間	2時間未満	2〜3時間未満	3〜4時間未満	4〜5時間未満	5〜6時間未満	6時間以上	その他	計
	クラス数								クラス
	児童数								人

3. 登園日	□①全員一律に毎日通園　　□②登園日を指定
4. 登園形態	□①単独通園　　　　□②親子通園　　　　□③両方を実施
5. 支援形態	□①全クラスとも同一の時間帯　□②クラスによって異なる時間帯　□③年齢や発達段階によって異なる時間帯

[39]保護者等への支援　（平成30年4月1日〜平成31年3月31日の1年間）　※該当するものをすべて選択すること

□①講演会・学習会などの開催	□⑧ホームヘルプやショートステイの案内
□②懇談等を通じた研修の実施	□⑨メンタルヘルス支援（カウンセリング）の実施
□③親子通園によるペアレントトレーニング等の実施	□⑩送迎バスのコース、乗降場所、乗降時間の配慮
□④保護者同士の交流会の実施	□⑪休日預かりの実施
□⑤個別的訓練の実施や支援方法の学習会等の開催	□⑫他の支援事業者等の紹介
□⑥個別にカウンセリング等の時間を持つ	□⑬その他（　　　　　　　　　　　　　　）
□⑦家庭訪問の実施	□⑭家族・保護者支援は行っていない

[40]要保護児童への支援　（令和元年6月1日現在）

1. 貴事業所通所児童のうち社会的養護が必要（被虐待・不適切な養育等）な児童	□①いる ＿＿＿＿＿＿人　　□②いない

2. 要保護児童に関する連携機関

□①児童相談所　　□②子ども家庭支援センター　　□③保健所　　□④病院　　□⑤相談支援事業所
□⑥要保護児童対策地域協議会　　□⑦福祉課　　□⑧その他（　　　　　　　　）　　□⑨連携機関なし

[41]医療的ケアの必要な児童への支援

1. 医療的ケアの必要な児童	□①いる ＿＿＿＿＿人　　□②いない

2. 介護職員等のたんの吸引等の研修の実施状況

a 特定利用者への吸引等の研修	□①受講した　　□②受講していない ⇒ 今後受講予定（ □ある ・ □ない ）
b 非特定利用者への吸引等の研修	□①受講した　　□②受講していない ⇒ 今後受講予定（ □ある ・ □ない ）

[42]児童発達支援センターでの保育所等訪問支援の実施状況

※貴センターで実施する場合のみ回答のこと。同一法人であっても別事業所として実施する場合には「②実施していない」を選択すること。

保育所等訪問支援事業の実施

□①保育所等訪問支援を実施している　　□②実施していない　⇒設問[43]へ

⇒1. 実施している場合、平成30年度の実施状況

訪問支援先	か所数	実人数	延べ人数	
1. 保育所・幼稚園・認定こども園	か所	人	人	
2. 乳児院・児童養護施設等	か所	人	人	
3. 学校	か所	人	人	
4. その他（放課後児童クラブ等）	か所	人	人	

⇒2. 実施している場合、職員体制

1. 管理者	□① 専任	□② 兼任
2. 児童発達支援管理責任者	□① 専任	□② 兼任
3. 支援訪問員	□① 専任 ＿＿＿＿人	□② 兼任 ＿＿＿＿人

[43]児童発達支援センターでの放課後等デイサービス事業の実施状況

※貴センターで実施する場合のみ回答のこと。同一法人であっても別事業所として実施する場合には「②実施していない」を選択すること。

放課後等デイサービスの実施

□①放課後等デイサービスを実施している　　□②実施していない　⇒設問[44]へ

⇒実施している場合の定員

□① 10人以下　　□②10人以上20人以下　　□③ 21人以上

⇒実施している場合の利用状況

		令和元年6月1日現在の利用契約人数（実人数）					延べ利用人数（平成30年4月1日〜平成31年3月31日）				
		小学生	中学生	高校生	未学籍	19-20歳	小学生	中学生	高校生	未学籍	19-20歳
	平日	人	人	人	人	人	人	人	人	人	人
	休日	人	人	人	人	人	人	人	人	人	人

[44]児童発達支援センターでの障害児相談支援の実施状況

※貴センターで実施する場合のみ回答のこと。同一法人であっても別事業所として実施する場合には「②実施していない」を選択すること。

障害児相談支援事業の実施

□①障害児相談支援を実施している　　□②実施していない　⇒　設問[45]へ

⇒1.　実施している場合、指定を受けている事業

□①障害児相談支援　　　□②特定相談支援　　　□③一般相談支援　⇒　（　□a.地域移行　・　□b.地域定着　）

⇒2.　実施している場合、職員体制

1．管理者	□① 専任	□② 兼任
2．相談支援専門員	□① 専任 ＿＿＿＿＿人	□② 兼任 ＿＿＿＿＿人

[45]児童発達支援センターでの障害児等療育支援事業（実施主体：都道府県・政令市・中核市）の実施状況

※平成18年10月に、障害児（者）地域療育等支援事業の地域生活支援事業（コーディネーター事業）が市町村事業へ移行。療育支援3事業（訪問療育、外来療育、施設支援）が現在の障害児等療育支援事業

□①従前どおり障害児等療育支援事業を実施している

□②自治体により別名称に変わったが同様の事業を受託している

□③再委託を受けた内容のみ実施している

□④本事業は実施していない

[46]通園の状況（令和元年6月1日現在）

1.　通園児の通園形態

□①通園バスで通園している ＿＿＿＿＿人	□④徒歩あるいは自転車で通園している ＿＿＿＿＿人
□②自家用車で通園している ＿＿＿＿＿人	□⑤その他（　　　　　　　　　　）＿＿＿＿＿人
□③公共交通機関を利用し通園している ＿＿＿＿＿人	

2.　通園バス等の運行状況

□①通園バス等を運行している　□②通園バス等は運行していない⇒　設問[47]へ

⇒1.　運行している場合、一日の走行km数（複数運行の場合は1台あたりの平均km数）	ｋｍ
⇒2.　運行している場合、片道平均所要時間（複数運行の場合は1台あたりの平均時間）	分

⇒3.　運行している場合、運転者の人数

a.専任職員 ＿＿＿人	b.職員の兼務 ＿＿＿人	c.委託運転手 ＿＿＿人

⇒4.　運行している場合、添乗者（運転手・保護者を除く）の状況

□①添乗者あり　1台につき ＿＿＿＿＿人　　□②添乗者なし

[47]給食の状況

1.　給食の提供方法

□①自園調理をしている（自園に調理室がある）

□②外部委託をしている

　⇒　□ a.すべて外部委託（自園に調理室なし）□ b.自園内調理　□c.加熱程度の調理はできる　□d.その他（　　　　　　）

□③給食の提供はしていない

□④その他（　　　　　　　　　　　　　　　　　　　）

2.　特別食の対応状況　※該当をすべて選択

□①障害にあわせてきざみ食・流動食などを提供している	□⑥アレルギー食に対応している　⇒　対象児童 ＿＿＿＿＿人
□②偏食児には別メニュー等で対応している	□⑦エピペンを常備している　　　⇒　対象児童 ＿＿＿＿＿人
□③行事食を提供している	□⑧経管栄養に対応している　　　⇒　対象児童 ＿＿＿＿＿人
□④選択メニューを用意している	□⑨その他（　　　　　　　　　　）
□⑤おやつを提供している	

3.　給食の提供場面

□①クラスごとに食べている	□③障害の状況やグループごとに食べている
□②園全体で食べている　⇒（場所　　　　　　　）	□④子どもの状況によりマンツーマンで対応している ＿＿＿＿＿人

ご協力いただき誠にありがとうございます

令和元年度

生活介護事業所（通所型）
実 態 調 査 報 告

生活介護事業所（通所型）実態調査報告

公益財団法人日本知的障害者福祉協会
日中活動支援部会

は じ め に

　令和元（2019）年度生活介護事業実態調査の結果を報告するにあたり，調査にご協力いただいた事業所の皆様に深く感謝申し上げます。

　現在障害福祉サービス事業においては生活介護事業の利用者数が最も大きい事業種別となっています（事業所数10,914・利用者数287,585／令和元年12月国保連データ）。この生活介護事業所総数から施設入所支援（2,587か所・利用者128,114人）を除くと，全国の通所型生活介護事業所総数及び総利用者数は8,327か所・利用者数159,471人と推定され，2019年度の本会調査結果は，全国の通所型生活介護事業所の14.1％（H30年度15.1％），利用者数は23.0％（H30年度23.4％）に当たると推測されます。合わせて当協会の通所型生活介護事業所（単独型・多機能型）の事業所数は1,670事業所（2019.6.1現在）であることから全国の通所型生活介護事業所の20.1％を占めていると推定されます。

　以下，令和元（2019）年度調査を通じ，特徴的な点について述べます。

　回収率が70.5％（H30年度72.0％，H29年度71.1％）と昨年度より1.5ポイント減少しました。回収状況の内訳は単独型581箇所（49.4％），多機能型596箇所（50.6％）となっています。

　事業所の定員構成は，40人以下に8割以上（単独型83.1％，多機能型91.8％）が分布しています。

　年齢構成の分布においては20代が最も多く28.4％を占めていますが，過去3年間との比較では減少傾向にあります（平成30年度29.1％，平成29年度29.7％，平成28年度30.4％）。その一方で，50歳以上の割合は18.7％と過去3年間との比較では上昇傾向にあります（平成30年度18.0％，平成29年度17.0％，平成28年度16.3％）。また，区分4以上の利用者は88.6％と過去3年間との比較では上昇傾向にあります（平成30年度86.6％，平成29年度86.1％，平成28年度83.2％）。週あたりの利用状況は週5日利用が最も多く70.4％ですが，過去3年間の調査の中ではじめて前年度比で2ポイント近い減少となりました（平成30年度72.0％，平成29年度72.6％，平成28年度72.3％）。週6日以上の利用者は，11.6％（H30年度12.3％，H29年度10.8％，H28年度11.6％）と過去3年間の調査結果と同様に約1割の利用があります。

　全体としては高齢化と重度化の傾向が明らかに進んでいるとともに，日中活動系（生活介護）の利用は増加傾向にあります。その中で，送迎に対する事業所への期待度は高く，一部家族送迎も含みますが，利用者全体のうち71.3％が事業所の送迎を利用しており（平成30年度70.5％，平成29年度69.3％），送迎車1台あたり2時間以上の送迎時間を要している事業所が42.9％になっています。また，入浴サービスを提供している事業所は30.0％であることも特徴を示しているとみられます。

　今後も回収率の向上を図るとともに，経年調査としての精度を保ち，制度の変容や時代の変化に応じた調査として，生きたデータの蓄積と活用のために継続していきたいと考えています。事業所や利用者の状況からその背景を知ることは，支援の在り方や今後の制度を考えていく上でとても大切な資料となります。今後も引き続き生活介護事業実態調査にご協力賜わりますようお願い申し上げます。

　2020年3月

日中活動支援部会

部会長　森　下　浩　明

目　　次

Ⅰ．施設・事業所概要

　調査基準日（令和元年6月1日）現在，調査対象となった通所型の生活介護事業所は1,670事業所で，回答のあった事業所は1,177か所，回収率は70.5%であった。対象事業所数については，平成30年度調査結果と比較すると，36か所増加している。平成26年度調査（5年前）と比較すると195ヵ所増加しており，毎年度増加してきている傾向が確認できる。回収率についても毎年度上昇傾向であったが，平成30年度調査結果と比較すると，1.5ポイント減少している。

表1　地区別，調査対象事業所数と回収率

地　区	北海道	東北	関東	東海	北陸	近畿	中国	四国	九州	計
対象事業所数	70	163	501	263	88	206	126	58	195	1,670
回答事業所数	61	120	350	185	67	131	96	43	124	1,177
回収率（%）	87.1	73.6	69.9	70.3	76.1	63.6	76.2	74.1	63.6	70.5

　回答のあった事業所1,177か所のうち，「単独型」が581か所（49.4%），「多機能型」が596か所（50.6%）と多機能型がわずかに多い傾向にあるが，年々，その差が縮まってきている。

表2　事業所の種類（単独型と多機能型いずれか選択）

	事業所数	%
単独型	581	49.4
多機能	596	50.6
計	1,177	100

　表3は単独型と多機能型における定員・現員規模別事業所の分布を表したものである。定員規模で最も多かったのは単独型，多機能型ともに「〜20人」であった。単独型・多機能型とも40人以下の3階層に8割以上（単独型83.1%，多機能型91.8%）が分布していた。定員と現員の分布を比較すると，単独型・多機能型とも定員規模の少ない階層から現員規模では多い階層へ移動していることが推測され，多くの事業所が定員を上回った状態で運営していることが伺える。

表3　定員・現員規模別事業所数

（多機能型については生活介護の定員・現員のみ計上）

		〜20人	〜30人	〜40人	〜50人	〜60人	〜100人	101人以上	計
単独型	生活介護定員	198	89	196	34	58	6	0	581
	％（単独）	34.1	15.3	33.7	5.9	10.0	1.0	0	100
	％（全体）	16.8	7.6	16.7	2.9	4.9	0.5	0	49.4
	生活介護現員	80	150	128	107	72	44	0	581
	％（単独）	13.8	25.8	22.0	18.4	12.4	7.6	0	100
	％（全体）	6.8	12.7	10.9	9.1	6.1	3.7	0	49.4
多機能型	生活介護定員	336	150	61	30	11	8	0	596
	％（多機能）	56.4	25.2	10.2	5.0	1.8	1.3	0	100
	％（全体）	28.5	12.7	5.2	2.5	0.9	0.7	0	50.6
	生活介護現員	267	149	87	51	22	19	1	596
	％（多機能）	44.8	25.0	14.6	8.6	3.7	3.2	0.2	100
	％（全体）	22.7	12.7	7.4	4.3	1.9	1.6	0.1	50.6

Ⅱ．利用者の状況

1．年齢

　表4は回答のあった事業所1,177か所の利用者36,610人（男22,551人，女14,059人）を年齢階層別に整理したものである。なお，利用者36,610人については，障害福祉サービスを利用している知的障害者40.8万人（令和元年12月国保連データ）に対し，9.0％に該当する。

　20代の階層が最も多く10,397人（28.4％）で，それ以降は年齢階層が高くなるにつれて減っていることがわかる。20代から40代の3階層で28,225人（77.1％）を占め，50代からは極端に減少する傾向にある。

　なお，平成30年度調査結果では，49歳以下が29,445人（82.0％），50歳以上が6,461人（18.0％）であったのに対し，今年度調査結果は49歳以下が29,780人（81.3％），50歳以上が6,830人（18.7％）であった。また，介護保険への移行年齢といわれる65歳以上についても，平成30年度調査結果が1,593人（4.4％）であったのに対し，今年度は1,662人（4.5％）と増加している。年々，高い年齢階層へとスライドしており着実に高齢化が進んでいる状況が確認できる。

表4　利用者年齢

	15〜17歳	18〜19歳	20〜29歳	30〜39歳	40〜49歳	50〜59歳	60〜64歳	65〜69歳	70〜74歳	75〜79歳	80歳以上	計
男	8	1,043	6,819	5,758	5,216	2,204	635	513	220	97	38	22,551
女	6	498	3,578	3,466	3,388	1,745	584	431	231	86	46	14,059
計	14	1,541	10,397	9,224	8,604	3,949	1,219	944	451	183	84	36,610
％	0.0	4.2	28.4	25.2	23.5	10.8	3.3	2.6	1.2	0.5	0.2	100
	29,780人		81.3％			6,830人			18.7％			

2．障害支援区分

　表5は利用者の障害支援区分の分布を表したものである。全利用者のうち重度といわれる区分4から区分6は，全体の8割を超える32,440人（88.6％）（平成30年度調査結果86.6％・平成26年度調査結果76.3％）であり，区分5・6のみでも半数を超える22,561人（61.6％）（平成30年度調査結果58.5％・平成26年度調査結果47.2％）であった。

表5　障害支援区分

	非該当	区分1	区分2	区分3	区分4	区分5	区分6	不明・未判定	無回答	計
人数	8	4	328	3,414	9,879	11,042	11,519	14	402	36,610
％	0.0	0.0	0.9	9.3	27.0	30.2	31.5	0.0	1.1	100

3．自閉スペクトラム症

　自閉スペクトラム症（広範性発達障害や自閉症等）の利用者は，対象利用者36,610人のうち，6,576人（18.0％）であった。その割合は少しずつではあるが，増加傾向にある。

表6　自閉スペクトラム症利用者数

	自閉スペクトラム症（広範性発達障害，自閉症など）	全利用者数
人数	6,576	36,610
％	18.0	100

4．週あたりの利用契約状況

　表7は利用者の週あたりの利用契約状況の分布を表したものである。最も多いのは週5日で25,788人（70.4％），次いで週6日の4,001人（10.9％）となっていた。また，同様の調査を行うたびに週7日の利用契約者が一定数いるが，制度上は原則的に認められていない。家庭の事情等で短期入所や日中一時支援の代用として一時的に生活介護事業を週7日利用しているものと推測される。

表7　週あたりの利用契約状況

	7／週	6／週	5／週	4／週	3／週	2／週	1／週	その他	不明	計
人数	254	4,001	25,788	1,097	1,520	1,403	934	737	876	36,610
％	0.7	10.9	70.4	3.0	4.2	3.8	2.6	2.0	2.4	100

5．複数事業（サービス）等の利用状況

　表8は定期的に利用する他の事業の利用状況を表したものである。障害者総合支援法における日中活動6事業に地域活動支援センターと一般就労も加えると，回答のあった1,177事業所の全利用者36,610人のうち，724事業所の利用者4,088人（11.2％）が他の事業を利用していた。最も多かったのは他の生活介護事業所（670か所）で3,457人（84.6％）が併用しており，他のサービスを大きく引き離していた。次に多かったのが就労継続支援B型事業で135か所295人（7.2％），次いで地域活動支援センター70か所281人（6.9％）の順となっていた。同事業である他の生活介護事業所を利用する理由としては，希望する生活介護事業所への利用希望が集中した場合に，他の生活介護事業所と組み合わせて利用することや，高齢化や行動障害等，専門性の高い生活介護事業所をニーズに応じて利用している等の理由が推測できる。

表8　複数事業等の利用状況（日中活動）

	生活介護 （他事業所）	就労継続 支援A型	就労継続 支援B型	就労移行 支援	自立訓練 （生活）	自立訓練 （機能）	地域活動 支援 センター	一般就労	他の障害福祉サービス（日中）等を利用している実人数
人数	3,457	6	295	6	33	14	281	23	4,088
％	84.6	0.1	7.2	0.1	0.8	0.3	6.9	0.6	100
施設数	670	6	135	1	12	10	70	12	724
％	92.5	0.8	18.6	0.1	1.7	1.4	9.7	1.7	100

6．通所手段の状況

　表9は生活介護利用者の通所手段の分布を表したものである。全利用者の通所手段のうち最も多かったのは事業所送迎（委託含む）で22,333人（61.0％），次いで家族送迎5,014人（13.7％），家族＋事業所送迎3,777人（10.3％），自力3,627人（9.9％）の順であった。この数字からも分かるように事業所送迎（61.0％）と家族＋事業所送迎（10.3％）で全体の71.3％の利用者が事業所の送迎を利用していることがわかる。なお，平成30年度調査結果は70.5％，平成29年度調査結果は69.3％であった。

表9　通所手段の状況

	自力	家族送迎	事業所送迎 （委託含む）	家族＋事 業所送迎	自治体 送迎	有償サー ビス送迎	ボラン ティア	ヘルパー （移動支援等）	その他	不明	計
人数	3,627	5,014	22,333	3,777	75	118	0	430	766	470	36,610
％	9.9	13.7	61.0	10.3	0.2	0.3	0	1.2	2.1	1.3	100

7．送迎について

　表10は事業所における送迎サービスの実施状況を表したものである。回答のあった，1,177事業所のうち，委託を含めて送迎を実施している事業所は全体の９割を超え1,105事業所（93.9％）となった。なお，平成30年度調査結果は94.2％であった。

表10　送迎（委託含む）の実施状況

	実施 している	実施 していない	不明 無回答	計
事業所数	1,105	59	13	1,177
％	93.9	5.0	1.1	100

　表11は送迎サービスの利用者実人数の分布状況を表したものである。送迎を実施していると回答のあった1,105事業所における送迎サービス利用実人数は26,583人であり，生活介護全利用者36,610人のうちの72.6％となっている。

　最も多かったのは，「15〜20人未満」の186事業所（16.8％）であり，次いで「20〜25人未満」163事業所（14.8％），「10〜15人未満」152事業所（13.8％），「30〜40人未満」151事業所で（13.7％），「25〜30人未満」138事業所（12.5％），「５〜10人未満」111事業所（10.0％）の順となっている。

　また，１事業所あたりの平均送迎サービス利用実人数は24.1人となっており，平成30年度調査結果の23.3人から増加している。

表11　送迎サービス利用者の実人数

	〜５人 未満	5〜10人 未満	10〜15人 未満	15〜20人 未満	20〜25人 未満	25〜30人 未満	30〜40人 未満	40〜50人 未満	50人 以上	小計	不明	計	送迎サービス 利用実人数	平均利用 実人数
事業所数	41	111	152	186	163	138	151	96	64	1,102	3	1,105	26,583	24.1
％	3.7	10.0	13.8	16.8	14.8	12.5	13.7	8.7	5.8	99.7	0.3	100	72.6	

　表12は送迎サービスを利用している26,583人の障害支援区分の分布を表したものである。全体としては障害支援区分が高いほど送迎サービスの利用人数が多くなる傾向にあり，通所型の生活介護事業における利用者の障害支援区分（表５）の分布と同様である。

　次に，利用者の障害支援区分毎の人数（表５）を分母とし，各区分で送迎サービスを利用している割合をみてみると，生活介護事業の全利用者における区分６の11,519人のうち8,630人（74.9％）が送迎サービスを利用している。区分６の利用者の４分の３近くが送迎サービスを利用しているという割合となる。同様に，区分５では11,042人のうち7,977人（72.2％），区分４では9,879人のうち6,878人（69.6％），区分３では3,414人のうち2,192人（64.2％）となり，障害支援区分が高くなるほど送迎サービスの利用率も高くなっていることが分かる。

表12　送迎サービス利用者の障害支援区分

	非該当	区分1	区分2	区分3	区分4	区分5	区分6	不明・未判定	無回答	計
人数	6	3	212	2,192	6,878	7,977	8,630	9	676	26,583
%	0.0	0.0	0.8	8.2	25.9	30.0	32.5	0.0	2.5	100
全利用者数	8	4	328	3,414	9,879	11,042	11,519	14	402	36,610

　表13，14は，送迎サービスを実施している事業所の送迎加算の受給状況である。

　送迎サービスを実施している1,105事業所のうち，送迎加算を取得しているのは936事業所（84.7%）であった。また，送迎加算を取得している936事業所のうち重度加算を取得している事業所は432事業所（46.2%）であった。

表13　送迎加算の受給状況

	①送迎加算（Ⅰ）を受けている	②送迎加算（Ⅱ）を受けている	①及び②以外で送迎加算（Ⅰ）または送迎加算（Ⅱ）いずれかを受けている	加算を受けていない	不明・無回答	計
事業所数	809	101	26	18	151	1,105
%	73.2	9.1	2.4	1.6	13.7	100

表14　送迎加算（重度）の受給状況

	受けている	受けていない	不明無回答	計
事業所数	432	328	176	936
%	46.2	35.0	18.8	100

　表15は片道一回あたりの平均送迎人数の分布を示したものである。最も多かったのは，「5～10人未満」（22.0%），次に「10～15人未満」（15.5%），次いで「30人以上」（13.9%），「15～20人未満」（13.5%）の順であった。

表15　片道1回あたりの平均送迎人数

	5人未満	5～10人未満	10～15人未満	15～20人未満	20～25人未満	25～30人未満	30人以上	不明無回答	計
事業所数	117	243	171	149	124	89	154	58	1,105
%	10.6	22.0	15.5	13.5	11.2	8.1	13.9	5.2	100

　表16は1週間あたりの送迎回数の分布を表したものである。「7～10回」（64.7%）としている事業所が最も多く，次いで「11回以上」（16.7%）となっている。

　送迎サービスを実施している1,105事業所のうち約6分の1の事業所が1週間に11回以上の送迎サービスを実施している。

表16　1週間あたりの送迎回数

表16　1週間あたりの送迎回数

	～6回	7回～ 10回	11回 以上	不明 無回答	計
事業所数	103	715	184	103	1,105
%	9.3	64.7	16.7	9.3	100

　表17は送迎サービスを実施している1,105事業所における送迎車1台に要する1日あたり（朝夕の合計）の平均送迎時間を表したものである。最も多かったのは「60～90分未満」250事業所（22.6％），次いで「120～150分未満」と「150分以上」が同数の237事業所（21.4％）であった。

　1台あたりの平均送迎時間が2時間以上の事業所は474か所（42.9％）と，全体の約4割を占めた。平成30年度調査では435か所（39.3％）であった。

表17　送迎車1台あたりに要している1日あたり（朝夕の合計）の平均送迎時間

	～30分 未満	30～60分 未満	60～90分 未満	90～120分 未満	120～150分 未満	150分 以上	不明 無回答	計
事業所数	29	162	250	173	237	237	17	1,105
%	2.6	14.7	22.6	15.7	21.4	21.4	1.5	100

　表18は送迎サービスを実施している事業所が，送迎の為に運行している車輌の台数である。最も多かったのは「4台」214事業所（19.4％），次に「3台」204事業所（18.5％），次いで「2台」179事業所（16.2％）の順になる。

表18　平常の開設日における利用者送迎の為に運行される車輌の台数

	1台	2台	3台	4台	5台	6台	7台	8台	9台以上	不明 無回答	計
事業所数	71	179	204	214	165	98	72	31	48	23	1,105
%	6.4	16.2	18.5	19.4	14.9	8.9	6.5	2.8	4.3	2.1	100

　表19は，送迎サービス実施事業所が1日あたりの利用者送迎に要した全車輌の往復の走行距離合計である。「1～50km」の事業所が199事業所（18.0％）あり，以降走行距離が増すごとに実施事業所数の割合が減る傾向がある一方，251km以上を走行する事業所も181事業所（16.4％）となっている。

表19　1日あたりの利用者送迎に要した全車輌の走行距離の合計

	1～ 50km	51～ 100km	101～ 150km	151～ 200km	201～ 250km	251～ 300km	301～ 400km	401～ 500km	501km 以上	不明 無回答	計
事業所数	199	199	175	136	109	54	66	36	25	106	1,105
%	18.0	18.0	15.8	12.3	9.9	4.9	6.0	3.3	2.3	9.6	100

　表20は，送迎車に添乗する介助職員人数の合計である。最も多いのは「1～5人」の612事業所（55.4％）となっており全体の半数を超える割合となっている。

表20　平常の開設日における送迎車に添乗する介助職員人数の合計

	0人	1～5人	6～10人	11人～15人	16人～20人	21人以上	不明無回答	計
事業所数	171	612	170	31	10	7	104	1,105
％	15.5	55.4	15.4	2.8	0.9	0.6	9.4	100

　表21は，平常の1日において送迎車に添乗する職員の添乗時間の合計である。

　最も多かったのは「1～3時間未満」で307事業所（27.8％）となっており，次いで「3～5時間未満」の172事業所（15.6％）となっている。

表21　平常の開設日における送迎車に添乗する介助職員の1日あたりの添乗時間の合計

	1時間未満※	1～3時間未満	3～5時間未満	5～7時間未満	7～9時間未満	9～11時間未満	11～15時間未満	15～20時間未満	20～25時間未満	25～30時間未満	30時間以上	不明無回答	計
事業所数	119	307	172	75	41	32	35	13	12	6	94	199	1,105
％	10.8	27.8	15.6	6.8	3.7	2.9	3.2	1.2	1.1	0.5	8.5	18.0	100

※0時間（93件）を含む

8．入浴提供の状況

　表22は，生活介護サービス利用中に入浴サービスを実施している事業所数を表したものであり，1,177事業所のうち353か所（30.0％）が入浴サービスを提供していた。平成30年度調査結果では提供している事業所が352事業所（29.9％）となっており，提供割合は0.1ポイント増え，事業所数は1か所増えている。

表22　入浴サービスの提供状況

	提供している	提供していない	不明無回答	計
事業所数	353	732	92	1,177
％	30.0	62.2	7.8	100

　週あたりの入浴提供日数で最も多かったのは週5日の提供で，全体の4分の1以上にあたる113か所（32.0％），次いで週2日が63か所（17.8％），週3日が57か所（16.1％）であった。

表23　1週間の入浴提供日数

	1日	2日	3日	4日	5日	6日	7日	その他	不明	計
事業所数	51	63	57	31	113	23	2	9	4	353
％	14.4	17.8	16.1	8.8	32.0	6.5	0.6	2.5	1.1	100

※小数，または8日以上はその他に計上

表24・表25は，入浴サービス利用者の障害支援区分及び年齢層を表したものである。全利用者36,610人のうち入浴サービスを利用しているのは3,389人（9.3％）であった。表5における障害支援区分毎の人数を分母に見ると，区分6の利用者は14.2％が利用しており，次いで区分2が11.3％，それ以外の区分は10.0％未満であった。年齢層別にみると，80歳以上の生活介護利用者84人のうち18人（21.4％）が入浴サービスを利用していた。50代から70代までの3階層では1割強（10.7％から17.2％），49歳以下の年代では1割未満（7.3％から8.7％）が入浴サービスを利用していた。年齢が上がると入浴サービスの利用率が高くなる傾向がうかがえる。

表24　入浴サービス利用者の障害支援区分

	非該当	区分1	区分2	区分3	区分4	区分5	区分6	不明 未判定	計
人数	8	0	37	247	612	839	1,641	5	3,389
％	100	0	11.3	7.2	6.2	7.6	14.2	35.7	9.3
全利用者数	8	4	328	3,414	9,879	11,042	11,519	14	36,610

表25　入浴サービス利用者の年齢

	～19歳	20～29歳	30～39歳	40～49歳	50～59歳	60～69歳	70～79歳	80歳以上	不明 無回答	入浴サービス 利用者実数
人数	121	908	791	632	423	371	100	18	25	3,389
％	7.8	8.7	8.6	7.3	10.7	17.2	15.8	21.4	－	9.3
全利用者数	1,555	10,397	9,224	8,604	3,949	2,163	634	84	－	36,610

　表26は，入浴サービスを利用している3,389人の利用する理由を整理したものである。最も多かったのは「自宅やグループホーム等の住まいで介助の人手がない」で2,174人（64.1％）であり，平成30年度調査結果の1,916人（59.2％）と比較すると増加している。次に「その他」671人（19.8％），3位に「住まいの浴室が狭く十分な介助ができない」393人（11.6％）となっていた。「住まいでの介助の人手がない」及び「住まいの浴室が狭く十分な介助ができない」を足すと2,567人（75.7％）と4分の3を超えており，これらは生活介護事業所においても一定度の介助が必要な利用者群と推察できる。

表26　入浴サービスを利用する理由

	住まいでの 介助の人手 がない	住まいの浴室が 狭く十分な介助 ができない	その他	無回答	計
人数	2,174	393	671	151	3,389
％	64.1	11.6	19.8	4.5	100

表27から表32は入浴サービス利用にあたっての料金徴収，週あたりの入浴サービスの提供に従事する職員の従事時間の合計，特殊浴槽の整備状況を表したものである。入浴サービスを提供している事業所353か所のうち，料金を徴収しているのは184か所（52.1％）で，徴収金額の平均額は293円であった。入浴サービスに従事する職員の従事時間の合計は2時間未満が多く，79か所（22.4％）であったが一方で，10時間以上と回答した事業所も73か所（20.7％）あった。また特殊浴槽（機械浴）を整備しているのは，114か所（32.3％）であり，特殊浴槽（機械浴）の整備台数は99か所（86.8％）が1台で，2台整備している事業所が12か所（10.5％）あった。特殊浴槽（リフト浴）を整備しているのは，90か所（25.5％）で，特殊浴槽（リフト浴）の整備台数は83か所（92.2％）が1台となっている。

表27　入浴サービス利用にあたっての料金徴収

	徴収している	徴収していない	無回答	計	徴収金額	
					回答数	平均
事業所数	184	148	21	353	180	￥293
％	52.1	41.9	5.9	100		

表28　週あたりの入浴サービスの提供に従事する職員の従事時間の合計

	2時間未満	2時間～3時間未満	3時間～4時間未満	4時間～5時間未満	5時間～6時間未満	6時間～7時間未満	7時間～8時間未満	8時間～9時間未満	9時間～10時間未満	10時間以上	不明無回答	計
事業所数	79	55	31	17	8	10	5	7	29	73	39	353
％	22.4	15.6	8.8	4.8	2.3	2.8	1.4	2.0	8.2	20.7	11.0	100

表29　特殊浴槽（機械浴）の整備

	整備している	整備していない	不明無回答	計
事業所数	114	198	41	353
％	32.3	56.1	11.6	100

表30　特殊浴槽（機械浴）の台数

	1台	2台	不明無回答	計
事業所数	99	12	3	114
％	86.8	10.5	2.6	100

表31　特殊浴槽（リフト浴）の整備

	整備している	整備していない	不明無回答	計
事業所数	90	201	62	353
％	25.5	56.9	17.6	100

表32　特殊浴槽（特殊浴槽）の台数

	1台	2台	不明 無回答	計
事業所数	83	4	3	90
%	92.2	4.4	3.3	100

9．リハビリテーションの状況

　全事業所1,177か所のうち，リハビリテーション加算を取得している事業所は45か所（3.8％）と少なく，実施計画を作成している事業所は67か所（5.7％）であった。なお，リハビリテーションを実施している職種は，重複計上で多い順に支援員99か所（8.4％），P.T（理学療法士）98か所（8.3％），看護師74か所（6.3％），O.T（作業療法士）45か所（3.8％）であった。

表33　リハビリテーション加算の取得状況

	加算を 受けている	加算を 受けていない	不明 無回答	計
事業所数	45	1,002	130	1,177
%	3.8	85.1	11.0	100

表34　リハビリテーション実施計画の状況

	作成を している	作成を していない	不明 無回答	計
事業所数	67	756	354	1,177
%	5.7	64.2	30.1	100

表35　リハビリテーションを実施している職種状況（重複計上）

	O.T（作業 療法士）	P.T（理学 療法士）	S.T（言語 聴覚士）	看護師	医師	支援員	その他	全事業所数
事業所数	45	98	19	74	5	99	9	1,177
%	3.8	8.3	1.6	6.3	0.4	8.4	0.8	100

10. 生産活動と工賃

　生活介護事業所では，利用者に対し創作的活動又は生産活動の機会を提供することが義務付けられているが，回答のあった1,177事業所のうち4分の3以上の931か所（79.1％）が生産活動を提供し工賃を支給していた。この設問で回答のあった事業所892か所のうち，工賃を支給する際の会計区分は，就労支援会計が501か所（56.2％）と半数を超え，施設会計は341か所（38.2％）であった。工賃を支給している事業所の平均工賃月額は3,000円未満の事業所が最も多く，431か所（46.3％），次いで5,000円未満が182か所（19.5％），10,000円未満が172か所（18.5％），10,000円以上支給している事業所が97か所（10.4％）であった。

表36　生産活動の機会の提供と工賃の支給

	支給している	支給していない	不明無回答	計
事業所数	931	216	30	1,177
％	79.1	18.4	2.5	100

表37　工賃を支給している場合の会計区分

	施設会計	就労支援会計	その他	不明無回答	表37において回答のあった事業所数
事業所数	341	501	54	39	892
％	38.2	56.2	6.1	4.4	100

表38　工賃を支給している場合の平均工賃月額

	3,000円未満	～5,000円未満	～10,000円未満	～20,000円未満	20,000円以上	不明無回答	計
事業所数	431	182	172	75	22	49	931
％	46.3	19.5	18.5	8.1	2.4	5.3	100

11. 看護師の配置状況

　表39－1は，生活介護の単位制における看護職員の配置状況を調査したものである。全1,177事業所のうち常勤看護職員が常勤換算で1人以上配置されている場合に算定できる常勤看護職員等配置加算の加算Ⅰを取得しているところは287か所で，全体の24.4％であり，常勤換算で看護職員を2人以上配置されている場合に算定できる加算Ⅱを取得しているところは46か所で全体の3.9％であった。また加算を取得していないところは608か所で約半数の51.7％であった。

　表39－2は，生活介護事業所の単位数を調べたものである。指定生活介護の単位とは，1日を通じて，同時に，一体的にサービス提供される指定生活介護で，階を隔てるなどサービス提供が一体的に行われていないこと，単位ごとの利用定員が20人以上であること，単位ごとに必要とされる従業員が確保されていること等が要件となる。1単位のみの事業所は920か所（78.2％）を占めた。

表39－1　常勤看護職員等配置加算の取得状況

	加算（Ⅰ）を取得している事業所又は生活介護の単位数	加算（Ⅱ）を取得している事業所又は生活介護の単位数	加算を取得していない事業所又は生活介護の単位数	実事業所数
事業所数	287	46	608	1,177
％	24.4	3.9	51.7	100

表39－2　生活介護事業所の単位数

	1単位のみの事業所数（単位①のみに回答のあった事業所数）	2単位の事業所数（単位①と単位②に回答のあった事業所数）	3単位の事業所数（単位①と単位②と単位③に回答のあった事業所数）	単位①～③のいずれにも回答の無かった事業所数	計
事業所数	920	6	3	248	1,177
％	78.2	0.5	0.3	21.1	100

12. 日中一時支援

　表40は平成31年4月から令和元年6月の3か月間，同一法人内での日中一時支援の実施状況を調べたものである。同一法人内で日中一時支援を実施していると回答した事業所数は平成30年度調査結果と同数で590か所と，回答のあった事業所の約半数で実施していた。

表40　日中一時支援事業の実施状況

	実施している	実施していない	不明無回答	計
事業所数	590	470	117	1,177
％	50.1	39.9	9.9	100

　表41は日中一時支援の定員規模を調べたものである。定員総数は平成30年度調査結果より191人増え，平均定員も0.2人分増えている。

表41　日中一時支援の定員規模

	1人	2人	3人	4人	5人	6人	7人
事業所数	19	48	60	50	107	38	16
％	3.2	8.1	10.2	8.5	18.1	6.4	2.7

	8人	9人	10人	11～15人	16～20人	21人以上	不明	計	日中一時支援事業定員総数	平均定員人数
事業所数	19	6	67	19	22	29	90	590	4,033	8.1
％	3.2	1.0	11.4	3.2	3.7	4.9	15.3	100		

表42は日中一時支援に受け入れのあった日数の分布を表したものである。日中一時支援の受け入れの
あった日数は平成30年度調査結果よりも増え，全体では1,913日増えていた。３か月あたりの平均受け
入れ日数は37.3日で，平成30年度調査結果より3.5日増えたことになる。

表42　日中一時支援に受け入れのあった日数（平成31年４月～令和元年６月の３か月間）

	４日未満※	４～７日	８～14日	15～21日	22～30日	31～60日	61～91日	不明	計	日中一時支援受入れ総日数	平均受入れ日数
事業所数	94	26	44	34	32	114	145	101	590	18,220	37.3
％	15.9	4.4	7.5	5.8	5.4	19.3	24.6	17.1	100		

※０日（62事業所）を含む

　表43は日中一時支援事業の受け入れ延べ人数の分布を示したものである。昨年と比較すると，受け入
れ延べ人数が増えており，総人数で比較すると平成30年度調査結果より4,000人近く増えていた。１法
人あたりの平均の受け入れ人数も8.3人増え，３か月間の平均受け入れ人数は149.1人であった。

表43　日中一時支援事業の受け入れ述べ人数（平成31年４月～令和元年６月の３か月間）

	５人未満※	～10人	～15人	～20人	～25人	～30人	～40人	～50人
事業所数	106	31	24	19	19	15	19	11
％	18.0	5.3	4.1	3.2	3.2	2.5	3.2	1.9

	～60人	～70人	～80人	～90人	～100人	101人以上	不明	計	日中一時支援受入れ総人数	平均受入れ人数
事業所数	22	18	9	15	11	200	71	590	77,402	149.1
％	3.7	3.1	1.5	2.5	1.9	33.9	12.0	100		

※０人（57事業所）を含む

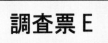

全国知的障害児・者施設・事業 利用者実態調査票【事業利用単位】

（令和元年6月1日現在）

記入責任者		職　名	
氏　　　名			

《留意事項》

1. <u>本調査は生活介護事業（通所型）を対象としています。</u>
当該事業を利用する利用者の状況についてご回答ください。

　①生活介護（通所型）の利用者についてご回答ください。
　　　※生活介護であっても、併せて施設入所支援を実施している場合、本調査は対象外です

　②日中活動が「多機能型」の場合には、個々の事業ごとに各々作成してください。
　　　例１：「多機能型」で就労継続支援Ｂ型と生活介護の事業を実施
　　　　　→　調査票は２部作成（「就労継続支援Ｂ型」で 調査票Ｂ を１部・「生活介護」で 調査票Ｅ を１部）

　③従たる事業については、当該事業の利用者を主たる事業に含めてご回答ください。

2. 設問は特別の指示がない場合にはすべて**令和元年6月1日現在**でご回答ください。

3. マークのある欄は同じ数値が入ります。指示のない限り整数でご回答ください。
　　　※人数等に幅（1〜2人など）を持たせないでください。

4. 本調査の結果は、統計的に処理をするためご回答いただいた個別の内容が公表されることはありません。

☆下記の印字内容に誤り若しくは変更がございましたら、赤ペン等で修正してください。（印字がない部分はご記入ください。）

施設・事業所の名称		電　話	
上記の所在地			
経営主体の名称			
施設・事業の種類 ※１つの事業所で２つ以上の事業を実施している場合は、１事業ごとに調査票（コピー）を作成してください。	※施設・事業の種類に誤り若しくは変更がある場合には、右枠より該当の番号を選択してください。	01．障害児入所施設（福祉型・医療型） 02．児童発達支援センター（福祉型・医療型） 11．療養介護 12．生活介護 13．自立訓練（生活訓練・機能訓練） 14．自立訓練（宿泊型） 15．就労移行支援 16．就労継続支援Ａ型 17．就労継続支援Ｂ型 18．施設入所支援	20．多機能型 20-11．療養介護 20-12．生活介護 20-13．自立訓練（生活訓練・機能訓練） 20-14．自立訓練（宿泊型） 20-15．就労移行支援 20-16．就労継続支援Ａ型 20-17．就労継続支援Ｂ型
<u>該当する場合にはチェックをしてください。</u>　上記事業に付帯して、□就労定着支援　を行っている。			

[1]定　員		人	開設年月		移行年月	

☆恐れ入りますが、調査票3ページ右下枠内に番号を転記してください。→　　施設コード　□□□□□□□

	（1）契約・措置利用者数（合計）					①男 ★ 人			②女 ☆ 人				計 ●				人

［2］現在員

（2）年齢別在所者数　※（　）は就学前児数を計上のこと

年齢	2歳以下	3～5歳	6～11歳	12～14歳	15～17歳	18～19歳	20～29歳	30～39歳	40～49歳	50～59歳	60～64歳	65～69歳	70～74歳	75～79歳	80歳以上	計
1.男			※（　）													★
2.女			※（　）													☆
計	人	人	人 ※（　）	人	人	人	人	人	人	人	人	人	人	人	人	● 人
うち措置児・者	人	人	人 ※（　）	人	人	人	人	人	人	人	人	人	人	人	人	

（1）（2）（4）の男女別人員計は一致すること

（3）平均年齢　※小数点第2位を四捨五入すること　　.　歳

（4）利用・在籍年数別在所者数※障害者自立支援法事業の施行（平成18年10月）による新たな事業への移行から利用・在籍している年数で計上のこと
※「18.施設入所支援」，「01.障害児入所施設（福祉型・医療型）」は旧法施設からの利用・在籍年数で計上のこと

在所年数	0.5年未満	0.5～1年未満	1～2年未満	2～3年未満	3～5年未満	5～10年未満	10～15年未満	15～20年未満	20～30年未満	30～40年未満	40年以上	計
1.男												★
2.女												☆
計	人	人	人	人	人	人	人	人	人	人	人	● 人

［3］障害支援区分別在所者数
※「療養介護」，「生活介護」，「18.施設入所支援」のみ回答のこと
※［2］の人員計と一致すること
※「01.障害児入所施設（福祉型・医療型）」に併せて経過的施設入所支援，経過的生活介護を実施する場合は対象者のみ計上のこと

非該当	区分1	区分2	区分3	区分4	区分5	区分6	不明・未判定	計
人	人	人	人	人	人	人	人	● 人

［4］療育手帳程度別在所者数
※［2］の人員計と一致すること

1.最重度・重度	2.中軽度	3.不所持・不明	計
人	人	人	● 人

［5］身体障害の状況
※身体障害者手帳所持者についてのみ回答のこと

手帳所持者実数 ○ 人	手帳に記載の障害の内訳 ※重複計上可	1.視覚	2.聴覚	3.平衡	4.音声・言語又は咀嚼機能	5.肢体不自由	6.内部障害
		人	人	人	人	人	人

［6］身体障害者手帳程度別在所者数
※［5］の手帳所持者実数と一致すること
※重複の場合は総合等級を回答

1級	2級	3級	4級	5級	6級	計
人	人	人	人	人	人	○ 人

［7］精神障害者保健福祉手帳の程度別在所者数

1級	2級	3級	計
人	人	人	人

［8］精神障害の状況
※医師の診断名がついているもののみ記入すること
※てんかんとてんかん性精神病は区別し，てんかん性精神病のみ計上のこと
※その他の欄に精神遅滞は計上しないこと

1.自閉スペクトラム症（広範性発達障害、自閉症など） 人	4.てんかん性精神病 人
2.統合失調症 人	5.その他（強迫性心因反応、神経症様反応など） 人
3.気分障害（周期性精神病、うつ病障害など） 人	計 人

［9］「てんかん」の状況
※てんかんとして現在服薬中の人数　　人

［10］認知症の状況

1.医師により認知症と診断されている人数	2.医師以外の家族・支援員等が認知症を疑う人数
うちダウン症の人数	うちダウン症の人数
人　　人	人　　人

［11］矯正施設・更生保護施設・指定入院医療機関を退所・退院した利用者数
※矯正施設とは、刑務所、少年刑務所、拘置所、少年院、少年鑑別所、婦人補導院をさす（基準日現在）

1.矯正施設	うち3年以内	2.更生保護施設	うち3年以内	3.指定入院医療機関	うち3年以内	計	うち3年以内
人	人	人	人	人	人	人	人

［12］上記［11］のうち地域生活移行個別支援特別加算を受けている利用者数
※「18.施設入所支援」「自立訓練（宿泊型）」のみ回答のこと　　　　人

[13]支援度	支援度の指標	1　級 常時全ての面で支援が必要	2　級 常時多くの面で支援が必要	3　級 時々又は一時的にあるいは一部支援が必要	4　級 点検、注意又は配慮が必要	5　級 ほとんど支援の必要がない	
[13]－A 日常生活面 ※[2]の人員 計と一致す ること	内　容	基本的生活習慣が形成されていないため，常時全ての面での介助が必要。それがないと生命維持も危ぶまれる。	基本的生活習慣がほとんど形成されていないため，常時多くの面で介助が必要。	基本的生活習慣の形成が不十分なため，一部介助が必要。	基本的生活習慣の形成はあるが，点検助言が必要とされる程度。	基本的生活習慣はほとんど形成されている，自主的な生活態度の養成が必要。	計
	人　員	人	人	人	人	人	● 人
[13]－B 行動面 ※[2]の人員 計と一致す ること	内　容	多動，自他傷，拒食などの行動が顕著で常時付添い注意が必要。	多動，自閉などの行動があり，常時注意が必要。	行動面での問題に対し注意したり，時々指導したりすることが必要。	行動面での問題に対し多少注意する程度。	行動面にはほとんど問題がない。	計
	人　員	人	人	人	人	人	● 人
[13]－C 保健面 ※[2]の人員 計と一致す ること	内　容	身体的健康に厳重な看護が必要。生命維持の危険が常にある。	身体的健康につねに注意，看護が必要。発作頻発傾向。	発作が時々あり，あるいは周期的精神変調がある等のため一時的又は時々看護の必要がある。	服薬等に対する配慮程度。	身体的健康にはほとんど配慮を要しない。	計
	人　員	人	人	人	人	人	● 人

[14]日常的に医療行為等を必要とする利用者数 ※事業所内（職員・看護師）によるもののみ計上のこと ※医療機関への通院による医療行為等は除く	1．点滴の管理（持続的）　※1 　人	6．人工呼吸器の管理　※4 　（侵襲、非侵襲含む）　人	11．導尿　人
	2．中心静脈栄養　※2 　（ポートも含む）　人	7．気管切開の管理　人	12．カテーテルの管理 　（コンドーム・留置・膀胱ろう）　人
	3．ストーマの管理　※3 　（人工肛門・人工膀胱）　人	8．喀痰吸引 　（口腔・鼻腔・カニューレ内）　人	13．摘便　人
	4．酸素療法　人	9．経管栄養の注入・水分補給 　（胃ろう・腸ろう・経鼻経管栄養）　人	14．じょく瘡の処置　人
	5．吸入　人	10．インシュリン療法　人	15．疼痛の管理 　（がん末期のペインコントロール）　人
	※1…長時間（24時間）にわたり点滴をおこない、針の刺し直し（針刺・抜針）も含む ※2…末梢からの静脈点滴が難しい方におこなう処置 ※3…皮膚の炎症確認や汚物の廃棄 ※4…カニューレ・気管孔の異常の発見と管理		計 人

[15]複数事業（所）利用者数 ※日中活動事業（所）・「02.児童発達支援センター」のみ回答のこと ※定期的に利用する日中活動サービスが他にある場合のみ回答のこと ※同一事業を複数個所で利用している場合も計上のこと	人	※定期的に利用する日中活動サービスとは 療養介護，生活介護，自立訓練（宿泊型は除く），就労移行支援，就労継続支援A型，就労継続支援B型の6事業及び幼稚園，保育園とする

[16]日中活動利用者の生活の場の状況 ※[2]と人員計が一致すること ※日中活動事業（所）・「02.児童発達支援センター」のみ回答のこと ※利用契約をしている利用者の実数を回答のこと	1．家庭（親・きょうだいと同居）　人	5．福祉ホーム　人
	2．アパート等（主に単身・配偶者有り）　人	6．施設入所支援　人
	3．グループホーム・生活寮等　人	7．その他　人
	4．自立訓練（宿泊型）　人	計　● 人

[17]施設入所支援利用者の日中活動の状況 ※[2]と人員計が一致すること ※「18.施設入所支援」のみ回答のこと ※「01.障害児入所施設（福祉型・医療型）」に併せて実施する経過的施設入所支援は除く	1．同一法人敷地内で活動　人
	2．同一法人で別の場所（敷地外）で活動　人
	3．他法人・他団体が運営する日中活動事業所等で活動　人
	4．その他の日中活動の場等で活動　人
	計　● 人

[18]成年後見制度の利用者数 ※当該事業の利用者のみ対象	1．後見　人	2．保佐　人	3．補助　人

☆恐れ入りますが、調査票1ページ右下枠内の番号を転記してください。→　施設コード　□□□□

[19]—A　平成30年度新規入所者の入所前（利用前）の状況
　　　　（平成30年4月1日～平成31年3月31日の1年間）
※該当期間に他の事業種別に転換した事業所はすべての利用者について回答のこと

イ．家業の手伝いで低額であっても賃金を受け取る場合には一般就労とする
ロ．（1）と（2）の人員計が一致すること

（1）生活の場		（人）		（2）活動の場		（人）
1.家庭（親・きょうだいと同居）	15.精神科病院		1.家庭のみ		15.老人福祉・保健施設	
2.アパート等（主に単身）	16.施設入所支援		2.一般就労		16.一般病院・老人病院（入院）	
3.グループホーム・生活寮等	17.自立訓練（宿泊型）		3.福祉作業所・小規模作業所		17.精神科病院（入院）	
4.社員寮・住み込み等	18.少年院・刑務所等の矯正施設		4.職業能力開発校		18.療養介護	
5.職業能力開発校寄宿舎	19.その他・不明		5.特別支援学校（高等部含む）		19.生活介護	
6.特別支援学校寄宿舎			6.小中学校（普通学級）		20.自立訓練	
7.障害児入所施設（福祉型・医療型）			7.小中学校（特別支援学級）		21.就労移行支援	
8.児童養護施設			8.その他の学校		22.就労継続支援A型	
9.乳児院	※前年度1年間に新規で入所され		9.保育所・幼稚園		23.就労継続支援B型	
10.児童自立支援施設	た方の状況のみ計上してください。		10.障害児入所施設（福祉型・医療型）		24.地域活動支援センター等	
11.知的障害者福祉ホーム			11.児童発達支援センター・児童発達支援事業等		25.少年院・刑務所等の矯正施設	
12.救護施設			12.児童養護施設		26.その他・不明	
13.老人福祉・保健施設			13.乳児院			
14.一般病院・老人病院	計		14.救護施設		計	

[19]—B　平成30年度退所者の退所後（契約・措置解除後）の状況
　　　　（平成30年4月1日～平成31年3月31日の1年間）

イ．家業の手伝いで低額であっても賃金を受け取る場合には一般就労とする
ロ．（1）と（2）の人員計が一致すること
※退所後6か月程度で死亡したケースも記入すること

（1）生活の場		（人）		（2）活動の場		（人）
1.家庭（親・きょうだいと同居）	14.施設入所支援		1.家庭のみ		15.一般病院・老人病院（入院）	
2.アパート等（主に単身）	15.自立訓練（宿泊型）		2.一般就労		16.精神科病院（入院）	
3.グループホーム・生活寮等	16.少年院・刑務所等の矯正施設		3.福祉作業所・小規模作業所		17.療養介護	
4.社員寮・住み込み等	17.その他・不明		4.職業能力開発校		18.生活介護	
5.職業能力開発校寄宿舎	小計		5.特別支援学校（高等部含む）		19.自立訓練	
6.特別支援学校寄宿舎	18.死亡退所※		6.小中学校（普通学級）		20.就労移行支援	
7.障害児入所施設（福祉型・医療型）			7.小中学校（特別支援学級）		21.就労継続支援A型	
8.児童養護施設			8.その他の学校		22.就労継続支援B型	
9.知的障害者福祉ホーム	※前年度1年間に退所された方の		9.保育所・幼稚園		23.地域活動支援センター等	
10.救護施設	状況のみ計上してください。		10.障害児入所施設（福祉型・医療型）		24.少年院・刑務所等の矯正施設	
11.老人福祉・保健施設			11.児童発達支援センター・児童発達支援事業等		25.その他・不明	
12.一般病院・老人病院			12.児童養護施設		小計	
13.精神科病院			13.救護施設		26.死亡退所※	
	計		14.老人福祉・保健施設		計	

[20]就職の状況　　※「児童発達支援センター」、「自立訓練（宿泊型）」、「施設入所支援」は除く。職場適応訓練は除く。

　　イ．平成30年4月1日～平成31年3月31日の1年間を調査すること
　　ロ．家業の手伝いで低額であっても賃金を受け取る場合も記入のこと
　　ハ．「事業利用（在所）年月」の欄は、現事業（所）での利用（在所）期間を記入のこと
　　ニ．「知的障害の程度」は、児童相談所または更生相談所の判定より記入すること
　　ホ．〔19〕-B、（2）活動の場、2一般就労　の人数と一致すること

No.	就職時年齢	性別	事業利用（在所）年月	知的障害の程度（別表1より）	年金受給の有無（別表2より）	雇用先の業種	仕事の内容	就職時の給与（月額）	就職時の生活の場（別表3より）
例	20歳	男	2年 か月	4	4	飲食店	接客・食器洗浄	￥80,000	1
1									
2									
3									
4									
5									
6									

[21] 介護保険サービスへの移行・併給状況

※1ページ目施設・事業の種類「18.施設入所支援」は除く。生活介護と施設入所支援を行う事業所の重複回答を避けるため、両方の事業を行う場合は1ページ目「18.施設入所支援」と印字された調査票以外、回答のこと。

イ．平成30年4月1日〜平成31年3月31日の1年間に新規に移行又は併給を開始した者を計上すること

No.	移行・併給開始年齢	性別	知的障害の程度（別表1より）	障害支援区分	移行前の生活の場（別表4より）	移行後の生活の場（別表5より）	介護認定区分（別表6より）	移行・併給後に利用を開始した別表（5）のうち4〜7以外の介護保険サービス（別表7より）複数選択可	移行・併給開始の理由（別表8より）
1	歳								
2									
3									
4									
5									
6									

[22] 死亡の状況

※1ページ目施設・事業の種類「18.施設入所支援」は除く。生活介護と施設入所支援を行う事業所の重複回答を避けるため、両方の事業を行う場合は1ページ目「18.施設入所支援」と印字された調査票以外、回答のこと。

イ．平成30年4月1日〜平成31年3月31日の1年間を調査すること

ロ．退所後6か月程度で死亡したケースも記入すること

ハ．〔19〕-B、（1）生活の場、18死亡退所 の人数と一致すること

No.	死亡時年齢	性別	知的障害の程度（別表1より）	死亡場所（別表9より）	死因（右より選択）	
1	歳					1．病気
2						2．事故
3						3．その他
4						
5						
6						

別表1	1．最重度　　2．重度　　3．中度　　4．軽度　　5．知的障害なし
別表2	1．有：1級　　2．有：2級　　3．有：その他（厚生年金・共済年金）　　4．無
別表3	1．家庭　　2．アパート等　　3．グループホーム・生活寮等　　4．社員寮等　　5．自立訓練（宿泊型）　　6．福祉ホーム　　7．その他　　8．不明
別表4	1．家庭（親・きょうだいと同居）　　2．アパート等（主に単身）　　3．グループホーム・生活寮等　　4．社員寮・住み込み等　　5．知的障害者福祉ホーム　　6．施設入所支援　　7．自立訓練（宿泊型）　　8．その他・不明
別表5	1．家庭　　2．アパート　　3．グループホーム（障害福祉）　　4．グループホーム（認知症対応）　　5．特別養護老人ホーム　　6．介護老人保健施設　　7．介護療養型医療施設　　8．その他
別表6	1．要支援1　　2．要支援2　　3．要介護1　　4．要介護2　　5．要介護3　　6．要介護4　　7．要介護5
別表7	1．デイサービス・デイケア　　2．訪問・居宅介護（ホームヘルプサービス）　　3．短期入所（ショートステイ）　　4．訪問看護　　5．その他
別表8	1．市町村等行政から65歳になったので移行指示があった。　　2．加齢により支援が限界となったため事業所側から移行・併給を働きかけた　　3．本人の希望により　　4．家族の希望により　　5．その他
別表9	1．施設　　2．病院　　3．家庭　　4．その他

〔生活介護（通所型）〕以下より生活介護（通所型）のみご回答ください

[23]週あたりの利用契約状況	7日／週	6日／週	5日／週	4日／週	3日／週	2日／週	1日／週	その他	計
※2ページ目［2］の現在員●と一致すること	人	人	人	人	人	人	人	人	● 人

[24]複数事業（サービス）等の利用状況

※設問2の内訳は重複計上可（1人で貴事業所の生活介護以外に事業を利用している場合は該当する事業等に各々計上）
（例：1人の方が、生活介護[貴事業所]、生活介護[他事業所]、就労継続支援A型[他事業所]を利用されている場合→生活介護（他事業所）と就労継続支援A型に1人分ずつ計上）

1. 貴事業所の生活介護と他の障害福祉サービス（日中）を併用している利用者(実人数)　　　　人

2. 上記1の利用サービスの内訳※

①生活介護（他事業所）	②就労継続支援A型	③就労継続支援B型	④就労移行支援
人	人	人	人
⑤自立訓練（生活）	⑥自立訓練（機能）	⑦地域活動支援センター	⑧一般就労
人	人	人	人

[25]通所手段の状況

（計が2ページ目[2]現在員●と一致）
※主な手段を回答のこと
※「自力」とは、徒歩・自転車・タクシー・公共交通機関等を利用して単独での通所

①自力※	②家族送迎	③事業所送迎（委託含む）	④家族＋事業所送迎	⑤自治体送迎
人	人	人	人	人
⑥有償サービス送迎	⑦ボランティア	⑧ヘルパー（移動支援等）	⑨その他	計
人	人	人	人	● 人

[26]送迎の実施状況
設問2と3の計▲は一致

※1「送迎加算（重度）」とは、生活介護の利用者で障害支援区分5若しくは区分6又はこれに準ずる者（一定以上の行動障害を有する者、又はたんの吸引等を必要とする者）が60%以上いる場合、通常の送迎加算単位数に28単位が加算される

※2 設問6は運行台数を無視し、朝夕で2回と数える

※3 設問7は分単位で回答し、複数台で運行している場合は、すべての台数から1台あたりの平均送迎時間を算出

※4 設問8は平常の開設日に運行されている車輌の台数とし、複数回往復した車輌も1台としてカウントする。

1. 事業所における送迎（委託含む）の実施状況
　□実施している　　　　　□実施していない→（設問27へ）

2. 事業所における送迎サービスの利用者(実人数)　　▲　人

3. 上記2の送迎サービスの利用者の障害支援区分（計は上記2▲実人数と一致）

区分	非該当	区分1	区分2	区分3	区分4	区分5	区分6	不明・未判定	計
人数									▲ 人

4. 送迎加算の状況
　□送迎加算（Ⅰ）を受けている
　□送迎加算（Ⅱ）を受けている　　　送迎加算（重度）※1　□加算を受けている
　□加算を受けていない　　　　　　　　　　　　　　　　　　　□加算を受けていない

5. 片道1回の送迎の平均人数（小数点以下切り捨てにて回答）　　　人

6. 週あたりの送迎回数※2　　週　　回

7. 送迎車1台に要している1日あたり（朝夕の合計）の平均送迎時間※3　　分

8. 平常の開設日における利用者送迎の為に運行される車輌の台数※4　　台

9. 1日あたりの利用者送迎に要した全車輌の走行距離（往復）の合計　　Km

10. 平常の開設日における送迎車に添乗する介助職員の人数及び1日あたりの添乗時間の合計

職員数	人
添乗時間	時間

[27]入浴サービスの提供状況

※設問3.4.5の計■は一致
※設問5は主な理由に計上のこと

1. 生活介護利用中の入浴サービスの提供状況
　□提供している　　　　　□提供していない　→（設問28へ）

2. 週あたりの入浴サービスの提供日数　　週　　日

3. 入浴サービス利用者の障害支援区分

区分	非該当	区分1	区分2	区分3	区分4	区分5	区分6	不明・未判定	計
人数	人	人	人	人	人	人	人	■ 人

	4．入浴サービス利用者の年齢

年齢	～19歳	20～29歳	30～39歳	40～49歳	50～59歳	60～69歳	70～79歳	80歳以上	計
人数	人	人	人	人	人	人	人	人	■　　人

5．入浴サービスを利用している理由（3．4．の計■と一致）※

①利用者の住まい（自宅やグループホーム等）では必要な介助の人手が用意できない	人
②利用者の住まい（自宅やグループホーム等）の浴室が狭く十分な介助ができない	人
③その他（　　　　　　　　　　　　　　　　　　　　　　）	人
計	■　　人

6．入浴サービスの利用にあたっての料金徴収の状況
　　□徴収している　→　1回の徴収額（　　　　　）円　　□徴収していない

7．標準的な（祝日等のない）週における入浴サービスの提供に従事する職員の従事時間合計	時間

8．特殊浴槽（機械浴・リフト）の整備状況
　　特殊浴槽（機械浴）の整備状況　→　□整備している（　　台）　□整備していない
　　特殊浴槽（リフト）の整備状況　→　□整備している（　　台）　□整備していない

---

[28]リハビリテーションの実施状況

※設問3は複数回答可

1．リハビリテーション加算の取得状況
　　□加算を受けている　　　□加算を受けていない

2．リハビリテーション実施計画作成の状況
　　□作成している　　　□作成していない

3．リハビリテーションを実施している職種※
　　□①O.T　□②P.T　□③S.T　□④看護師　□⑤医師　□⑥支援員　□⑦その他

---

[29]生産活動と工賃の支給状況

1．利用者への生産活動の機会の提供と工賃の支給状況
　　□支給している　　　□支給していない　→（設問30へ）

2．工賃を支給する際の会計区分
　　□施設会計　□就労支援会計　□その他

3．平成30年度の1人あたりの平均工賃月額 ※単位制や活動班ごとに工賃が違う場合は平均額を記入のこと。 ※今年度より指定を受けた事業所は今年度支給している平均工賃月額を記入のこと。	円

---

[30]　看護師の配置状況

※指定生活介護の単位とは、1日を通じて、同時に、一体的に提供される指定生活介護で、下記の要件を満たす場合が該当する。
1、階を隔てるなど、同時に2つの場所で行われ、これらのサービス提供が一体的に行われないこと。
2、単位ごとの利用定員が20人以上であること。
3、単位ごとに必要とされる従業者が確保されていること。

生活介護事業に配置している看護師の人数及び常勤看護職員等配置加算の取得状況

	一体的運営又は単位①	単位②	単位③
看護師配置人数 ※常勤換算方法で小数点第2位以下切り捨て	人	人	人
常勤看護職員等配置加算の取得	□（Ⅰ）を取得 □（Ⅱ）を取得 □取得していない	□（Ⅰ）を取得 □（Ⅱ）を取得 □取得していない	□（Ⅰ）を取得 □（Ⅱ）を取得 □取得していない

---

[31]同一法人内での日中一時支援（平成31年4月から令和元年6月の3か月間）

※複数の事務所において日中一時支援を実施している場合は合計数を記入のこと

日中一時支援事業の実施状況
　　□実施している　→　定員　　　　人
　　　　　　　　　　　　該当期間に受け入れのあった日数　　　　　日　受け入れ延べ人数　　　　人
　　□実施していない

ご協力いただき誠にありがとうございます

単独型短期入所の実施状況

に関する調査報告

令和2年2月14日

調査・研究委員会

※この調査は，一部の種別を除いて把握していなかった単独型短期入所について，会員事業所全体の状況を調査した結果である。

【調査基準日】

令和元年6月1日

【調査票送付回収状況】

対象	送付数	回答数	回収率
本会会員事業所を運営する法人	2,137	1,253	58.6

※実数下段の小数点を含む数値は合計の割合（％）を表している

※％表示は実数より算出し四捨五入しているため，合計が100％とならないことがある

※設問により同年度の全国知的障害児者施設・事業実態調査における空床利用型・併設型短期入所及び令和元年度全国グループホーム実態調査（2019年度地域支援部会・相談支援部会関係調査報告書）における併設型短期入所の調査結果と比較している

1．単独型短期入所に関する調査結果

　本会会員事業所を運営する法人 2137 か所に FAX 調査を行い、1,253 か所から回答を得た（回収率 58.6％）。

（1）単独型短期入所の実施状況

　単独型の短期入所は 1,253 法人のうち、180 法人が実施していると回答している（全体の 14.4％）。

　事業所ごとに調査しているため一概には比較できないが、障害児入所施設における短期入所（空床・併設）実施状況が 88.6％、障害者支援施設における短期入所（空床・併設）実施状況が 94.5％、これらと比較すると少ない値となっている（グループホームの併設型の実施状況は 165 事業所、12.5％）。

　しかし、本体施設の人員配置を活用できない単独型短期入所では、新たな職員配置が必要となるため、妥当な数字とも考えられる（近年のニーズを受けて増加傾向である事は推測できる）。また、入所施設における空床型・併設型の短期入所を実施している法人は、単独型短期入所を実施する必要がないと考え、実施していない事も推察される。

実施している	実施していない	計
180	1,073	1,253
14.4	85.6	100

（2）複数の単独型短期入所の実施状況

　単独型短期入所を実施している法人も、事業所数は 1 か所が最も多くなっている(87.8％)。緊急時に備えるための設置で、1 か所あれば対応できるが、事業所ごとに夜間帯の人員配置が求められるため、複数の事業所で実施するのは難しい現状もうかがえる。

	1か所	2か所	3か所	4か所	5か所	計
実施法人	158	16	2	3	1	180
	87.8	8.9	1.1	1.7	0.6	100
実施事業所	158	32	6	12	5	213
	74.2	15.0	2.8	5.6	2.3	100

（3）定員規模別事業所数

　単独型短期入所の定員規模に関しては、3 人以下の事業所が 48.8％を占めており、入所施設の併設型の同割合 31.5％に比べると、比較的小規模な事業所が多いことが分かる（事業所の空き部屋やアパート、戸建ての住宅の部屋数に因るとも考えられる）。また、6 人定員までの事業所が 88.7％を占めており、人員配置基準が影響しているとも推察される（夜間対応職員の最低基準：6 対 1）。

1人	2人	3人	4人	5人	6人	7人	8人	9人	10人	11〜15人	16人以上	無回答	計
21	51	32	44	17	24	3	6	0	6	6	1	2	213
9.9	23.9	15.0	20.7	8.0	11.3	1.4	2.8	0.0	2.8	2.8	0.5	0.9	100

（4）利用実績（平成 31 年 4 月～令和元年 6 月までの 3 か月間）

　1 事業所当たりの利用実人数は、実施している施設数で平成 31 年 4 月から令和元年 6 月までの 3 か月間の利用実人数を割り返した値である。単独型短期入所の利用実績は一事業所当たり 27.6 人と、入所施設空床・併設型の利用実績 15.3 人を大きく上回っており、地域の多くの契約者の多様なニーズに対応している事が推察される。なお、グループホームの併設型においては 6.9 人と少ない数となっているが、小規模・同ユニットで入所利用者に与える影響も大きいため、不特定多数の利用者のニーズに応えるのが難しい事が推測される。

利用実人数	利用件数（延べ）	利用泊数（延べ）	1 人当たりの平均利用件数	1 事業所当たりの 3 か月間の利用実人数※
5,874	16,988	28,017	2.9	27.6

※実施している施設 213 か所で利用実人数を割り返した数

（5）（4）の利用件数（延べ）内訳

　単独型短期入所の利用件数の内訳は、1 泊 2 日の利用が 73.7％を占めており（入所施設空床・併設型の同割合の 51.7％）、2 泊 3 日を加えると 90％を超える結果となった。緊急的な短期間の利用に対応している事が想定されるが、人員配置の関係で、長期間の利用には対応できない事業所も多いことが推察される。なおグループホームの併設型においても、1 泊 2 日が 65.5％、2 泊 3 日が 13.8％と単独型短期入所と同様の傾向となっている。

泊数	1 泊	2 泊	3 泊	4～6 泊	7～13 泊	14～28 泊	29 泊以上	不明	計
利用	12,524	2,802	744	681	113	29	71	24	16,988
件数	73.7	16.5	4.4	4.0	0.7	0.2	0.4	0.1	100

（6）現在利用中（滞在中）の方の最長泊数

　単独型短期入所の最長泊数は 7 泊までが 79.3％と大半を占めているが、31 泊以上の利用も 13 人、9.3％存在している事が分かった。また、180 泊以上が 4 人、最長泊数は 582 泊という回答も存在した。

最長泊数	～7 泊	8～14 泊	15～21 泊	22～30 泊	31～60 泊	61～90 泊	91～179 泊	180 泊以上	計
法人数	111	9	1	6	5	1	3	4	140
	79.3	6.4	0.7	4.3	3.6	0.7	2.1	2.9	100

（7）年間 180 日以上利用した方の理由

　年間 180 日以上利用した理由に関して、入所施設空床・併設型で 180 日以上利用した方は「入所入居待機（入所施設・GH・その他の福祉施設）」が 63.1％で最も多かったのに対し、単独型短期入所では「入所入居待機」は 47.1％と 15 ポイント以上も開きがある事が分かった。また、「その他」が 24.3％と高く、背景に入所入居希望ではない多様なニーズが存在している事が推察されるが、自由記述の回答がほとんど無かったため具体的な理由は不明である。

			計
入所入居待機	障害者支援施設への入所待機のため	事業所数	6 15.4
		人数	17 24.3
	グループホームへの入居待機のため	事業所数	8 20.5
		人数	12 17.1
	その他福祉施設等への入所待機のため	事業所数	3 7.7
		人数	4 5.7
本人・家族等	本人の健康状態の維持管理のため	事業所数	5 12.8
		人数	6 8.6
	家族の病気等のため	事業所数	10 25.6
		人数	14 20.0
地域での自立した生活をするための事前準備のため		事業所数	0 0.0
		人数	0 0.0
その他		事業所数	7 17.9
		人数	17 24.3
計		事業所数	39
		人数	70

2．単独型短期入所調査のまとめと展望

　単独型短期入所の事業所形態は様々であるが、主に以下の形態が考えられる。

> 　①何らかの日中活動を提供している事業所（法人）が、通所利用者の宿泊ニーズに対して、事業所の空き部屋や近隣のアパートや戸建ての住宅を利用して実施している（日中活動の職員が兼務で勤務する事が多い）。
> 　②グループホームと同一の建物の中だが別のユニットで実施している。アパートタイプのグループホーム（浴室、トイレ、キッチン等が個室に完備）であればその並びの部屋で単独型の短期入所を実施している（GH の職員が兼務で勤務する事も多い）。
> 　③その他、地域支援事業所（居宅介護・日中一時支援・移動支援等）や相談支援事業所、児童発達支援、放課後等デイサービス等の実施法人が、利用者の緊急時に備えて、事業所の空き部屋や近隣のアパート、戸建ての住宅を利用して実施している（緊急的な利用が多く、多職種：ヘルパー・相談員・保育士等…で臨機応変に勤務する事が多い）。

　単独型短期入所は、入所施設やグループホームの空床型・併設型短期入所と違い、地域特性、地域課題、実施する法人の歴史等により様々な事業形態が考えられる。また、現在"地域生活支援拠点"の設置が進んでいるが、緊急時のシェルター機能、地域生活（自立生活）に向けた体験利用等、空床型・併設型の短期入所と共に大きな役割を果たす事が期待されている。

　単独型の短期入所の利点としては、本体施設のプログラムに合わせる必要が無く、地域サービスとの組み合わせ（移動支援・行動援護・重度訪問介護等）もしやすいため、多様なニーズ（外食、買い物等…）に対応しやすい点があげられる（様々な体験利用に活用できる）。また、小規模な事業所が多いため、刺激に影響を受けやすい方、障害児等も不安なく利用できるとも考えられる。

　本調査の結果からは、単独型の短期入所は、地域の利用者の様々な宿泊ニーズに対して（ニーズに応じて人員を配置していると考えられる）、短期間ではあるが柔軟に対応している現状がうかがえる。

　入所施設の空床型・併設型短期入所は大規模で、利用者にとっては刺激が多い環境である事が考えられるが、様々な理由で在宅生活の継続が難しい方々をある程度まとまった長い期間支援するのに適している。空床型・併設型・単独型各々にメリット・デメリットがあるため、理想的には各地域にそれぞれが整備され、ニーズに合わせて使い分けができるようになっていく事が望まれる。

　最後に、年間 180 日以上利用している利用者の数が、単独型短期入所事業所で平成 30 年度、39 事業所（全体の 18％）で 70 人、グループホーム併設型では 28 事業所（全体の 17％）49 人、特に入所施設空床・併設型では 630 事業所（全体の 47％）で 1,071 人と高い数値を示している。全体のパーセンテージからすると少ないように見えるが、限られた短期入所定員枠の一定枠を占めてしまっている事となり、地域に住んでいる利用者の多様なニーズに応えられていない現状が推察される（入所待機者枠となってしまっていて緊急ニーズに対応できていない）。今後追加調査をするのであれば、入所施設の空床・併設型短期入所の利用実態を深めるとともに、入所待機者の人数等を把握する事も重要となるのではないかと考える。

単独型短期入所の実施状況に関する実態調査

公益財団法人 日本知的障害者福祉協会 調査・研究委員会

短期入所は介護者の病気やレスパイトによる利用だけでなく緊急時の受け入れ等の機能が求められているほか、入所施設の定員が削減される中での施設入所待機等においても必要不可欠なサービスですが、平成30年度の報酬改定により年間利用期間に原則180日までの利用制限が設けられ、1回あたりの連続利用日数も30日までとされたことから、短期入所の実施状況や利用状況等の実態を把握し、国に対し必要な働きかけを行うことが必要となっています。本会ではこれまで本会会員事業所における併設型短期入所と空床型短期入所の実態調査は全国知的障害児・者施設・事業所実態調査において実施してきましたが、単独型短期入所については一部の種別を除いて実施しておらず、会員事業所全体における実施状況が把握できていませんでした。

つきましては、今後必要な働きかけを行うための基礎資料とすべく本調査を実施いたしますので、趣旨をご理解いただき、ご協力のほどよろしくお願いいたします。

●調査対象：本会会員事業所を運営する法人　●調査基準日：令和元年6月1日
●提出期日：令和元年7月19日（金）　●お問い合わせ：調査・研究委員会 FAX 調査係　TEL：03-3438-0466

都道府県		TEL		記入者名	
経営主体の名称 （法人名）					

※本調査は単独型短期入所が対象です。併設型短期入所、空床利用型短期入所については対象外です。

[1]貴法人における単独型短期入所の実施状況	□①実施している　→　　事業所数　　　か所 　　　　定員 (1)　　　名　(2)　　　名　(3)　　　名　(4)　　　名 　　　　※複数の単独型短期入所を実施している場合、それぞれの定員を記入すること □②実施していない　→　そのままFAXしてください。
[2]利用実績 （平成31年4月から令和元年6月の3か月間） ※複数の単独型短期入所を実施している際には合計を計上すること	①利用実人数　　　　　人　②利用延べ件数●　　　　件　③利用延べ日数　　　　　泊 例）ある利用者が4月から6月までの間に短期入所を1泊2日、3泊4日、2泊3日と利用した場合、「①利用実人数1人」「②利用延べ件数3件」「③利用延べ日数6泊」と回答のこと。 1件の泊数を計算する場合、調査期間内（4月から6月の3か月間）の報酬の対象となった泊数の合計を計上すること。

[3]現在利用中（滞在中）の方の最長泊数	調査基準日である令和元年6月1日現在、短期入所利用中の方の最長利用泊数を回答のこと。						泊

[4]上記3か月間における1回あたりの利用期間 [2]②と合計●が一致すること	1泊	2泊	3泊	4〜6泊	7〜13泊	14〜28泊	29泊以上	計（件）
	件	件	件	件	件	件	件	● 件

[5]長期利用の人数	平成30年度の短期入所の総利用日数が180日以上の利用人数を回答のこと。	○ 人

[6]年間180日以上利用する方の理由 （1人につき主たる理由を1つ選択し、人数を計上すること） ※[5]と人数計○が一致すること	①障害者支援施設への入所待機のために利用	人
	②グループホームへの入居待機のために利用	人
	③その他福祉施設等への入所待機のために利用	人
	④地域での自立した生活をするための事前準備のために利用	人
	⑤本人の健康状態の維持管理のために利用	人
	⑥家族の病気等のために利用	人
	⑦その他（　　　　　　　　　　　　　　　　　　　）	人
	計	○ 人

ご協力いただき誠にありがとうございます。